크루그먼의
경제학 해법

제6판

김진욱 옮김

Σ 시그마프레스

크루그먼의 **경제학 해법,** 제6판

발행일 | 2024년 2월 5일 1쇄 발행

옮긴이 | 김진욱
발행인 | 강학경
발행처 | (주)시그마프레스
디자인 | 이종연
편 집 | 김은실

등록번호 | 제10-2642호
주소 | 서울특별시 영등포구 양평로 22길 21 선유도코오롱디지털타워 A401~402호
전자우편 | sigma@spress.co.kr
홈페이지 | http://www.sigmapress.co.kr
전화 | (02)323-4845, (02)2062-5184~8
팩스 | (02)323-4197

ISBN | 979-11-6226-466-9

차 례

제1원칙

1. a. 사람들은 주로 인센티브에 반응하고, 그들은 자신의 편익을 증가시킬 수 있는 기회를 활용한다. 이 경우 더 저렴한 가격에 교과서를 구입함으로써 더 많은 편익을 얻을 수 있다.

    b. 자원은 희소하다. 당신은 하루에 35달러의 예산이 정해져 있어 당신의 자원은 한정되어 있다(희소하다).

    c. 시장은 대부분 효율성을 달성한다. 하지만 그렇지 못할 때 정부의 개입이 사회 후생을 증가시킬 수 있다. 하루 중 대부분의 시간대에는 교통혼잡이 심하지 않다. 하지만 혼잡한 시간대에는 도로가 붐비는데 교통혼잡으로 인한 비용은 운전자마다 다르며, 일부 운전자는 혼잡시간대를 피하기 위해 기꺼이 비용을 지불하기도 한다. 정부는 운전자에게 혼잡 통행세를 부과함으로써 요금을 지불하는 운전자들의 이동시간을 단축하고, 일부 운전자들을 우회하게 함으로써 교통량을 통제하면서 수입을 늘릴 수 있다. 이를 통해 전반적으로 사회복지가 향상된다.

    d. 경제 전체의 총지출은 그 경제의 생산능력을 벗어나기도 한다. 그렇게 될 때, 정부 정책은 지출을 변화시킬 수 있다. 기반시설 법안이 통과되면 건설업계에서 더 많은 지출을 할 수 있게 되어 건축 자재를 추가로 구매하고 더 많은 건설 노동자를 고용할 수 있게 된다. 기업이 구매를 늘리고 새로 고용된 근로자가 급여를 지출하면 전반적인 지출이 증가하여 경제가 생산 능력을 회복하는 데 도움이 된다.

    e. 한 사람의 지출은 다른 사람의 소득이다. 당신의 중고책 지출은 당신 룸메이트의 소득이 된다.

    f. '얼마나 많이'라는 결정은 한계개념에 의해 이루어진다. 당신의 결정은 '얼마나 많은' 커피를 소비할지에 관한 것이다. 이 결정을 위해 당신은 추가로 한 잔의 커피를 마심에 따라 얼마나 더 공부를 할 수 있을지와 그로 인해 얼마나 더 초조해지는지 사이의 상충관계(trade-off)를 따져 보게 될 것이다.

    g. 자원은 사회의 목적을 달성하기 위해 최대한 효율적으로 사용되어야 한다. 희소한 실험실 공간을 학생들이 올 수 있는 시간대에 따라 할당하는 방식은 효율적이다.

    h. 어떤 것의 실제 비용은 우리가 그것을 얻기 위해 포기하는 것들의 가치이다. 한 학기 동안 외국에서 공부하는 것의 진정한 비용은 보다 일찍 졸업할 수 있는 기회를 포기하는 것이다.

    i. 시장은 균형을 향하여 움직인다. 구매자가 어떤 자전거를 선택하든 동일한 효용을 얻

을 것이다. 즉 특정한 자전거를 선택한 구매자가 자신의 선택을 번복하고 다른 자전거를 찾는다고 해서 자신의 효용을 높일 수 없다는 것이다. 동시에 판매자 또한 자신의 효용을 높일 수 있는 방안을 찾을 수 없다. 예를 들어 어떤 판매자도 비슷한 품질의 자전거에 대해서 다른 자전거보다 높은 가격을 매길 수 없다. 왜냐하면 가격을 올리는 순간 아무도 그의 자전거를 구매하려 하지 않을 것이기 때문이다.

j. 교역으로부터의 이익이 존재한다. 어떤 두 사람이 각각 자신이 잘하는 일(즉 다른 사람과 비교할 때 어떤 사람이 상대적으로 우위를 가지는 일)에 특화한다면, 이로 인해 특화와 교역의 이익이 발생한다.

k. 경제 잠재력의 증가는 시간이 지남에 따라 경제 성장으로 이어진다. 새로운 기술을 적용하여 택배 배송의 속도와 효율성을 높이면 경제 잠재력이 증가하고 결국 경제성장으로 이어진다.

2. a. 대학 진학에 따른 기회비용 중 하나는 직장을 다닐 수 없다는 점이다. 대학에 진학하기로 결정하면 당신은 일을 했다면 벌 수 있었던 소득과 직무훈련을 포기하게 된다. 또 다른 기회비용은 대학 진학에 따른 학비, 책값, 생활비 등이다. 반면 대학 진학의 편익은 졸업 후에 보다 보수가 좋은 직업을 찾을 수 있게 된다는 점과 배움의 즐거움을 얻을 수 있다는 점을 들 수 있다.

b. 영화를 보는 것은 즐거움을 주지만, 영화 관람에 희소한 자원인 시간을 쓴다면 시험 공부를 할 수 있는 시간은 줄어들게 된다. 결과적으로 당신은 시험에서 낮은 학점을 받게 될 것이고, 이로 인해 발생할 수 있는 다른 나쁜 결과들을 감수해야 할 것이다.

c. 버스를 타는 것은 목적지까지 보다 저렴한 가격에 도달하게 해 주겠지만, 자가용을 가져가는 것만큼 편하지는 않다. 즉 버스를 타는 것의 기회비용은 목적지 바로 앞에 차를 세우고 걸어가는 대신 버스 정류장에서 목적지까지 걸어가야 한다는 것, 버스를 기다려야 한다는 것, 그리고 이동에 더 많은 시간이 든다는 것 등이 될 것이다. 만약 시간에 대한 기회비용이 높은 사람이라면 이러한 비용들은 엄청나게 클 수도 있다.

3. a. 온라인 구매의 기회비용은 온라인에서 구매하기 위해 포기해야 하는 다른 무엇이다. 즉 당신은 배송료를 부담해야 하며, 책이 도착하기까지 기다려야 하는 비용이 있다 (반면 대학 서점에서 직접 구매하는 경우에는 책을 즉시 사용할 수 있다). 하지만 물론 대학 서점과 온라인 서점 간의 가격 차이만큼 비용을 절감할 수 있다.

b. 다음의 내용은 리자의 선택 가능한 대안들과 그것들의 (화폐적) 비용을 나타낸다.

대학 구내서점에서 직접 구매	$65
첫 번째 사이트에서 구매(가격 55달러)+1일 배송 선택	$55+$13.98=$68.98
첫 번째 사이트에서 구매(가격 55달러)+2일 배송 선택	$55+$8.98=$63.98
첫 번째 사이트에서 구매(가격 55달러)+3~7일 배송 선택	$55+$3.99=$58.99
두 번째 사이트에서 구매(가격 57달러)+1일 배송 선택	$57+$13.98=$70.98
두 번째 사이트에서 구매(가격 57달러)+2일 배송 선택	$57+$8.98=$65.98
두 번째 사이트에서 구매(가격 57달러)+3~7일 배송 선택	$57+$3.99=$60.99

　한 가지 확실한 사실은 리자가 57달러에 책을 판매하는 두 번째 사이트에서는 책을 구매하지 않을 것이라는 사실이다. 어떤 배송기간을 선택하든지 간에 리자는 55달러에 책을 판매하는 첫 번째 사이트에서 책을 구매하는 것이 낫다. 또 하나 확실한 사실은 리자가 첫 번째 사이트에서 구매하면서 1일 배송을 희망하지는 않을 것이라는 점이다. 이 방식으로 구매할 때 드는 비용 68.98달러는 대학 구내서점에서 구매할 때의 비용 65달러보다 더 크기 때문이다(대학 서점에 오가는 비용은 없다고 가정한다). 하지만 리자가 대학 서점에서 구매할 것인지, 2일 혹은 3~7일의 배송기간을 희망하면서 첫 번째 사이트에서 구매할 것인지의 여부는 확실하지 않다. 이 선택은 시간의 기회비용에 달려 있다. 시간의 기회비용이 높을수록 기다릴 필요가 없는 대학 서점에서 직접 구매하고자 할 것이다.

4.　**a.** 취업시장 상황이 좋지 않을수록 대학원 진학의 기회비용이 떨어진다. 대학원 진학의 기회비용 중 하나가 일을 하지 못한다는 점인데, 만약 취업시장의 상황이 좋지 않다면 취업을 하더라도 낮은 임금을 받거나 아예 취업에 실패할 수도 있다. 따라서 대학원 진학의 기회비용이 낮은 것이다.

　b. 경기가 불황일 때는 시간의 기회비용이 작다. 이는 경기가 호황일 때보다 시간당 임금률이 낮기 때문이다. 그 결과 당신의 집을 스스로 수리하는 데 대한 기회비용도 작아진다. 따라서 보다 많은 사람들이 자신의 집을 직접 수리하고자 할 것이다.

　c. 교외지역일수록 공원용지의 기회비용이 작다. 도심지역의 단위면적당 지가가 교외지역보다 훨씬 높기 때문이다. 또 도심에 공원을 만든다면 교외지역에 공원을 만드는 경우에 비해 더 많은 돈을 벌 수 있는 이익들을 포기해야 한다.

　d. 바쁜 사람들일수록 시간의 기회비용이 크다. 슈퍼마켓에 가기 위해 먼 거리를 운전한다면 그들은 보다 가치 있는 다른 일에 쓸 수 있는 시간을 포기해야 한다. 따라서 바쁜 사람들은 가까이에 있는 편의점에서 구매하는 것에 만족한다.

　e. 다수의 학생들에게 오전 10시 이전 시간의 기회비용은 매우 크다. 아침에 수업을 듣는다는 것은 아침에 단잠을 잘 수 있는 시간이 줄어든다는 것을 의미하기 때문이다. 잠을 자는 데 있어 10시 이전의 추가적인 시간이 오후의 추가적인 시간보다 훨씬 가

치 있다.

5. a. 빨래하는 것을 미루는 것은 하루하루 비용을 요구한다. 빨래를 미루면 당신이 고를 수 있는 깨끗한 옷이 줄어들기 때문이다. 하지만 빨래를 하루하루 미룸으로써 동시에 편익이 증가되는 면도 있다. 빨래를 하는 데 드는 시간을 다른 일에 활용할 수 있기 때문이다. 당신은 빨래를 하루 미루는 데 따른 편익이 비용보다 더 크다면 빨래하는 것을 하루 더 미룰 것이다.

b. 보다 풍부한 자료를 찾을수록 논문의 수준은 올라갈 것이다. 하지만 여기에도 기회비용이 있다. 자료를 찾는 데 많은 시간을 쓸수록 당신이 다른 일을 할 시간은 줄어들게 된다. 당신은 추가적인 시간을 연구조사에 사용할 때 드는 기회비용과 그것으로부터 오는 편익(보다 수준 높은 논문)을 비교할 것이다. 당신은 추가적인 연구조사에 따른 편익이 비용보다 큰 한 자료 연구조사를 계속할 것이다.

c. 당신은 한 봉지의 과자를 추가로 먹을 때마다 편익을 얻을 수 있다. 즉 당신은 허기를 채울 수 있고 맛을 즐길 수 있다. 하지만 동시에 비용도 있다. 과자를 사 먹으려면 그에 따른 돈이 든다. 그리고 만약 당신이 체중에 신경 쓰고 있다면 살이 찐다는 다른 비용도 있다. 당신은 한 봉지의 과자를 더 먹는 데 따른 비용과 편익을 따져 볼 것이다. 비용이 편익보다 작다면 당신은 한 봉지의 과자를 추가로 먹을 것이다.

d. 당신이 수업에 결석하는 것은 비용을 유발한다. 당신은 수업내용에 뒤처지게 될 것이며, 시험 직전에 수업내용을 혼자 이해하려 힘들게 노력해야 한다. 하지만 수업을 건너뛴다는 것은 그 시간을 다른 일에 쓸 수 있다는 것을 의미한다. 수업을 결석하는 데 따른 편익이 비용보다 큰 한 당신은 계속 수업에 빠질 것이다.

6. 당신이 베이글과 커피를 샀을 때 당신은 그것에 대한 돈을 지불했다. 만약 아침거리를 산 것에 대한 편익이 그것을 구매하는 데 들어간 비용(지불한 돈)보다 작았다면 당신은 아침거리를 구매하지 않았을 것이다. 이와 유사하게 카페 주인 또한 커피와 베이글을 만드는 데 들어간 비용이 그것을 판매한 가격보다 낮았다면 이것들을 판매하지 않았을 것이다. 이 예는 어떻게 사람들이 교환으로부터 이익을 얻는지를 보여 준다. 당신과 카페 주인 모두 편익이 증가했다.

당신이 혼잡한 시간에 차를 운전하기로 했다면 당신은 교통혼잡에 한몫한 셈이다. 당신의 선택은 다른 운전자들에게 부수적인 영향을 미친다. 당신의 선택은 약간씩이나마 다른 모든 사람들의 속도를 늦추었을 것이다. 당신의 선택은 운전 중인 다른 사람들의 편익을 감소시켰다.

당신 룸메이트의 논문을 타이핑해 주는 대신 당신의 룸메이트가 한 달간 빨래를 해 주기로 한 것은 교환의 이익을 보여 주는 또 다른 예이다. 당신과 룸메이트 모두 자발적으로 자신이 상대적으로 잘하는 일에 특화할 것을 선택했는데, 그 이유는 이 교환으로부터 무언가 이익이 있을 것이라 생각했기 때문이다. 당신의 선택은 당신과 당신 룸메이트 모두의 편익을 증대시켰다.

7. **a.** 교역으로부터의 이득은 일반적으로 특화에 의해 발생한다. 만약 햇필드 가족이 맥코이 가족에 비해 상대적으로 닭을 기르는 데 뛰어나고 맥코이 가족은 햇필드 가족에 비해 상대적으로 옥수수를 기르는 데 뛰어나다면 특화와 교역으로부터 이득이 있을 것이다.

    b. a에 대한 답과 유사하게, 만약 맥코이 가족이 햇필드 가족에 비해 상대적으로 닭을 기르는 데 뛰어나고 햇필드 가족은 맥코이 가족에 비해 상대적으로 옥수수를 기르는 데 뛰어나다면 특화와 교역으로부터 이득이 있을 것이다.

8. **a.** 이 상황은 균형이 아니다. 모든 사람이 직장에 도달하는 시간을 신경 쓴다고 가정하자(예컨대 길의 경치나 운전하기 쉬운 길인지의 여부 등은 따지지 않는다고 하자). 어떤 사람들은 운전시간을 줄일 수 있는 골목길을 이용함으로써 편익을 증대시킬 수 있다. 결국 보다 많은 사람들이 골목길을 이용하게 됨으로써 고속도로를 통해 목적지에 도달하는 시간과 골목길을 통해 목적지에 도달하는 시간이 같아진 상태에서 균형이 성립하게 될 것이다.

    b. 이 상황은 균형이라 할 수 있을 것이다. 만약 기름 값을 아끼기 위해 기다리는 시간의 가치가 주유비 절감에 따른 편익보다 크다면 사람들은 첫 번째 주유소를 이용할 것이다. 따라서 아주 바쁜 사람들(시간의 기회비용이 높은 사람들)이 첫 번째 주유소를 이용할 것이라 예상할 수 있다. 첫 번째 주유소를 이용하던 사람들이 두 번째 주유소를 이용한다면 편익이 감소할 것이다. 그들은 두 번째 주유소에서 갤런당 15센트를 아낄 수 있지만 긴 줄을 서야 하는 기회비용이 발생하기 때문이다. 반면 기름 값을 아끼기 위해 기다리는 시간의 가치가 주유비 절감에 따른 편익보다 작다면 사람들은 두 번째 주유소를 사용할 것이다. 따라서 시간이 많은 사람들(시간의 기회비용이 낮은 사람들)이 두 번째 주유소를 이용할 것이라 예상할 수 있다. 두 번째 주유소를 이용하는 사람들도 첫 번째 주유소를 이용할 경우 편익이 감소할 것이다. 그들은 기름을 넣기 위해 줄을 설 필요는 없겠지만 갤런당 15센트를 더 지불해야 하기 때문이다.

    c. 이 상황은 균형이 아니다. 섹션 A에 속한 학생들이 섹션 B로 옮겨 간다면 편익이 증대할 것이다. 그들은 아무런 추가적인 비용도 부담하지 않고(두 강좌는 같은 시간에 개설되었고, 담당 강사의 능력은 비슷하므로) 자리에 앉아서 칠판을 보면서 수업을 들을 수 있다. 시간이 지남에 따라 균형이 이루어질 때까지 섹션 A에서 섹션 B로 학생들이 이동할 것을 예상할 수 있다.

9. **a.** 이 상황은 효율적이지 않다. 만약 학생들이 전등을 끄고 다닌다면 다른 사람들의 편

익을 감소시키지 않으면서도 많은 학생들의 편익이 증가할 수 있었을 것이다. 왜냐하면 학교가 절감된 전기료를 학생들을 위한 사업에 쓸 수 있었을 것이기 때문이다. 사용하지 않는 전등이나 가전기기를 켜 두고 외출함에 따라 거주자들은 그들이 대학에 미치는 부정적인 영향 - 전기요금의 낭비 - 을 고려하지 않는다. 만약 학생들이 자신이 쓴 만큼 전기요금을 내도록 했다면(이는 스스로의 행위에 따른 비용을 완벽히 고려하도록 만든다는 것을 뜻한다), 방을 나갈 때 전등 및 가전기기를 스스로 껐을 것이다. 바로 이 상황이 효율적인 상황이다.

b. 이 상황은 효율적이지 않다. 같은 비용이라면 카페테리아는 식사하는 사람들이 선호하지 않는 메뉴보다는 그들이 선호하는 메뉴를 제공하는 게 낫다. 이를 통해 어느 누구의 편익도 감소시키지 않으면서 일부 학생들의 편익이 증대될 수 있다.

c. 이 상황은 효율적이지 않다. 효율적인 방식이라면 수강을 할 수 있는 권리는 수업의 가치를 가장 높게 매기는 학생에게 배분되어야 한다. 하지만 이 상황에서는 수업의 가치를 높게 매기는 학생(졸업하기 위해 이 수업을 반드시 들어야 하는 학생)이 아닌 낮게 매기는 학생(다른 과목을 선택할 수도 있었을 학생)에게 배분되었다. 이와 달리 만약 다음과 같은 식으로 자원이 배분된다면 효율성을 달성할 수 있다. 등록을 못한 학생이 등록을 한 학생보다 그 수업에 대해 가치를 더 높게 매긴다면, 등록을 못한 학생은 적당한 돈을 주고서라도 수업을 받을 수 있는 권리를 얻고 싶어 할 것이다. 특정 가격에서 두 학생 모두의 효용이 증가할 것이며 이를 통해 더 효율적인 상황에 도달할 수 있게 된다.

10. a. 이러한 정책은 공평할 수는 있으나 교육의 긍정적 효과의 정도에 따라 효율적인 정책이 아닐 수도 있다. 이 정책은 누구나 지불용의와 무관하게 대학에 진학할 수 있도록 하고 있다. 그러나 대학 진학의 비용을 모두 지원해 주는 것은 대학 진학에 따른 기회비용을 낮추어 대학을 가지 않고 직장생활을 하는 것이 보다 생산적이었을 사람들까지 대학으로 가도록 만들 수 있다. 또한 자원(정부의 예산 포함)이 희소하다는 점을 고려하면 대학을 가지 않는 것이 보다 효율적이었을 사람들에게까지 수업료 전액을 지원해 주는 것은 다른 보다 가치 있는 사업을 추진하지 못하게 되는 기회비용을 유발한다. 이 문제를 해결할 수 있는 하나의 방안은 학습능력에 따라 장학금 지급 여부를 결정하는 제도를 도입하는 것이다.

b. 이러한 정책은 모든 사람에게 일정 수준의 소득을 보장하기 때문에 공평할 수는 있으나 효율적이지는 못할 것이다. 사람들은 유인체계에 민감하다. 만약 장기간의 실업수당 지급으로 인해 실직상태가 더욱 매력적인 상태가 된다면 어떤 실업자들은 구직을 포기할 수도 있고, 구직활동을 하더라도 장기간의 실업수당이 없던 상황만큼 열심히 하지 않을 수 있다. 이 문제를 해결하기 위해서는 실업수당을 한정된 기간만 제공하거나 실업자들이 직업을 구하기 위해 노력하고 있다는 사실을 증명하는 경우에만 실

업수당을 제공하는 경우를 생각할 수 있다.

11. **a.** 이 정책은 담배 가격을 높임으로써 흡연을 감소시킬 유인을 제공한다. 이 효과는 정책이 의도하는 바와 정확히 일치한다. 흡연은 다른 사람들에게 바람직하지 않은 부수적인 영향을 미친다. 그중 한 가지는 비흡연자들이 간접흡연에 노출된다는 사실이고 다른 하나는 건강에 관한 공적 지출의 증가이다. 흡연자들이 폐암에 걸렸을 때 이들이 공적 의료체계의 지원을 받게 된다면 나머지 사회 구성원들은 이 부분에 대해 부담해야 한다. 흡연자들은 흡연에 따른 비용(다른 사람에게 미치는 부정적 효과)을 고려하지 않고 담배를 피울지 말지 혹은 얼마나 피울지를 결정하기 때문에 흡연량은 비효율적으로 높을 것이다. 담배에 부과되는 세금은 흡연자들이 흡연에 따라 발생하는 여러 비용을 스스로 고려하도록 만드는 효과가 있다.

b. 이 정책은 어린이에게 예방접종을 시키도록 만드는 유인을 제공한다. 이 정책은 부모가 자식에게 예방접종을 맞힐 때의 편익을 증가시킨다. 예방접종을 한다는 것은 이 아이가 홍역에 걸리지 않는다는 것을 의미할 뿐만 아니라, 이 아이를 통해 다른 아이들에게 홍역이 전염되는 것을 막을 수 있다는 것도 의미한다. 즉 홍역 예방접종을 맞히는 행위는 아이의 부모가 고려하지 않는 추가적인 편익을 제공한다. 예방접종에 대해 보조금을 지급하는 것은 아이의 부모로 하여금 예방접종을 맞힐지 여부를 결정할 때 이러한 추가적인 편익을 고려하게 하는 효과가 있다.

c. 이 정책은 저소득층 가정의 학생들이 저가 혹은 무료로 대학생의 개인지도를 받을 수 있게 함으로써 저소득층 가정의 학생들이 대학생의 개인지도를 받을 유인을 제공한다. 이는 저소득층 가정의 학생들이 학교에서 더 좋은 성적을 거두게 하고, 상위 교육기관에 진학할 수 있는 가능성을 높여 주어 사회 전반에 긍정적인 영향을 미친다. 이 아이가 학교에서 좋은 성과를 보일수록 보다 생산성이 높고 보다 건강하고 행복한 시민이 될 것이다.

d. 이 세금은 대기오염물질 배출량을 줄일 유인을 제공한다. 오염물질 배출은 다른 사람들에게 부정적인 부수적 영향을 미친다. 이는 공기를 더럽히고(예 : 스모그가 형성될 수 있다), 천식과 같은 여러 질병을 유발할 수 있다. 기업은 오염물질을 얼마나 많이 방출할지를 결정하는 과정에서 이러한 부정적인 효과를 고려하지 않는다. 세금을 부과하는 것은 오염물질 배출의 비용을 더욱 높이게 되고 기업이 다른 사람들에게 미치는 부정적 효과를 고려하게 만든다.

12. **a.** 차를 얼마나 운행할 것인지를 결정함에 있어, 운전자들은 자신의 차가 배출한 배기가스가 다른 사람에게 미치는 부정적 영향을 고려하지 않는다. 즉 정부의 적절한 개입이 없는 상태에서는 과도한 오염물질이 배출될 것이다. 정부가 개입할 수 있는 방법은 휘발유에 세금을 매기거나 연비가 좋지 않은 차에 세금을 매기는 것이다. 또는 정

부가 하이브리드 자동차 같은 친환경 연료 혹은 신기술에 대해 보조금을 지급하는 방안이 있다. 이러한 정책은 사람들에게 운전량을 줄이거나 친환경 자동차를 선택할 유인을 제공한다.

b. 정부의 개입이 없는 상황에서는 우드빌에 충분한 가로등이 설치되지 못할 것이다. 정부는 주민들에게 적절한 세금을 걷어 가로등을 설치함으로써 주민들의 후생을 증진시킬 수 있다.

13. 오바마 행정부의 경기부양정책은 "정부의 정책은 지출을 변화시킬 수 있다"(원칙 12)의 한 예이다. 정부의 조세감면과 직접적 지출 증가는 경제 전체의 지출을 증가시킨다. 지출이 증가함에 따라 기업의 생산이 증가할 것이다. 이는 "한 경제 주체의 지출은 다른 경제 주체의 소득이다"(원칙 10)의 한 예이다.

14. 이 경우에 적용되는 적당한 원칙은 "한 경제 주체의 지출은 다른 경제 주체의 소득이다."라는 원칙이다. 여기서 미국 주택 지출의 감소는 주택 건설업에 종사하는 노동자의 소득 감소로 이어진다. 이것은 결과적으로 노동자들이 멕시코에 있는 친척들에게 보내는 돈의 감소로 이어지며 이는 멕시코 가계의 소비지출 감소로 이어진다. 이는 결국 멕시코 기업에게 더 적은 사업기회로 이어지고 멕시코의 일자리 감소로 이어진다. 궁극적으로, 멕시코 경제는 미국 주택시장의 침체에 의해 부정적인 영향을 받게 되는 것이다.

15. 미국이 금융위기에서 회복되는 과정에서 소비지출은 미국의 생산 능력에 미치지 못했다. 이러한 지출 부족은 많은 대리점 폐쇄로 이어질 수도 있다. 이러한 상황은 경제 전체의 총지출은 그 경제의 생산능력을 벗어나기도 하며 정부 정책은 지출을 변화시킬 수 있다는 원칙(원칙 10)을 반영한다. '노후차량 보상프로그램'은 해당 부문의 지출을 늘려 경제를 생산능력에 가깝게 만들기 위해 고안된 정부 프로그램이다.

16. 자율주행차는 교통사고와 전반적인 교통혼잡을 줄일 수 있다. 이처럼 도로교통의 효율성이 높아지면 장기적으로 잠재적 생산량이 증가하여 경제 전체가 승자가 될 수 있다. 그러나 단기적으로는 택시 운전사나 트럭 운전사 등 많은 근로자가 자율주행차로 인해 일자리를 잃게 될 것이며 이들이 패자가 될 수 있다.

경제모형 : 상충관계와 무역

1. **a.** 물고기 생산을 1미터톤만큼 포기하면 버뮤다는 2,000건의 호텔 숙박을 추가적으로 유치할 수 있다. 따라서 497미터톤의 물고기 생산을 포기하면 버뮤다는 2,000×497＝994,000건의 추가적인 호텔 숙박을 유치할 수 있다. 만약 모든 어부가 호텔업에 종사한다면 버뮤다는 580,209＋994,000＝1,574,209건의 호텔 숙박을 유치할 수 있다.

b. 2,000건의 호텔 숙박 유치를 포기하면 버뮤다는 1미터톤의 물고기를 생산할 수 있다. 따라서 580,209건의 호텔 숙박 유치를 포기하면 버뮤다는 $\frac{580,209}{2,000}=290.1$미터톤만큼의 물고기를 추가적으로 생산할 수 있다. 만약 모든 호텔 종업원이 어업에 종사한다면, 버뮤다는 497＋290.1＝787.1미터톤의 물고기를 생산할 수 있을 것이다.

c. 아래 그림은 버뮤다의 생산가능곡선을 보여 준다. 기회비용이 일정하기 때문에 생산가능곡선은 직선이다. 점 *A*는 버뮤다의 실제 생산점이다.

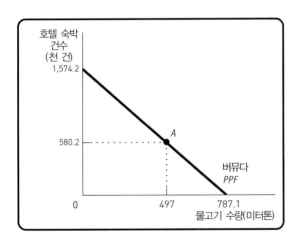

2. **a.** 이 점은 (ii) 생산 가능하지만 효율적이진 않다. 밀 18억 부셸과 옥수수 90억 부셸은 가능한 밀과 옥수수 생산량보다 모두 적다. 만약 모든 농장이 경작된다면 그들은 더 많이 생산할 수 있을 것이다.

b. 새로운 생산점에서 농부들은 이제 원래의 생산점보다 밀은 10억 부셸 더 생산하고 옥수수는 17억 부셸 더 적게 생산한다. 이는 추가적인 밀 1부셸당 옥수수 1.7부셸의 기회비용이 드는 것을 반영한다. 그러나 실제로 우리는 기회비용이 체증한다는 것을 알기 때문에 이 새로운 생산점은 (iii) 생산이 불가능하다. 원래 생산점에서 출발할 때, 밀 1부셸 생산의 기회비용은 확실히 옥수수 1.7부셸보다 더 크다.

c. 이 새로운 생산점은 (i) 생산 가능하고 효율적이다. 생산가능곡선을 따라서 그 경제는 추가적인 옥수수 1부셀당 밀 0.666부셀을 포기해야 한다. 따라서 옥수수 생산이 118억 700만 부셀에서 120억 4,400만 부셀로 증가한 것은 경제에 (120억 4,400만−118억 700만)×0.666=1억 5,800만 부셀만큼의 비용을 부담시킨다. 이것은 밀 생산이 21억 5,800만 부셀에서 20억 부셀로 감소한 것과 정확히 일치한다.

3. **a.** 다음 〈그림 (a)〉는 티볼리의 생산가능곡선을 나타낸다. 〈그림 (b)〉의 '프리볼리의 원래의 생산가능곡선'은 프리볼리의 생산가능곡선을 나타낸다.

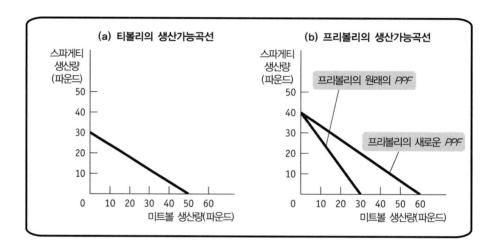

티볼리의 생산가능곡선은 다음과 같이 계산되었다. 티볼리는 30파운드의 스파게티와 0파운드의 미트볼을 생산하거나, 0파운드의 스파게티와 50파운드의 미트볼을 생산할 수 있다. 이는 1파운드의 미트볼을 생산하는 기회비용이 $\frac{3}{5}$파운드의 스파게티라는 것을 뜻하며 생산가능곡선의 기울기는 $-\frac{3}{5}$이 된다. 프리볼리에 대해서도 비슷한 분석을 적용하면 프리볼리의 생산가능곡선의 기울기는 $-\frac{4}{3}$가 된다.

b. 티볼리가 1파운드의 미트볼을 생산하는 기회비용은 $\frac{3}{5}$파운드의 스파게티이다. 프리볼리가 1파운드의 미트볼을 생산하는 기회비용은 $\frac{4}{3}$파운드의 스파게티이다. 따라서 상대적으로 낮은 기회비용을 가지고 있는 티볼리가 미트볼 생산에 비교우위를 가지고 있다. 티볼리에게 1파운드의 스파게티를 생산하는 기회비용은 $\frac{5}{3}$파운드의 미트볼이다. 프리볼리에게 1파운드의 스파게티를 생산하는 기회비용은 $\frac{3}{4}$파운드의 미트볼이다. 따라서 상대적으로 낮은 기회비용을 가지고 있는 프리볼리가 스파게티 생산에 비교우위를 가지고 있다.

c. 〈그림 (b)〉의 '프리볼리의 새로운 생산가능곡선'은 프리볼리가 새로운 미트볼 생산기술을 개발한 이후의 생산가능곡선을 나타낸다. 이제 스파게티를 생산하지 않을 때 예전의 두 배인 60파운드의 미트볼을 생산할 수 있다.

d. 이러한 기술개발로 프리볼리는 스파게티와 미트볼 모두에서 절대우위를 가지게 되었다. 반면 프리볼리가 미트볼을 생산하는 기회비용의 크기는 $\frac{4}{6}=\frac{2}{3}$파운드의 스파게티로 떨어졌다. 미트볼 생산에 있어 티볼리의 기회비용이 프리볼리의 기회비용보다 여전히 작기 때문에 티볼리는 여전히 미트볼 생산의 비교우위를 가지고 있다. 반면 기술개발 이후에 프리볼리의 스파게티 생산에서의 기회비용은 $\frac{3}{2}$파운드의 미트볼이 되는데, 티볼리의 기회비용은 $\frac{5}{3}$파운드의 미트볼이므로 프리볼리는 스파게티 생산에서 비교우위를 가지고 있다.

4. **a.** 각국은 비교우위가 있는 재화와 서비스의 생산에 특화함으로써 이득을 얻기 때문에, 미국은 비행기 생산에 비교우위가 있고 중국은 바지 생산에 비교우위가 있을 것이다.

　b. 무역은 절대우위와 관련이 없기 때문에, 우리는 이 자료로부터 어떤 나라가 어떤 상품에 절대우위가 있는지 판단할 수 없다.

5. **a.** 각 선수의 자유투에 대한 기회비용을 도출하는 것부터 시작해 보자. 만약 당신이 테일러를 농구팀에 넣으면, 그 팀은 자유투 성공률 60%의 선수를 얻고 야구팀은 타율 70%의 선수를 잃는다. 즉 테일러를 농구팀에 넣음으로 인한 기회비용은 $\frac{7}{6}$이다. 유사하게, 니코가 농구를 하는 것의 기회비용은 1이다. 애니가 농구를 하는 것의 기회비용은 $\frac{1}{3}$이고, 리안이 농구를 하는 것의 기회비용은 $\frac{8}{7}$이다. 니코와 애니는 농구를 함에 따른 기회비용이 가장 작고 이는 그들이 농구에 비교우위가 있음을 뜻한다. 따라서 그들은 농구팀에 들어가야 한다. 테일러와 리안은 야구에 비교우위가 있고 그들은 야구팀에 들어가야 한다.

　b. 농구팀은 이러한 조정에 대해 불만을 가질 것이다. 니코와 애니는 다른 두 선수와 비교할 때 농구에 대해 절대적으로 뒤지는 선수들이기 때문이다(그들은 야구에 대해서도 절대열위를 가지고 있지만 농구는 야구에 비해서는 못하는 정도가 덜하다). 야구팀은 이러한 선수 배치에 대해 만족할 것인데, 테일러와 리안 모두 야구에 절대우위를 가지고 있기 때문이다. 하지만 당신이 기숙사 전체 단위로서의 승리에 대해 신경을 쓴다면 (경제학자가 효율성에 대해 신경을 쓰는 것처럼) 이러한 선수 구성이 제일 바람직하다. 기숙사 단위로 볼 때 개별 종목에서 승리할 수 있는 가능성을 가장 높여주는 방식이기 때문이다.

6. **a.** "네가 이어폰을 사는 것이 효율적이야."라는 말은 실증적 진술이다. 위 명제는 단순히 사실을 서술하고 있으며 이 말은 맞거나 틀리거나 둘 중 하나이다. 반면 "그렇게 하는 것이 바람직해."라는 말은 규범적 진술이다. 즉 이는 가치판단에 관한 것이다. "불공평해."라는 말은 역시 규범적 진술이다. 즉 이 역시 가치판단에 관한 것이다.

b. 당신의 룸메이트가 이어폰을 구입해야 한다는 주장은 모든 사람이 조용함을 누릴 권리가 있다는 점을 근거로 한다. 따라서 당신의 룸메이트가 음악을 듣고 싶다면 다른 사람의 조용함이 자신의 행위로 인해 방해받는지 여부에 대해 충분히 고려해야 한다. 반면 당신의 룸메이트는 자신이 듣고 싶은 음악은 얼마든지 틀 수 있는 자유가 있으므로 당신이 방해받지 않기 위해서 필요한 행위 ― 이어폰을 구입하는 것 등 ― 는 당신이 해야 한다고 주장할 것이다. 기숙사의 규정이 음악을 듣는 것에 대해 제한을 두고 있지 않다면 당신 룸메이트의 주장이 이길 것이고, 반대로 기숙사의 규정이 조용함을 누릴 수 있는 권리를 인정한다면 당신의 주장이 이길 것이다.

7. a. 이 명제는 참이다. 이는 실증적 명제로서 '사실'에 관한 답을 하고 있다. 즉 그것은 옳은지 그른지의 문제이다. 위 명제가 옳은지 그른지에 대해서는 많은 논의가 있겠지만 원칙적으로 옳거나 틀린 것으로 판정될 수 있다.

b. 이 명제는 거짓이다. 이 명제는 우리가 무엇을 해야 하는지에 대해 말하고 있는데 사실 여기에는 옳고 그른지에 대한 명확한 답이 존재하지 않는다. 당신이 일을 더 많이 하도록 장려하는 것이 옳다고 생각하는지, 그르다고 생각하는지에 따라 당신의 견해는 달라질 것이다.

c. 이 명제는 참이다. 경제학은 특정 목적을 달성하는 데 가장 효율적인 방법이 무엇인지에 대해 대답하는 것과 같은 실증적인 답을 주는 역할은 훌륭히 수행한다. 사회가 어떻게 구성되어야 하는가와 같은 문제에 대한 질문은 경제학이 아닌 정치학의 영역에 속하는 문제라 할 수 있다.

d. 이 명제는 거짓이다. 이것은 실증적 명제이다. 이 명제는 사실 여부에 관한 것이므로 옳거나 틀린 것으로 판정될 수 있다.

e. 이 명제는 거짓이다. 경제학자들 사이에 발생하는 의견 불일치는 많은 경우 모형을 구성하는 과정에서 발생된다. 어떤 경제학자는 현실의 특정 부분을 생략하는 것이 용인될 수 있다고 생각하는 반면, 다른 경제학자들은 그 부분이 생략될 수 없는 것이라고 보기도 한다. 경제학자들 사이에 발생하는 의견 불일치는 가치관의 차이로부터 발생하기도 한다.

경제학과 그래프

1. a. 이러한 관계는 〈그림 (a)〉와 같이 나타내진다. 영화관람 가격이 오를수록 사람들은 영화를 덜 보게 될 것이다. 따라서 두 변수 간의 관계를 나타내면 기울기는 음(−)의 값을 가진다. 영화관람 가격이 독립변수이고 영화 소비량이 종속변수가 된다. 하지만 가격이 변수일 때 수직축에 표시하는 것이 경제학의 관례이기 때문에 영화 소비량은 수평축에 표시될 것이다.

   b. 이러한 관계는 〈그림 (c)〉와 같이 나타내진다. 기업은 숙련도가 높은 노동자에게 더 많은 임금을 지급하므로, 숙련도가 독립변수이며 수평축에 표시될 것이다. 이에 따라 변화하는 임금은 종속변수이므로 수직축에 표시된다. 이때 기울기는 양(+)의 값을 가진다.

   c. 이러한 관계는 〈그림 (d)〉와 같이 나타내진다. 기온을 독립변수로 수평축에 두고, 핫도그 소비량은 종속변수로 수직축에 놓으면, 기온과 핫도그 소비량 사이에는 아무런 관계가 없으므로 기울기가 영이 된다.

   d. 이러한 관계는 〈그림 (c)〉와 같이 나타내진다. 아이스크림 가격이 오른다면, 소비자들은 아이스크림의 가까운 대체재인 차가운 요구르트를 더 많이 소비할 것이다. 아이스크림 가격이 독립변수이고 차가운 요구르트의 소비량은 종속변수이다. 하지만 가격이 변수일 때 수직축에 표시하는 것이 경제학의 관례이다. 따라서 차가운 요구르트의 소비량이 수평축에 표시될 것이다. 이때 기울기는 양(+)의 값을 가진다.

   e. 이러한 관계는 〈그림 (d)〉와 같이 나타내진다. 다이어트 책의 구입량을 수평축에 나타내고 다이어트 참가자의 평균 체중을 수직축에 나타내었을 때, 양자 사이에 뚜렷한 관계가 없다는 사실은 수평의 그래프를 의미한다. 기울기는 영의 값을 가진다.

   f. 이러한 관계는 〈그림 (b)〉와 같이 나타내진다. 가격은 독립변수이고 소금 소비량은 종속변수이지만 경제학의 관례에 따라 가격은 수직축에, 수량은 수평축에 나타내질 것이다. 이때 소금 소비량은 가격과 무관하므로 수직의 그래프가 그려지며 기울기는 무한대이다.

2. a. 소득세율은 독립변수이므로 수평축에 표시된다. 소득세수는 종속변수이므로 수직축에 표시된다.

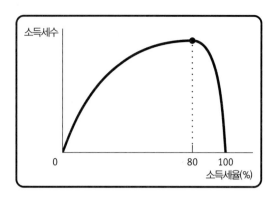

b. 소득세율이 0%라면(세금을 매기지 않는 상황) 세수 또한 당연히 영이다.

c. 소득세율이 100%라면(모든 소득이 세금으로 나가는 상황) 당신의 세후소득은 영이 된다. 이러한 상황하에서는 아무도 일을 하고자 하지 않을 것이므로 사람들의 세전소득은 영이 될 것이고 따라서 세수도 영이 될 것이다.

d. 80% 이하의 세율에서는 세율과 세입이 양의 상관관계를 가지고, 따라서 래퍼 곡선도 양의 기울기를 가진다. 80% 이상의 세율에서는 세율과 세입이 음의 상관관계를 가지고, 따라서 래퍼 곡선도 음의 기울기를 가진다. 따라서 래퍼 곡선은 위의 그림에 나오는 것처럼 80%의 세율에서 극댓값을 가진다.

3. a. 〈그림 (a)〉에서 직선의 기울기는 −2이다. 이 직선 상의 어떤 점에서 시작하든 수평 상태로 오른쪽으로 한 칸 움직이기 위해서는 수직 상태는 아래쪽으로 두 칸 내려와야 하기 때문에 그래프의 어떤 점에서든 기울기는 $\frac{-2}{1} = -2$로 일정한 값을 가진다.

b. 〈그림 (b)〉에서 기울기는 $\frac{1}{3}$이다. 이 직선 상의 어떤 점에서 시작하든 수평 상태로 오른쪽으로 세 칸 움직이기 위해서는 수직 상태는 위로 한 칸 올라가야 하기 때문에 그래프의 어떤 점에서든 기울기는 $\frac{1}{3}$로 일정한 값을 가진다.

4. a. 아래 그림은 이 곡선을 개략적으로 보여 준다. 기울기는 모든 점에서 음(−)의 값을 가진다. 이는 곡선이 우하향하고 있다는 점을 의미한다. 기울기의 절댓값은 증가하고 있으므로 이 곡선은 점점 가팔라진다.

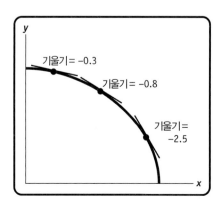

b. 아래 그림은 이 곡선을 개략적으로 보여 준다. 기울기는 처음에 양(+)의 값을 가지면 서 절댓값이 감소하다가, 음(−)의 값을 가지면서 절댓값이 증가한다. 따라서 이 곡선 은 기울기가 영인 지점에서 극댓값을 가진다.

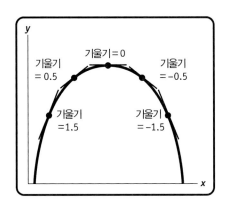

5. **a.** 그림 (a)에서 빗금 친 삼각형의 높이는 5−0=5, 그리고 밑변은 4−0=4이다. 삼각형 의 면적은 $\dfrac{5 \times 4}{2} = 10$이다.

b. 그림 (b)에서 빗금 친 삼각형의 높이는 100−60=40, 그리고 밑변은 10−0=10이다. 삼각형의 면적은 $\dfrac{40 \times 10}{2} = 200$이다.

c. 그림 (c)에서 빗금 친 삼각형의 높이는 40−20=20, 그리고 밑변은 40−0=40이다. 삼각형의 면적은 $\dfrac{20 \times 40}{2} = 400$이다.

d. 그림 (d)에서 빗금 친 삼각형의 높이는 8−0=8, 그리고 밑변은 4−0=4이다. 삼각형 의 면적은 $\dfrac{8 \times 4}{2} = 16$이다.

6. 삼각형의 면적은 다음과 같이 계산된다.

$$\frac{높이 \times 밑변}{2} = 면적$$

문제로부터 우리가 아는 것(밑변=10, 면적=20)을 대입하면 다음을 얻는다.

$$\frac{높이 \times 10}{2} = 20$$

이것을 높이에 대해 정리해서 풀면, 삼각형의 높이는 4이다.

7. **a.** 임금률이 시간의 기회비용보다 더 크다면 당신은 일을 선택할 것이다. 따라서 임금률 이 독립변수가 되고 일하는 시간이 종속변수가 될 것이다.

b. 다음의 그림은 시간당 임금률과 근로시간과의 상관관계를 보여 준다. 시간당 임금률 은 노동의 가격을 의미하므로, 다른 재화 가격의 경우와 마찬가지로 경제학자들은 임 금을 수직축에 그린다.

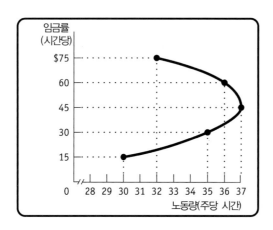

c. 임금률이 15달러에서 30달러로 상승하면 근로시간은 5시간 증가한다. 따라서 두 지점 사이의 평균 기울기는 $\frac{15}{5}$ =3이 된다.

d. 임금률이 60달러에서 75달러로 상승하면 근로시간은 4만큼 감소한다. 따라서 두 지점 사이의 평균 기울기는 $\frac{15}{-4}$ = −3.75가 된다.

8. a. 소방관의 수를 수평축에 두고 재산상 피해액을 수직축에 두는 것은 당신이 소방관의 숫자를 독립변수로, 재산상 피해액을 종속변수로 인식한다는 것이다. 다음에 제시된 그래프가 이 관계를 나타낸다. 이러한 그래프는 화재 현장에서 관찰되는 소방관의 수가 증가할수록 피해 정도가 심해진다는 것을 암시한다. 당신은 재산상 피해액을 독립변수로 두고(수평축에 표시) 소방관의 수를 종속변수로 둘(수직축에 표시) 수도 있다. 이러한 그래프는 심각한 피해가 발생할 수 있는 화재사건일수록 투입되는 소방관의 수가 많아진다는 것을 의미한다(그래프는 두 변수 사이의 상관관계를 보여 줄 뿐, 인과관계의 방향을 설명하지는 않는다는 점에 유의하라).

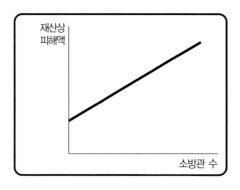

b. 보험회사의 주장은 화재 현장에 투입되는 소방관의 수와 피해 정도에 인과관계가 있다는 것을 암시한다. 하지만 이 명제는 타당하지 않다. 오히려 여기에는 제3의 생략된 어떠한 변수가 존재한다고 보는 것이 옳다. 이 변수는 화재의 심각성이다. 화재가 심각할수록 재산 피해도 심해지고 동시에 화재 현장에 투입되는 소방관의 수도 많아질 것이다.

9. **a.** 연봉은 독립변수이므로 수평축에 놓인다. 연간 소득세 부과액은 종속변수이므로 수직축에 놓인다. 제이든의 6만 3,000달러에서 로건의 9만 4,000달러로 3만 1,000달러만큼 연봉이 인상되면, 연간 소득세 납부액 또한 9,610달러만큼 증가된다. 즉 이 곡선의 기울기는 $\frac{9,610}{31,000}=0.31$이다. 이는 해당 소득구간에서 추가로 벌어들이는 1달러의 소득 중 0.31달러만큼이 세금으로 납부될 것임을 의미한다.

b. 아리아의 3,000달러에서 밀라의 2만 2,000달러로 1만 9,000달러만큼 연봉이 증가하면, 연간 소득세 납부액 또한 2,850달러만큼 증가한다. 즉 이 곡선의 기울기는 $\frac{2,850}{19,000}=0.15$이다. 이는 해당 소득구간에서 추가로 벌어들이는 1달러의 소득 중 0.15달러만큼은 세금으로 납부될 것임을 의미한다.

c. 기울기는 양의 값을 가지며 절댓값은 증가한다. 이는 소득세제가 누진적임을 의미한다. 더 높은 연봉을 받는 사람일수록 1달러당 세금 납부액이 증가한다. 추가적으로 얻는 소득이 늘어날수록 소득세로 부과되는 금액 또한 증가하므로 이러한 조세제도하에서는 더 많은 소득을 얻고자 하는 개인의 유인이 저해된다.

공급과 수요

1. a. 젖소 사육량이 줄어듦에 따라 크림의 공급량도 감소하고 크림 공급곡선이 좌측으로 이동할 것이다. 그 결과 크림의 시장가격이 상승하고, 초콜릿 아이스크림 한 단위를 생산하는 데 들어가는 비용이 증가하게 된다. 비용이 상승함에 따라 초콜릿 아이스크림 공급업자들이 모든 가격 수준에서 초콜릿 아이스크림의 공급량을 줄일 것이기 때문에 초콜릿 아이스크림 공급곡선도 좌측으로 이동한다. 결과적으로 균형가격은 상승하고, 균형거래량은 감소한다.

   b. 소비자들은 모든 가격 수준에서 초콜릿 아이스크림 수요를 늘리게 될 것이고, 이는 수요곡선을 오른쪽으로 이동시킨다. 그 결과 균형가격이 상승하고, 균형거래량 또한 증가한다.

   c. 대체재(바닐라 아이스크림)의 가격이 하락함으로써, 소비자들은 초콜릿 아이스크림 대신 바닐라 아이스크림을 소비하고자 할 것이다. 따라서 초콜릿 아이스크림의 수요량이 감소할 것이고, 이는 초콜릿 아이스크림의 수요곡선을 좌측으로 이동시킨다. 결과적으로 균형가격은 하락하고 균형거래량 또한 감소한다.

   d. 아이스크림 제조비용이 낮아짐으로써 공급자는 모든 가격 수준에서 공급량을 늘릴 것이다. 이는 공급곡선을 우측으로 이동시키고 균형가격의 하락과 균형거래량의 증가를 가져온다.

2. a. 대체재(타코) 가격의 상승은 햄버거의 수요를 증가시킨다. 이는 수요곡선을 D_1에서 D_2로 우측 이동시키고, 그 결과 E_1에서 E_2로 이동하여 균형가격을 상승시키며 균형거래량을 늘린다.

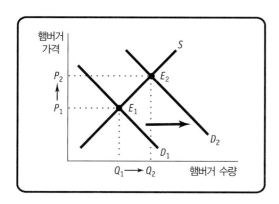

b. 보완재(감자튀김) 가격의 상승은 햄버거 수요를 줄인다. 이는 수요곡선을 D_1에서 D_2로 좌측 이동시키고, 그 결과 E_1에서 E_2로 이동하여 균형가격을 하락시키며 균형거래량을 줄인다.

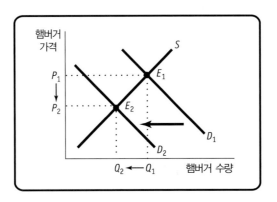

c. 도시 소득의 감소는 정상재(햄버거)의 수요를 줄인다. 이는 D_1에서 D_2로 수요곡선의 좌측 이동을 발생시키고, 그 결과 E_1에서 E_2로 이동하여 균형가격을 하락시키며 균형거래량을 줄인다.

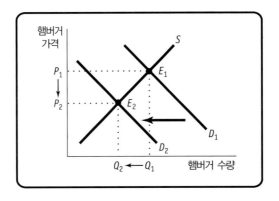

d. 도시 소득의 감소는 열등재(햄버거)의 수요를 늘린다. 이는 D_1에서 D_2로 수요곡선의 우측 이동을 발생시키고, 그 결과 E_1에서 E_2로 이동하여 균형가격을 상승시키며 균형거래량을 늘린다.

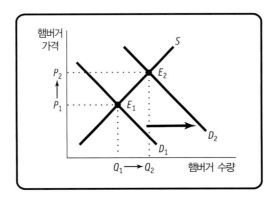

e. 대체재(핫도그) 가격의 하락은 햄버거의 수요를 줄인다. 이는 D_1에서 D_2로 수요곡선의 좌측 이동을 발생시키고, 그 결과 E_1에서 E_2로 이동하여 균형가격을 하락시키며 균형거래량을 줄인다.

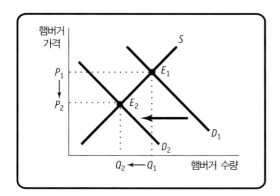

3. a. 여름에는 상대적으로 많은 소비자들이 바닷가재를 먹고자 하기 때문에 D_1에서 D_2로 수요곡선이 우측으로 이동한다. 다른 것이 동일하다면 이는 바닷가재의 거래량을 증가시키고 가격을 상승시킨다. 동시에 바닷가재를 잡는 어부들은 상대적으로 적은 비용으로 많은 바닷가재를 잡을 수 있는 여름(바닷가재 수확의 제철)에 수확을 늘릴 것이기 때문에 S_1에서 S_2로 공급곡선이 우측으로 이동한다. 다른 것이 동일하다면 이는 바닷가재의 거래량을 증가시키고 바닷가재의 가격 하락을 가져온다. 수요곡선과 공급곡선이 동시에 오른쪽으로 이동하면서 E_1에서 E_2로 균형이 바뀌게 된다. 균형가격이 떨어지는 것은 공급곡선의 오른쪽 이동폭이 수요곡선의 오른쪽 이동폭보다 크다는 것을 의미한다.

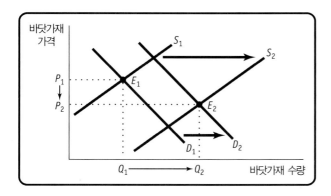

b. 크리스마스가 지나고 나면 크리스마스 트리에 대한 수요가 줄어들기 때문에 D_1에서 D_2로 수요곡선이 좌측으로 이동한다. 공급곡선은 이동하지 않는다. 트리 공급량의 감소는 공급곡선 상의 이동으로 나타난다. 균형은 E_1에서 E_2로 이동하여 균형가격이 하락하고 거래량 또한 감소한다.

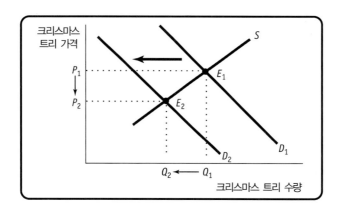

c. 9월이면 학교 여름방학이 끝나기 때문에 파리행 비행기표에 대한 수요가 감소하고, 이는 D_1에서 D_2로 수요곡선의 좌측 이동을 유발한다. 다른 것이 동일하다면 이는 항공권 가격의 하락을 유발한다. 동시에 비행기 운항 비용이 증가하면서 프랑스항공 측이 비행기 운행 대수를 줄이는데, 이는 S_1에서 S_2로 공급곡선의 좌측 이동을 가져온다. 수요곡선과 공급곡선이 동시에 좌측으로 이동하게 되면 E_1에서 E_2로 균형이 이동하게 된다. 균형가격이 떨어지는 것은 수요곡선의 좌측 이동폭이 공급곡선의 좌측 이동폭보다 크다는 점을 반영한다.

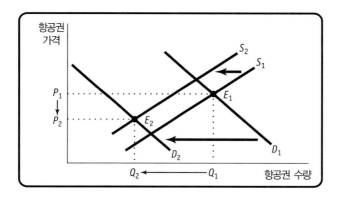

4. a. **사례 1**: 룸서비스 직원은 호텔이 깨끗한 객실을 공급하는 데 필요한 투입물이다. 따라서 룸서비스 직원의 급여가 인상되면 호텔은 각각의 가격에서 공급되는 수량을 줄인다. 이로 인해 공급곡선이 S_1에서 S_2로 좌측이동하면 균형이 E_1에서 E_2로 이동하며 균형가격은 상승하고 균형거래량은 감소한다.

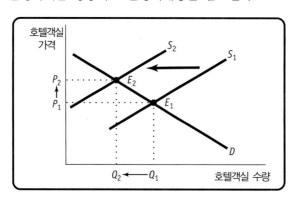

사례 2 : 방문자가 증가하면 각각의 가격에서 호텔 객실에 대한 수요가 늘어날 것이다. 이로 인해 수요곡선이 D_1에서 D_2로 우측 이동하면 균형이 E_1에서 E_2로 이동하며 균형가격과 균형거래량이 모두 상승한다.

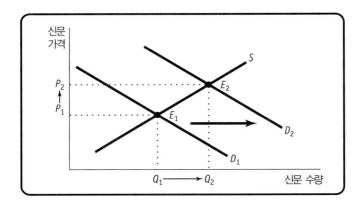

b. 사례 1 : 팬들은 기념으로 치프스의 티셔츠를 구매하고자 할 것이고 이는 티셔츠에 대한 수요를 증가시켜 D_1에서 D_2로 수요곡선의 우측 이동이 발생한다. 균형이 E_1에서 E_2로 이동함에 따라 균형가격을 상승시키고 균형거래량을 증가시킨다.

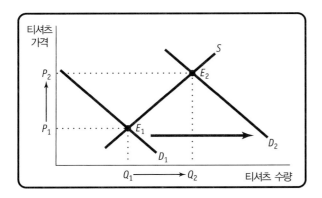

사례 2 : 면은 티셔츠를 만드는 투입요소이다. 면 가격의 상승은 모든 가격 수준에서 티셔츠 공급자들이 티셔츠 공급을 줄이도록 만들 것이고, 이는 S_1에서 S_2로 공급곡선의 좌측 이동을 유발한다. 균형이 E_1에서 E_2로 이동함에 따라 균형가격이 상승하고 균형거래량이 감소한다.

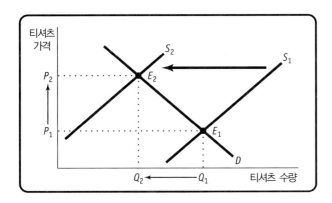

c. **사례 1 :** 소비자들은 모든 가격 수준에서 베이글 수요를 줄일 것이다. 이는 D_1에서 D_2로 수요곡선의 좌측 이동을 유발한다. 균형이 E_1에서 E_2로 이동함에 따라 균형가격의 하락과 균형거래량의 감소가 나타난다.

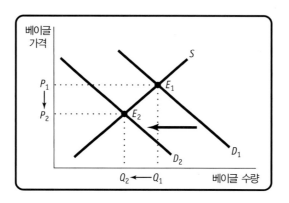

사례 2 : 소비자들은 모든 가격 수준에서 베이글(직접 요리한 아침식사의 대체재) 수요를 늘릴 것이다. 이러한 변화는 D_1에서 D_2로 수요곡선의 우측 이동을 유발한다. 균형이 E_1에서 E_2로 이동함에 따라 균형가격의 상승과 균형거래량의 증가가 나타난다.

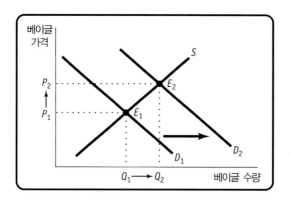

d. **사례 1 :** 모든 가격 수준에서 교과서에 대한 보다 많은 수요가 발생하고, 이는 D_1에서 D_2로 수요곡선의 우측 이동을 유발한다. 균형이 E_1에서 E_2로 이동함에 따라 균형가격의 상승과 균형거래량의 증가가 나타난다.

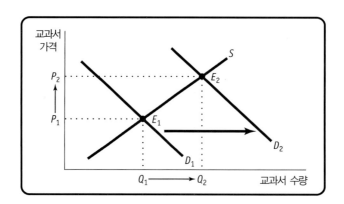

사례 2 : 출판사는 모든 가격 수준에서 교과서의 공급량을 늘릴 것이다. 이는 S_1에서 S_2로 공급곡선의 우측 이동을 유발하고, 균형은 E_1에서 E_2로 이동함에 따라 균형가격이 하락하고 균형거래량이 증가하게 된다.

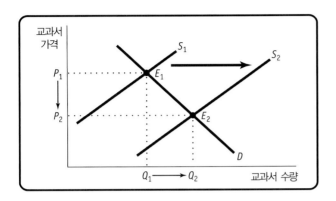

5. 2달러에 개별 소비자에 의해 수요된 수량은 37갤런이었고, 2억 9,400만 소비자가 존재했다. 개별 소비자에 의해 수요된 수량을 소비자 수와 곱하면 시장수요를 구할 수 있다. 즉 2달러의 가격 수준에서 시장수요는 2억 9,400만×37갤런=109억 갤런이다. 유사하게, 1.5달러의 가격 수준에서 시장수요는 2억 9,400만×50갤런=147억 갤런이다.

6. a. 바닷가재의 균형가격은 파운드당 15달러이고, 균형거래량은 600파운드이다. 이는 아래 그림에서 E점에 해당한다.

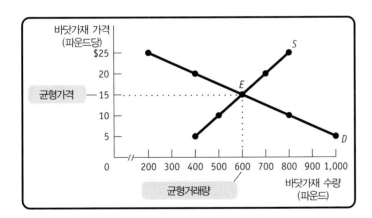

b. 새로운 수요계획은 모든 가격 수준에서 미국 소비자의 수요량과 프랑스 소비자의 수요량을 더함으로써 구할 수 있으며, 이는 아래 나타낸 표와 같다.

바닷가재 가격 (파운드당)	바닷가재 수요량 (미국 파운드 더하기 프랑스 파운드)
$25	300
20	700
15	1,100
10	1,500
5	1,900

새로운 균형에서 바닷가재의 가격은 파운드당 20달러이고, 거래량은 700파운드가 되며 이는 다음 그림의 E점과 같다. 프랑스 소비자들에게 바닷가재를 판매할 수 있는 기회는 메인 주의 어부들이 더 높은 가격에 더 많은 바닷가재를 팔 수 있는 기회를 제공하므로 그들의 후생은 증가한다. 하지만 미국 소비자들의 후생은 하락한다. 이들은 바닷가재에 대해 예전보다 비싼 가격을 지불하게 되었고(15달러에서 20달러로) 예전보다 적게 소비하게 되었다(600파운드에서 400파운드로).

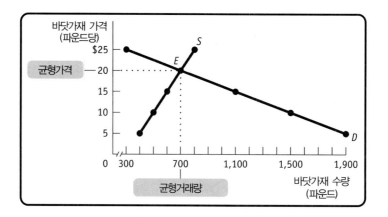

7. a. 이 진술은 곡선 자체의 이동과 곡선 상의 이동을 혼동하고 있다. 기술혁신은 재화의 생산비용을 낮춘다. 그 결과 공급자들은 모든 가격 수준에서 재화의 공급량을 늘릴 것이다. 이는 S_1에서 S_2로 공급곡선의 우측 이동을 유발하고, 균형이 E_1에서 E_2로 이동함에 따라 균형가격은 하락하고 균형거래량은 증가하게 된다. "그러나 가격이 낮아지면 재화에 대한 수요가 증가해 다시 가격이 올라갈 것이다."라는 부분은 다음과 같은 이유로 인해 틀린 주장이다. 가격 하락은 수요량을 늘리고, 이는 수요곡선을 따라 균형거래량을 늘린다. 하지만 이는 수요의 증가 — 수요곡선 자체의 오른쪽 이동 — 를 가져오지는 않는다. 따라서 가격 상승을 유발하지는 않는다.

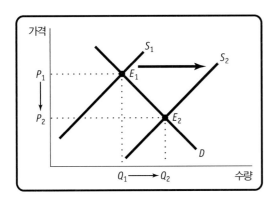

b. 이 진술 또한 곡선 자체의 이동과 곡선 상의 이동을 혼동하고 있다. 이러한 연구 결과가 보고되면 모든 가격 수준에서 수요가 증가하며 D_1에서 D_2로 수요곡선의 우측 이동이 발생한다. 이는 공급곡선 상의 이동을 통해 균형가격의 상승과 균형거래량의 증가를 유발한다. 균형은 E_1에서 E_2로 이동한다. "마늘 가격이 올라가면 소비자는 마늘에 대한 수요를 줄인다. 이것은 마늘에 대한 수요를 줄여서 마늘 가격을 떨어뜨린다." 라는 부분은 다음과 같은 이유로 인해 틀린 주장이다. 가격 상승은 수요량을 줄이고, 이는 수요곡선을 따라 균형거래량을 줄인다. 하지만 이는 수요의 감소 — 수요곡선 자체의 왼쪽 이동 — 를 가져오지는 않는다. 따라서 가격 하락을 유발하지는 않는다.

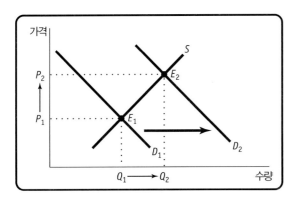

8. a. 21달러에서 19달러로 가격 하락 시 90에서 110으로 수요량이 증가한 것은 수요곡선 상의 이동이며 소비자의 소득 증가로 인한 것이 아니다. 가격 하락으로 인한 소비량의 증가는 수요곡선 상의 이동으로 나타내며 정상재의 경우를 가정할 때 소득의 증가는 수요곡선을 이동시킨다.

b. 열등재도 수요의 법칙을 따르기 때문에 이 수요계획은 열등재에도 적용될 수 있다. 즉 가격의 상승은 수요량의 감소로 이어진다.

c. 재화가 정상재인지 열등재인지는 오직 소비자의 소득에 변화가 생길 때 수요가 어떻게 변화하는지를 조사함으로써 결정할 수 있다. 정상재는 소득의 증가가 수요의 증가로 이어지고 열등재는 수요의 감소로 이어진다. 정상재는 소득의 감소가 수요의 감소로 이어지고 열등재는 수요의 증가로 이어진다. 따라서 적절한 실험은 소비자의 소득

을 증가시키는 것이다. 소득이 증가할 때 주어진 모든 가격에 대해 수요가 증가하면 정상재이고, 수요가 감소하면 열등재이다. 만약 소득이 감소하는 실험을 한다면, 두 유형의 재화에 대해 각각 반대의 결과가 나올 것이다.

9. 더 많은 자동차 생산자가 중국 시장에 진입하면서 공급곡선이 S_1에서 S_2로 이동한다. 그리고 중국 소비자들의 소득이 증가함에 따라 정상재인 자동차에 대한 수요곡선은 D_1에서 D_2로 이동한다. 그 결과, 균형은 처음의 E_1에서 새로운 균형점 E_2로 이동하고 거래되는 수량은 Q_1에서 Q_2로 증가한다. 이것은 매출의 증가를 설명한다. 문제에서 가격이 감소했다고 설명하고 있으므로 공급곡선의 우측 이동이 수요곡선의 우측 이동보다 더 컸음이 틀림없다.

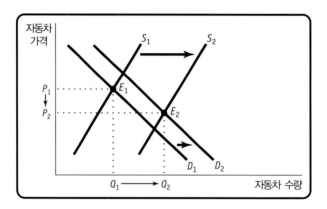

10. a. 부상 소식이 알려진 뒤에는 보다 적은 관중이 입장하고자 할 것이다. 그 결과 모든 가격 수준에서 수요량이 감소하기 때문에 수요곡선이 D_1에서 D_2로 좌측 이동하게 된다. 다른 모든 것이 동일하다면, 이는 균형가격과 균형거래량 모두를 하락시킨다. 이에 더하여 모든 가격 수준에서 시즌 입장권을 구입한 관중 중에서 보다 많은 숫자가 자신들의 입장권을 팔고자 할 것이므로 공급곡선이 S_1에서 S_2로 우측 이동한다. 다른 모든 것이 동일하다면, 이는 균형가격의 하락과 균형거래량의 상승을 가져온다. 이 경우, 수요곡선의 좌측 이동이 공급곡선의 우측 이동보다 더 크다. 이로 인해 아래 그림에서 균형은 E_1에서 E_2로 이동하며 균형거래량은 감소한다.

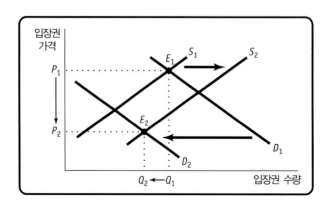

b. 수요곡선과 공급곡선은 a번의 상황과 유사하게 움직이지만 이 경우 공급곡선의 우측 이동이 수요곡선의 좌측 이동보다 더 크다. 따라서 그림에서 균형은 E_1에서 E_2로 이동하며 균형거래량은 증가한다.

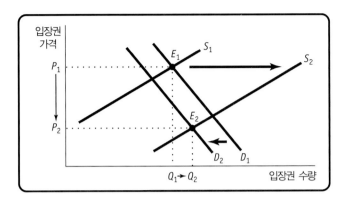

c. a번 상황(균형거래량 감소)이 나타나기 위해서는 수요의 감소폭이 공급의 증가폭보다 커야 한다. 반면 b번의 상황(균형거래량 증가)이 나타나기 위해서는 수요의 감소폭보다 공급의 증가폭이 커야 한다.

d. 부상 소식에 대해 미리 정보를 입수한 암표상은 부상 소식의 공표가 이루어지기 이전에 몰래 표를 내다 팔려 할 것이다. 놀랍게도 미래에 가격이 하락할 것이라는 사실은 오늘의 공급을 늘리는 역할을 하게 되고 가격은 오늘부터 하락하게 된다.

11. a. 만약 시장이 경쟁적이라면, 입장권 가격은 수요와 공급이 만나는 균형수준에서 결정된다. 균형상태에서는 누구도 콘서트에 가는 데 75달러를 내도록 강요하지 않으며, 콘서트 관람객은 콘서트가 충분히 75달러의 가치가 있다고 생각하고 콘서트를 관람하는 것이다. 만약 그렇지 않다면 그 돈으로 다른 무엇인가를 할 것이다. 결론적으로 입장권의 가격이 록 스타의 기대보다 높을지 모르겠지만 관객들의 만족도보다는 높지 않다.

b. 50달러에서 콘서트 입장권의 수요량은 공급량을 초과한다. 이 가격에서 수요량 Q_D와 공급량 Q_S의 차이만큼 콘서트 입장권의 부족현상(초과수요)이 발생한다는 점에서 가격이 낮다고 평가할 수 있다.

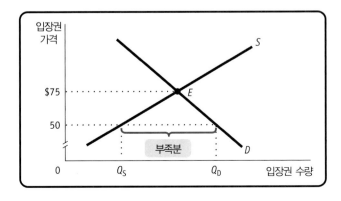

c. 이 공연자는 입장권의 공급량을 늘림으로써 입장권 가격을 낮출 수 있다. 즉 공연 횟수를 늘리는 것이다. 이는 S_1에서 S_2로 공급곡선의 우측 이동을 유발하고, 균형은 E_1에서 E_2로 이동한다. 그 결과 균형가격이 하락하고 균형거래량이 증가하게 된다.

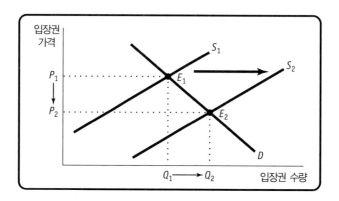

d. 만약 이 공연자의 음반이 실패했다면 콘서트 입장권의 수요는 감소할 것이다. 이는 D_1에서 D_2로 수요곡선의 좌측 이동을 유발하고, 균형은 E_1에서 E_2로 이동한다. 그 결과 균형가격은 하락하고 균형거래량은 감소한다. 이렇게 된다면 입장권 가격이 너무 비싸다는 걱정은 할 필요가 없을 것이다.

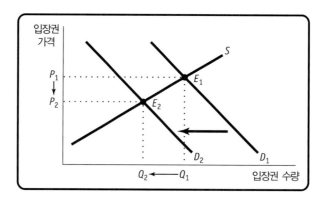

e. 이번 공연이 이 그룹의 마지막 공연이라는 발표는 입장권 수요를 늘린다. 이는 D_1에서 D_2로 수요곡선의 우측 이동을 유발한다. 이로 인해 균형은 E_1에서 E_2로 이동하며 균형가격이 상승하고 균형거래량이 증가한다.

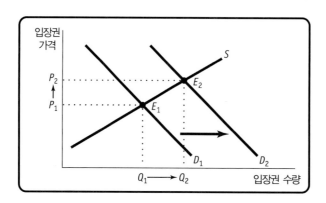

12. a. 기타 제작에 필요한 나무의 가격이 상승함으로써 수제 어쿠스틱 기타를 만드는 비용이 더욱 비싸졌다. 이는 모든 가격 수준에서 공급량을 줄인다. 이는 공급곡선의 좌측이동을 가져오고, 균형가격의 상승과 균형거래량의 감소를 유발한다.

b. 이는 공급곡선의 우측 이동을 가져오고, 균형가격의 하락과 균형거래량의 증가를 유발한다.

c. 보다 많은 사람들이 어쿠스틱 기타를 사용한 음악을 좋아하게 되면, 음악을 하는 사람들의 어쿠스틱 기타에 대한 수요도 함께 증가한다(어쿠스틱 기타는 음악을 생산하는 데 필요한 투입요소이다). 이는 수요곡선의 우측 이동을 가져오고, 균형가격의 상승과 균형거래량의 증가를 유발한다.

d. 어쿠스틱 기타는 정상재이기 때문에 평균 미국인의 소득이 급격히 감소한다면 수공예 어쿠스틱 기타에 대한 수요도 급격히 감소하게 될 것이다. 이는 수요곡선의 좌측 이동을 가져오고, 균형가격의 하락과 균형거래량의 감소를 유발한다.

13. a. 이 경우는 가격과 무관하게 수요가 영이다. 따라서 이 사람의 테일러 스위프트 음반에 대한 수요곡선은 0에서 수직의 형태를 갖는다. 즉 수직축과 일치하는 수직선이 된다.

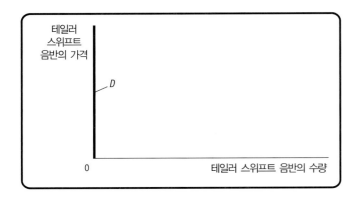

b. 이 사람의 수요곡선은 파운드당 2달러에 이르기 전의 가격 수준에서는 우하향하는 일반적인 형태를 띠지만, 2달러의 가격에 도달하게 되면 수평의 형태를 띠게 된다. 이는 이 가격 수준에서 수요가 매우 크게 증가함을 반영한다.

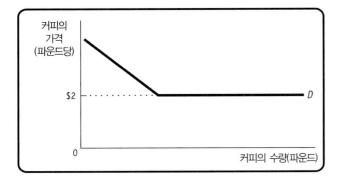

c. 이 진술이 수요의 법칙에 위배된다고 볼 필연적인 이유는 없다. 일반적인 경우처럼 가격이 상승할 때 수요량이 감소한다고 하자. 그러나 만약 이 사람이 아래의 그림에서 보는 것과 같이 가파른 형태의 수요곡선을 가지고 있다고 한다면 가격이 상승함에 따라 수요량은 감소하지만 수요량 감소분이 가격 상승분에 미치지 못하고 이 사람의 오렌지 주스에 대한 지출은 증가한다.

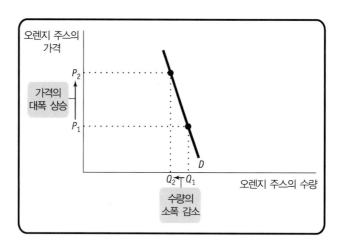

d. 학생들의 가처분소득이 감소했는데 소비가 증가한 것으로 미루어 보아, 학교식당에서의 식사는 열등재일 것이다. 이처럼 D_1에서 D_2로 수요곡선이 우측으로 이동하면 균형은 E_1에서 E_2로 이동한다. 이때 균형가격은 상승하고 균형거래량은 증가한다.

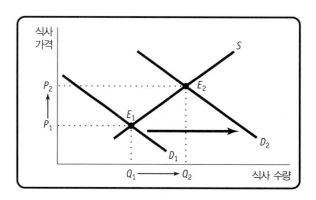

14. a. 말로우의 사망은 대체재(말로우의 연극) 공급이 줄어든다는 것을 의미하고, 따라서 말로우 연극의 가격은 상승한다. 그 결과 셰익스피어의 연극에 대한 수요가 증가하면서 D_1에서 D_2로 수요곡선의 우측 이동이 나타난다. 이로 인해 균형은 E_1에서 E_2로 이동하며 균형가격의 상승과 균형거래량의 증가가 나타난다.

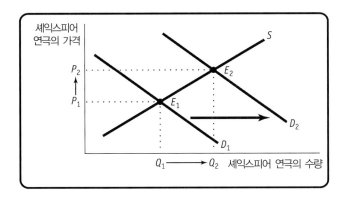

b. 전염병이 퍼지면 극장에서 전염병이 옮을 수 있으므로 런던 사람들은 예전에 비해 연극 관람을 줄일 것이다. 이는 D_1에서 D_2로 수요곡선의 좌측 이동을 유발하고 균형은 E_1에서 E_2로 이동한다. 이로 인해 균형가격의 하락과 균형거래량의 감소가 나타난다.

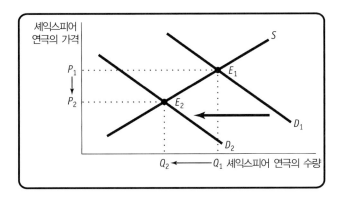

c. 엘리자베스 여왕의 선언은 모든 가격 수준에서 셰익스피어 연극에 대한 수요를 늘린다. 이는 D_1에서 D_2로 수요곡선의 우측 이동을 유발하고 균형은 E_1에서 E_2로 이동한다. 이로 인해 균형가격의 상승과 균형거래량의 증가가 발생한다.

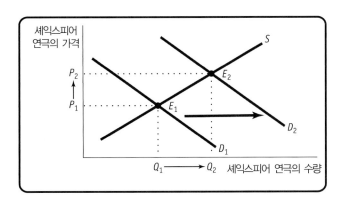

15. a. 현재 미들링에는 보다 많은 아기들이 있으므로, 육아서비스에 대한 수요는 증가한다. 이는 D_1에서 D_2로 수요곡선의 우측 이동을 유발하며 균형은 E_1에서 E_2로 이동한다. 따라서 균형가격의 상승과 균형거래량의 증가가 발생한다.

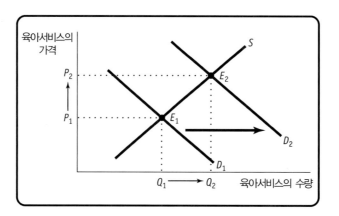

b. 오늘 태어난 아이들이 14년 후 육아서비스를 제공할 수 있게 되고, 이는 S_1에서 S_2로 공급곡선의 우측 이동을 유발하고, 균형은 E_1에서 E_2로 이동한다. 그 결과 균형가격이 하락하고 균형거래량이 증가하게 된다.

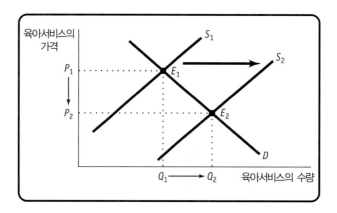

c. 30년 후가 되면 출산율이 높아질 것이다. 따라서 육아서비스에 대한 수요가 증가하게 될 것이고, 이는 D_1에서 D_2로 수요곡선의 우측 이동을 유발하고 균형은 E_1에서 E_2로 이동한다. 따라서 균형가격의 상승과 균형거래량의 증가가 발생한다.

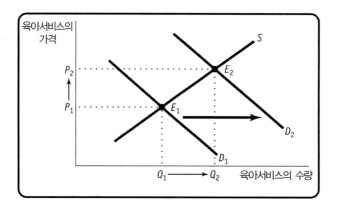

16. a. 모차렐라 치즈는 피자를 만드는 데 필요한 투입요소 중 하나이다. 투입요소의 가격이 상승함에 따라, 피자 공급자들은 모든 가격 수준에서 피자의 공급량을 줄일 것이다. S_1에서 S_2로 공급곡선이 좌측 이동하게 되고, 균형은 E_1에서 E_2로 이동한다. 그 결과 균형가격의 상승과 균형거래량의 감소가 발생한다.

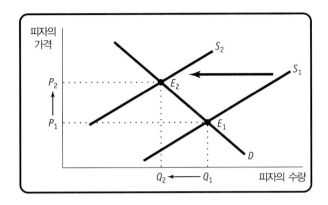

b. 소비자들은 햄버거를 피자로 대체할 것이고, 그 결과 모든 가격 수준에서 피자의 수요가 늘어난다. 이는 D_1에서 D_2로 수요곡선의 우측 이동을 유발하며 균형은 E_1에서 E_2로 이동한다. 따라서 균형가격의 상승과 균형거래량의 증가가 발생한다.

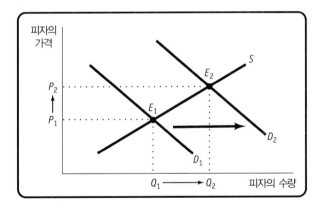

c. 토마토소스는 피자를 만드는 데 필요한 투입요소 중 하나이다. 투입요소의 가격이 하락함에 따라, 피자 공급자들은 모든 가격 수준에서 피자의 공급량을 늘릴 것이다. S_1에서 S_2로 공급곡선이 우측 이동하게 되고, 균형은 E_1에서 E_2로 이동한다. 그 결과 균형가격의 하락과 균형거래량의 증가가 발생한다.

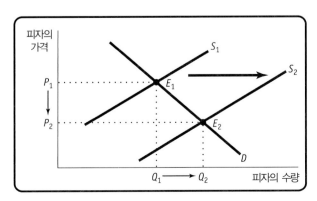

d. 소비자의 소득이 증가할 때는 열등재에 대한 수요가 감소한다. 따라서 소비자들의 소득 증대는 D_1에서 D_2로 수요곡선의 좌측 이동을 유발하고 균형은 E_1에서 E_2로 이동한다. 그 결과 균형가격의 하락과 균형거래량의 감소가 발생한다.

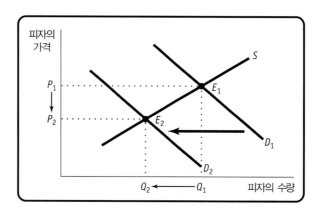

e. 소비자들은 다음 주에 피자 소비를 늘릴 것을 고려하여 현재의 피자 소비를 줄인다. 따라서 D_1에서 D_2로 수요곡선의 좌측 이동이 발생하고 균형은 E_1에서 E_2로 이동한다. 그 결과 균형가격의 하락과 균형거래량의 감소가 나타난다.

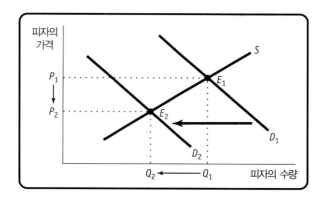

17. a. 피카소의 '청색 시대' 작품들은 더 이상 생산할 수가 없다. 따라서 공급곡선은 공급량 1,000에서 수직의 형태를 띤다.

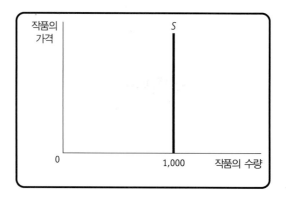

b. 공급이 고정되어 있으므로, 피카소의 청색 시대 작품 가격은 전적으로 수요에 의해 결정된다. 수요 측면에서 발생하는 모든 변화는 가격에 반영된다.

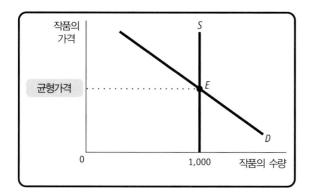

c. 이는 D_1에서 D_2로 수요곡선의 우측 이동을 유발하고 균형은 E_1에서 E_2로 이동한다. 이 경우 공급이 고정되어 있으므로, 수요의 증가는 균형거래량에는 영향을 미치지 못하며 균형가격만을 상승시킨다.

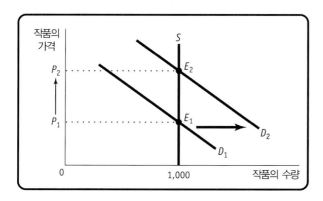

18. a. 정부에서 수술비용을 전액 지원해 주기 때문에 환자가 지불해야 하는 금액은 항상 영이다. 결과적으로 정부가 보조해야 하는 금액의 크기와는 무관하게 수술에 대한 수요는 일정하다. 환자가 아닌 정부가 수술비용을 전적으로 부담한다면, 시장의 수요는 가격이 영인 경우의 수요량으로 일정하게 유지된다. 따라서 이 경우 수요곡선은 가격이 영인 경우의 수요량 수준에서 수직이 된다.

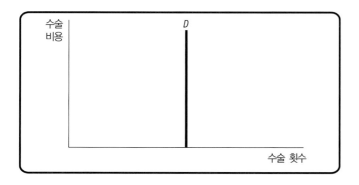

b. 이 경우에는 환자들이 수술비용을 부담해야 한다. 따라서 수요량은 가격에 의해 영향을 받고, 수요곡선은 일반적인 우하향 형태가 된다.

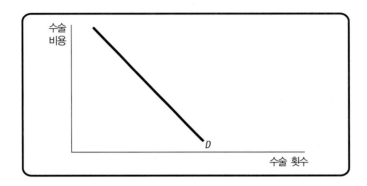

c. 라이보비츠 증쇄본은 생존한 다른 예술가들이 제작할 수 있기 때문에 공급량이 고정되어 있지 않다. 따라서 증쇄본의 공급곡선은 일반적인 우상향하는 형태가 된다.

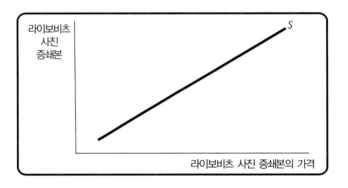

19. a. 제트 연료 가격이 하락하면 항공 여행 공급이 증가한다.

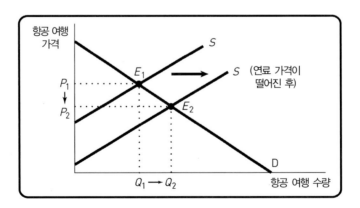

b. 유가 하락은 자동차 여행과 같은 대체재의 가격이 하락했음을 의미한다. 결과적으로 항공 여행에 대한 수요가 감소한다.

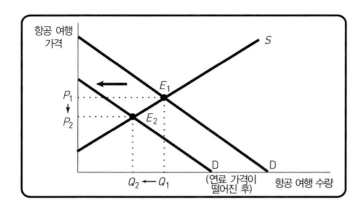

c. 공급이 증가하고 수요가 감소하면 가격은 하락하지만 수량 변화는 불명확하다. 즉, 수량이 감소할 수도 있고 증가할 수도 있으며 동일하게 유지될 수도 있다.

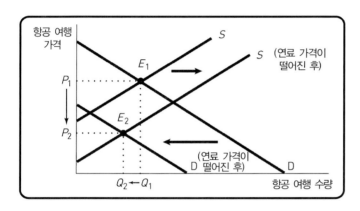

d. 소득이 증가하면 소비자는 모든 가격대에서 더 많은 항공 여행을 요구하게 되어 수요 곡선이 우측으로 이동한다. 다음 그림과 같이 수요가 충분히 증가하면 공급도 증가했음에도 불구하고 균형가격이 상승한다.

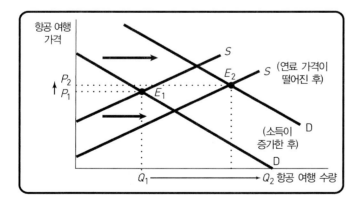

소비자잉여와 생산자잉여

1. **a.** 레옹의 소비자잉여는 5달러이다. 이는 그의 지불용의(10달러)와 실제로 지불한 금액 (5달러)의 차이에 해당한다.

   b. 알베르토의 지불용의는 30달러였고, 그가 실제로 지불한 가격도 30달러이므로 소비 자잉여는 없다.

   c. 스테이시의 지불용의는 가격보다 낮기 때문에 거래는 이루어지지 않았다. 따라서 소 비자잉여 또한 발생하지 않았다.

2. **a.** 기차를 판매하고 받은 금액이 그의 비용과 일치했으므로, 고든은 생산자잉여를 얻지 못했다.

   b. 소희의 비용은 1,500달러이나 제시받은 금액이 1,200달러에 불과하므로 거래는 발생 하지 않았고 따라서 생산자잉여 또한 발생하지 않았다.

   c. 샌제이의 비용은 영이다. 그가 지불받은 금액은 8만 달러이므로 그의 생산자잉여는 8만 달러이다.

3. **a.** 소비자 1의 지불용의는 가격보다 더 높기 때문에 게임을 구매한다. 그녀의 소비자잉 여는 $40-$29=$11이다.

   소비자 2의 지불용의는 가격보다 더 높기 때문에 게임을 구매한다. 그의 소비자잉 여는 $35-$29=$6이다.

   소비자 3의 지불용의는 가격보다 더 높기 때문에 게임을 구매한다. 그녀의 소비자 잉여는 $30-$29=$1이다.

   그 외의 소비자는 소비하지 않는다. 따라서 총소비자잉여는 $11+$6+$1=$18이다.

   b. 소비자 1의 지불용의는 가격보다 더 높기 때문에 게임을 구매한다. 그녀의 소비자잉 여는 $40-$19=$21이다.

   소비자 2의 지불용의는 가격보다 더 높기 때문에 게임을 구매한다. 그의 소비자잉 여는 $35-$19=$16이다.

   소비자 3의 지불용의는 가격보다 더 높기 때문에 게임을 구매한다. 그녀의 소비자 잉여는 $30-$19=$11이다.

   소비자 4의 지불용의는 가격보다 더 높기 때문에 게임을 구매한다. 그의 소비자잉 여는 $25-$19=$6이다.

소비자 5의 지불용의는 가격보다 더 높기 때문에 게임을 구매한다. 그녀의 소비자 잉여는 $20−$19=$1이다.

따라서 총소비자잉여는 $21+$16+$11+$6+$1=$55이다.

c. 가격이 하락함으로써 총소비자잉여는 $55−$18=$37만큼 증가하였다. 소비자 1, 2, 3의 경우(더 높은 가격에도 게임을 구매했던 소비자) 개별 소비자잉여가 가격 하락 폭인 10달러만큼 각각 증가하였다. 이는 소비자잉여 증가분 중 30달러만큼을 차지한다. 반면 소비자 4, 5는 가격이 낮아짐에 따라 새롭게 게임을 구입하게 되었으며 이로부터 소비자잉여를 가지게 된다. 소비자 4는 6달러의 소비자잉여, 소비자 5는 1달러의 소비자잉여를 획득한다.

4. a. 판매가격이 높을수록, 판매자가 얻는 생산자잉여는 더 커진다. 따라서 입찰자의 수가 많아질수록 판매가격이 높아진다는 갈린스키의 관찰은 판매자가 상품에 대한 입찰자 수를 증가시키기를 원한다는 것을 의미한다. 이렇게 하는 방법은 더 낮은 경매 시작가격을 설정하는 것이다. 경매의 시작시점에 가격이 낮을 때, 판매자는 경매에서 승리한 입찰자에게 더 많은 총잉여를 제공하는 셈이다. 경매 시작가격이 낮다면 입찰자는 그가 경매에 이길 경우 총잉여의 큰 부분(즉 큰 소비자잉여)을 얻을 수 있다고 믿기 때문에 더욱 입찰에 참가하고 싶어진다. 만약 아무도 입찰에 참가하지 않는다면, 입찰에 참가한 사람은 정말로 큰 규모의 소비자잉여를 얻을 것이다. 그러나 낮은 시작가격은 다른 입찰자를 불러들이게 되고, 이것은 평균적으로 판매가격을 상승시키며 총잉여의 더 많은 부분이 판매자에게 돌아가도록 한다.

b. 차량의 잠재적 입찰자가 CARFAX 보고서에 40달러를 지불해야 하거나, 상태가 좋지 않은 차량임에도 높은 금액을 지불할 위험을 감수해야 한다면 차량에 입찰하려는 사람이 그다지 많지 않을 것이다. 그리고 a에서 살펴본 바와 같이 구매자가 적으면 구매자가 많을 때보다 차량 가격을 덜 받게 될 가능성이 높다. 반면 차량의 상태가 우수하다는 사실을 무료로 확인할 수 있다면 더 많은 사람들이 차량을 구매하려고 할 것이다. 따라서 검사 보고서 비용을 직접 지불하고 무료로 공유하여 잠재적 입찰자의 수를 늘리는 것이 현명하다.

5. a. 균형가격은 85달러이고 10권이 거래된다. 가장 높은 지불용의를 가진 구매자로부터 시작하면, 첫 2명의 지불용의는 105달러이고 따라서 그들은 각각 $105−$85=$20의 소비자잉여를 얻는다. 다음 2명의 지불용의는 100달러이고 따라서 그들은 각각 $100−$85=$15의 소비자잉여를 얻는다. 그다음 2명의 지불용의는 95달러이고 따라서 그들은 각각 $95−$85=$10의 소비자잉여를 얻는다. 그다음 구매자 2명의 지불용의는 90달러이고 따라서 그들은 각각 $90−$85=$5의 소비자잉여를 얻는다. 다음 2명의 지불용의는 85달러이고 따라서 그들은 각각 $85−$85=$0의 소비자잉여를 얻는다.

남은 모든 잠재적 구매자들은 그들의 지불용의가 시장가격보다 낮기 때문에 소비자잉여를 얻지 못한다. 총소비자잉여는 $2 \times \$20 + 2 \times \$15 + 2 \times \$10 + 2 \times \$5 = \$100$이다.

가장 낮은 비용을 가진 판매자부터 시작해서 첫 번째 판매자의 비용은 60달러이고 따라서 그는 $\$85 - \$60 = \$25$의 생산자잉여를 얻는다. 다음 2명의 판매자의 비용은 65달러이고 따라서 그들은 각각 $\$85 - \$65 = \$20$의 생산자잉여를 얻는다. 그다음 3명의 판매자의 비용은 75달러이고 따라서 그들은 각각 $\$85 - \$75 = \$10$의 생산자잉여를 얻는다. 그다음 3명의 판매자의 비용은 80달러이고 따라서 그들은 각각 $\$85 - \$80 = \$5$의 생산자잉여를 얻는다. 그리고 그다음 판매자의 비용은 85달러이고 따라서 그는 $\$85 - \$85 = \$0$의 생산자잉여를 얻는다. 남은 모든 잠재적 판매자는 그들의 비용이 시장가격보다 높기 때문에 생산자잉여를 얻지 못한다. 총생산자잉여는 따라서 $1 \times \$25 + 2 \times \$20 + 3 \times \$10 + 3 \times \$5 = \$110$이다.

b. 새로운 수요계획은 아래의 표와 같다.

책 가격	책 수요량	책 공급량
$55	14	0
60	12	1
65	10	3
70	8	3
75	6	6
80	4	9
85	2	10

균형가격은 75달러이고 6권이 거래된다. 가장 높은 지불용의를 가진 구매자로부터 시작하면, 첫 2명의 지불용의는 85달러이고 따라서 그들은 각각 $\$85 - \$75 = \$10$의 소비자잉여를 얻는다. 다음 2명의 지불용의는 80달러이고 따라서 그들은 각각 $\$80 - \$75 = \$5$의 소비자잉여를 얻는다. 그리고 다음 2명의 지불용의는 75달러이고 따라서 그들은 각각 $\$75 - \$75 = \$0$의 소비자잉여를 얻는다. 남은 모든 잠재적 구매자들은 그들의 지불용의가 시장가격보다 낮기 때문에 소비자잉여를 얻지 못한다. 따라서 총소비자잉여는 $2 \times \$10 + 2 \times \$5 = \$30$이다.

가장 낮은 비용을 가진 판매자부터 시작해서 첫 1명의 판매자의 비용은 60달러이고 따라서 그는 $\$75 - \$60 = \$15$의 생산자잉여를 얻는다. 다음 2명의 판매자의 비용은 65달러이고 따라서 그들은 각각 $\$75 - \$65 = \$10$의 생산자잉여를 얻는다. 그다음 3명의 판매자의 비용은 75달러이고 따라서 그들은 각각 $\$75 - \$75 = \$0$의 생산자잉여를 얻는다. 남은 모든 잠재적 판매자는 그들의 비용이 시장가격보다 높기 때문에 생산자잉여를 얻지 못한다. 따라서 총생산자잉여는 $1 \times \$15 + 2 \times \$10 = \$35$이다.

6. **a.** 아리는 파스타 네 접시를 구매할 것이다. 그의 소비자잉여는 12달러이다. ($10-$4) +($8-$4)+($6-$4)+($4-$4)=$12.

b. 아리는 파스타 세 접시를 구매할 것이다. 그의 소비자잉여는 12달러에서 6달러로 감소하였다. ($10-$6)+($8-$6)+($6-$6)=$6이다.

c. 파스타를 무제한 제공하고 있다면 아리가 추가적인 파스타 한 접시당 지불하는 금액은 영이다. 따라서 그는 파스타 여섯 접시를 먹을 것이다. 파스타 여섯 접시에 대한 그의 지불용의의 합은 30달러이다. 그가 실제로 지불하는 금액은 25달러이므로 그의 소비자잉여는 5달러가 된다.

d. 파스타를 무제한 제공하고 있을 때 아리는 여섯 접시의 파스타를 먹을 것이다. 그가 여섯 접시의 파스타를 소비하는 데서 얻는 소비자잉여의 크기는 30달러이다. 따라서 그가 파스타 무제한 제공에 지불할 용의가 있는 최대 금액은 30달러이다.

7. **a.** 수요곡선으로부터 놀이기구를 한 번 탈 때 가격이 5달러일 때 일반적인 소비자는 10번 이용할 것임을 알 수 있다. 이때 소비자잉여는 $\frac{1}{2}\times($10-$5)\times10=$25$이다.

b. 한 번 탈 때 5달러의 가격을 지불하면서 펀 월드에 갈 때 얻는 소비자잉여의 크기가 25달러이므로, 이것이 그녀가 펀 월드에 가기 위해 최대로 지불할 용의가 있는 금액의 크기이다. 따라서 이것이 펀 월드가 매길 수 있는 가장 높은 가격이다. 이처럼 입장료와 놀이기구 탑승 비용을 각각 부과하는 것을 **이부 가격제**(two-part tariff)라고 한다.

c. 만약 펀 월드가 놀이기구 탑승에 대해 가격을 부과하지 않는다면 일반적인 소비자는 20번 탑승할 것이고, 이때 $\frac{1}{2}\times$10\times20=100의 소비자잉여를 얻는다. 따라서 놀이기구 이용에 대해 가격을 부과하지 않는 상황에서 펀 월드가 부과할 수 있는 최대 입장료는 100달러가 된다.

8. **a.** 4달러의 가격에서 택시기사는 40번의 승차 서비스를 공급한다. 따라서 그의 생산자잉여는 $\frac{1}{2}\times$4\times40=80이다.

b. 택시기사의 생산자잉여가 80달러이므로, 이것이 4달러의 가격에 40번의 승차 서비스를 제공하기 위해 지불할 용의가 있는 최대 금액이다. 그러므로 4달러의 가격에서 시 당국이 매길 수 있는 최대한의 면허료는 80달러이다.

c. 8달러의 가격에서 택시기사는 80번의 승차 서비스를 공급한다. 따라서 그의 생산자잉여는 $\frac{1}{2}\times$8\times80=320이다. 그러므로 8달러의 가격에서 시 당국이 매길 수 있는 택시 면허료의 최대한의 금액은 320달러이다.

9. **a.** 모든 음악 애호가가 무료 스트리밍으로 음악과 동영상 콘텐츠를 얻는다면 음반사의 생산자 잉여는 0이 될 것이다. 이렇게 되면 향후 음반사가 새로운 음반을 제작할 유

인이 사라진다.

b. 이러한 조치는 당장은 음악을 소비할 수 있는 가능성을 줄이는 것으로 보일 수 있다. 그러나 이러한 조치로 음악가와 음반회사가 충분한 생산자잉여를 얻는다면 장기적으로 상호 이익이 되는 거래가 유지될 수 있다.

10. a. 그림에서 아델 콘서트 티켓의 수요곡선은 우하향하지만 공급곡선은 750,000장의 수량에서 수직으로 나타내어져 있다. 이 그림에서 균형인 E점에서의 가격인 P_E는 150달러보다 훨씬 더 높다. B점은 150달러의 가격에서 티켓에 대한 수요량이 1천만 장임을 나타낸다.

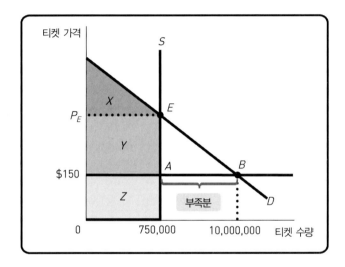

b. a의 그림에서 소비자잉여는 X+Y의 면적, 생산자잉여는 Z의 면적, 총 잉여는 X+Y +Z의 면적에 해당한다.

c. a의 그림에서 E점과 수요곡선의 가격축 절편 사이에 있는 소비자들이 티켓을 구입하는 경우 소비자잉여가 극대화된다. 그러나 아델 콘서트 티켓은 온라인에서 선착순으로 배포되었기 때문에 지불용의 순으로 구매가 이루어졌다는 보장이 없다. 따라서 E점과 B점 사이에 있는 소비자도 티켓을 구입했을 수 있는데 이들이 자신의 티켓을 E점과 수요곡선의 가격축 절편 사이에 있는 수요자 중 티켓을 구하지 못한 소비자에게 P_E의 가격으로 판매한다면 모두가 이익을 얻고 소비자잉여도 증가할 것이다.

11. a. 그림에서 일요일과 금요일 밤의 우버 서비스 수요곡선은 각각 D_s와 D_f로 표시되어 있다. 일시적 가격인상정책이 적용되지 않는다면 일요일과 금요일의 우버 서비스 공급량은 동일하다. 따라서 금요일 밤에는 Q_d와 Q_s의 차이만큼 차량부족분(초과수요)이 발생한다.

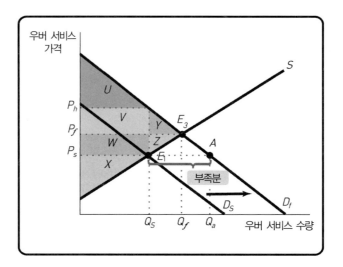

b. a의 그림에서 일시적 가격인상정책이 없는 경우 우버는 P_s를 청구한다. 금요일 밤에 우버 차량 서비스에 대한 소비자잉여는 영역 $U + V + W$의 면적과 같고 생산자잉여는 영역 X의 면적과 같다.

c. 일시적 가격인상정책이 적용되면 우버는 가격을 P_f로 인상하고 차량 서비스의 공급량은 Q_f로 증가한다. 이 경우 소비자잉여는 영역 $U + V + Y$의 면적과 같고 생산자잉여는 영역 $W + X + Z$의 면적과 같다.

12. a. 작가에게 지급하는 비용은 비디오 대여 공급의 비용을 높인다. 다음의 그림을 보면 공급곡선은 S_1에서 S_2로 좌측 이동하고, 비디오 대여의 균형가격은 P_1에서 P_2로 상승하며, 비디오 대여의 판매 및 구매량은 Q_1에서 Q_2로 감소한다. 그 결과, 소비자잉여는 색칠된 영역만큼 감소한다. 작가들의 새로운 계약을 위한 협상이 소비자들 사이에서 호응을 얻기는 힘들 것이다.

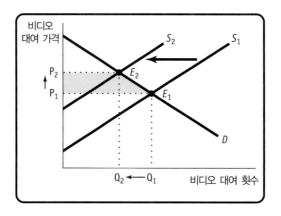

b. 비디오 대여의 가격이 상승하면 유료 영화 채널의 인기가 높아진다. 이들은 대체재이며 비디오 대여의 가격이 상승할 때 유료 영화 채널에 대한 수요는 늘어날 것이다. 아래의 그림을 보면 수요곡선은 D_1에서 D_2로 우측 이동하고 균형가격은 P_1에서 P_2로 상

승하고, 균형거래량은 Q_1에서 Q_2로 증가한다. 그 결과, 생산자잉여는 색칠된 영역만큼 증가한다. 이러한 변화는 유료 영화 채널의 영화 서비스를 제공하는 케이블 TV회사로부터 호응을 얻을 수 있을 것이다.

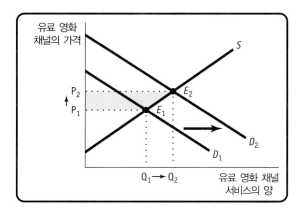

c. 더 많은 소비자가 스트리밍으로 영화를 시청할수록 영화대여에 대한 수요는 감소한다. 아래 그림에서 수요곡선은 D_1에서 D_2로 왼쪽으로 이동하고, 균형가격은 P_1에서 P_2로 하락하며, 구매수량은 Q_1에서 Q_2로 하락한다. 생산자잉여는 색칠된 면적만큼 감소하는데 생산자잉여가 감소하면 영화대여회사의 수익이 감소하며 시나리오 작가의 수입도 감소한다.

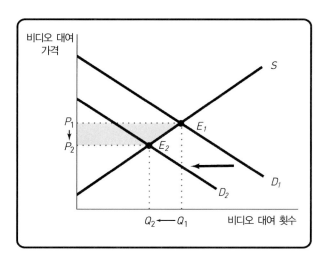

가격규제와 수량규제 : 시장에 대한 간섭

1. **a.** 택시 승차 시장의 균형은 아래 그림의 E_1과 같으며 균형가격은 6.5달러이다. 이 가격에서 수요량과 공급량은 일치한다. 이 경우 1년에 1,100만 번의 택시 승차가 이루어진다.

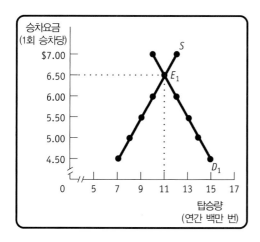

b. 5.5달러의 가격상한이 설정되는 경우 택시 승차에 대한 수요는 1,300만 번이고, 공급은 900만 번이다. 따라서 부족한 공급량은 1,300만−900만=400만이다. 택시 탑승 서비스 공급량이 감소할뿐더러 서비스당 가격도 낮아지기 때문에 택시기사들은 명백하게 후생 악화를 겪는다. 반면 소비자에게 미치는 영향은 분명하지 않다. 보다 적은 사람들이 택시 승차 서비스를 이용할 수 있게 되지만 서비스를 이용할 수 있는 사람들은 예전보다 낮은 가격에 서비스를 이용할 수 있기 때문이다.

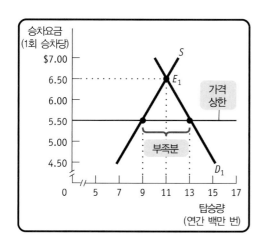

c. 새로운 수요곡선은 D_2가 된다. 이 경우 시장의 균형은 E_2이고 시장가격은 법적으로 규정된 5.5달러보다 낮은 5달러이기 때문에 이제 가격상한은 효과가 없다. 5달러 수준에서 택시 서비스의 수요 및 공급은 800만 번으로 일치한다.

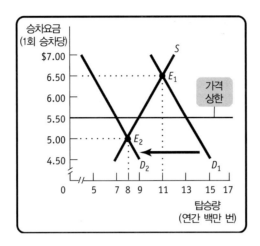

d. 아래의 그림은 1,000만 번으로 택시 서비스를 제한했을 때의 효과를 보여 주고 있다. 택시 서비스의 거래량은 1,000만 번이고 가격은 7달러이다. 수량제한에 따른 할당지대는 서비스 1회당 1달러이다.

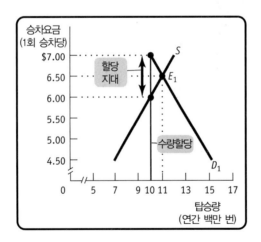

2. a. 〈그림 (a)〉는 이 정책의 효과를 나타내고 있다. 정책 가격이 시장의 균형가격보다 높게 책정되었으므로 이 정책은 가격하한제로 작용한다. 이는 시장가격을 인위적으로 균형가격보다 높게 만든다. 그 결과 빵은 과다 생산되어 잉여분(초과공급)이 존재하게 된다.

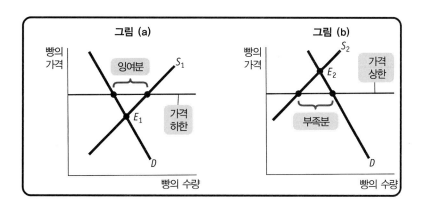

b. 균형가격 이상의 모든 가격하한제와 마찬가지로 몇 가지 비효율성이 발생한다. 첫째, 비효율적으로 낮은 거래량으로 인한 자중손실이 발생한다. 규제되지 않던 시장가격에서 일어났던 일부 거래가 더 이상 일어나지 않는다. 둘째, 판매자들 간 비효율적 판매배분이 이루어진다. 어떤 제빵업자들은 비용이 높은데도 생산하는 데 반하여, 다른 제빵업자들은 비용이 낮은데도 생산하지 못한다. 셋째, 과도하게 생산된 자원의 일부는 용도를 찾지 못하고 버려질 수 있다. 넷째, 비효율적으로 높은 품질의 빵이 생산된다. 소비자들은 빵의 품질이 조금 떨어지더라도 더 낮은 가격에 빵을 살 수 있기를 바랄 것이다.

c. 〈그림 (b)〉는 시장 균형가격이 제한된 가격보다 높은 상황을 보여 주고 있다. 이제 이 정책은 가격상한제로 기능하여 가격이 균형수준으로 상승하는 것을 막는다. 따라서 균형가격 이하의 가격상한제가 존재하는 다른 시장에서와 마찬가지로 재화의 부족현상(초과수요)이 발생한다.

d. 균형가격 이하의 모든 가격상한제와 마찬가지로 몇 가지 비효율성이 발생한다. 첫째, 비효율적으로 낮은 거래량으로 인한 자중손실이 발생한다. 빵 부족현상이 지속되고, 균형가격에서 이루어지던 일부 거래가 더 이상 일어나지 않는다. 둘째, 소비자들 간 비효율적 소비배분이 이루어진다. 어떤 소비자들은 지불용의가 낮은데도 소비할 수 있는 데 반하여, 다른 소비자들은 지불용의가 높은데도 소비하지 못한다. 셋째, 소비자들이 빵을 구하기 위해서 탐색하고 대기하는 과정에서 낭비되는 자원이 발생한다. 넷째, 비효율적으로 낮은 품질의 빵이 생산된다.

3. a. 가격하한이 없는 경우 소비자잉여는 수요곡선의 아래쪽이면서 균형가격 0.15달러의 위쪽 부분의 면적인 (($0.25-$0.15)×2,000억)/2=$100억이다. 그리고 생산자잉여는 공급곡선의 위쪽이면서 균형가격 0.15달러보다 아래쪽 부분의 면적인 (($0.15-$0.05)×2,000억)/2=$100억이다. 따라서 총잉여는 $100억+$100억=$200억이다.

b. 가격하한이 파운드당 0.18달러일 때 소비자잉여는 수요곡선의 아래쪽이면서 0.18달러의 위쪽 부분의 면적인 (($0.25-$0.18)×1,400억)/2=$49억이다.

c. 가격하한이 파운드당 0.18달러일 때 생산자잉여는 공급곡선의 위쪽이면서 0.18달러의 아래쪽 면적인 (($0.18−$0.05)×2,400억)/2=$156억이다.

d. 미국 농무부는 1,000억 파운드의 우유를 파운드당 0.18달러에 구입한다. 따라서 총지불액은 $0.18×1,000억=$180억이다.

e. 가격하한이 있는 경우 총잉여는 소비자잉여와 생산자잉여를 더한 금액에서 미국 농무부가 지불한 금액을 뺀 것이므로 $49억+$156억−$180억=$25억이다. 이것은 가격하한이 없을 때의 총잉여인 $200억보다 작다.

4. **a.** 자중손실은 아래 그림에서 색칠된 삼각형으로 표시된다.

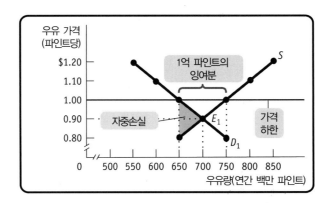

b. 위 그림에서 D_1의 수요와 S의 공급하에서 E_1의 균형이 성립한다. 하지만 1달러의 가격하한제하에서 공급량은 7억 5,000만 파인트가 되고 수요량은 6억 5,000만 파인트이다. 이 정책은 매년 1억 파인트의 잉여분(초과공급)을 유발한다.

c. 가격하한제를 유지하기 위해서(가격하한제 가격보다 낮은 가격에 초과공급되는 우유가 팔리는 것을 막기 위해), 정부는 초과공급되는 우유를 사들여야 할 것이다. 1억 파인트의 우유를 1달러의 가격에 구입한다면 여기에는 1억 달러의 비용이 든다.

d. 학교에 저가의 우유를 공급함에 따라 모든 가격 수준에서 우유 수요는 5,000만 파인트 감소하고 수요곡선은 D_2와 같이 좌측으로 이동한다. 가격하한제가 실시되지 않는 상황에서 균형은 E_2가 된다. 하지만 1달러의 가격하한하에서는 1억 5,000만 파인트의 초과공급이 발생한다. 1달러의 가격하한제를 유지하기 위해 정부는 1달러의 가격에 1억 5,000만 파인트의 우유를 사들여야 하기 때문에 1억 5,000만 달러가 소요된다. 하지만 이 1억 5,000만 파인트의 우유를 학교에 0.6달러의 가격에 판매하므로(그리고 이 판매는 $0.60×1억 5,000만=$9,000만의 수입을 유발한다) 정부가 낙농정책에 지불하는 총금액은 $1억 5,000만−$9,000만=$6,000만이다.

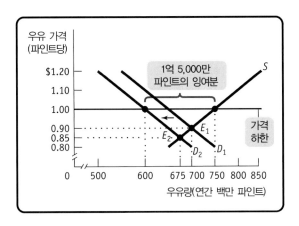

e. 가격하한제하에서 일부 우유 제조업자는 가격이 균형수준으로 조정될 수 있도록 허용되었다면 살아남을 수 없었던 비효율적인 생산자이다. 즉 생산자 사이의 자원배분의 비효율성이 발생한다. 이는 생산에 있어서 기회비용을 유발하는 것이다. 더 나아가 자원이 낭비되는 문제가 있다. 우유가 그냥 버려지고 있지는 않지만, 정부는 이 우유를 구매하는 데 꽤 많은 돈을 사용하고 있다. 이 돈은 학생들에게 저렴한 우유를 제공하는 데 사용되기보다는 공립학교 교육의 질을 높이는 것과 같이 보다 유용한 곳에 쓰일 수 있었을 것이다. 이 역시 우유 가격하한제의 기회비용인 셈이다.

5. a. 균형임금은 3만 유로이고, 29만 명의 노동자들이 일자리를 얻을 것이다. 이는 완전고용 상태로서 어느 누구도 비자발적으로 실업상태에 있지 않다. 아래 그림에서 균형은 점 E로 표시되어 있다.

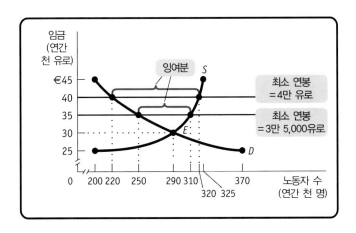

b. 3만 5,000유로의 최소 연봉하에서 6만 명의 노동자가 초과공급된다(노동공급은 31만 명이고, 노동수요는 25만 명이다). 즉 6만 명의 노동자가 비자발적 실업상태에 있게 된다. 4만 유로의 최소 연봉하에서 초과공급되는 노동자의 숫자는 10만 명이다. 이는 비자발적 실업상태에 처한 노동자의 수이다.

c. 최소 연봉이 높게 책정될수록 비자발적 실업의 크기는 더욱 커진다. 이 정책으로 이

득을 보는 사람들은 직장을 얻는 데 성공한 사람들이다. 이들은 예전보다 더 높은 임금을 받게 될 것이다. 하지만 일자리를 얻지 못한 사람들은 손해를 본다. 만약 시장이 균형으로 수렴할 수 있도록 허용되었다면 더 많은 노동자들이 일자리를 얻었을 것이다. 고용주 또한 손해를 본다. 보다 적은 고용주들이 노동자를 고용할 수 있게 되며, 또한 노동자에게 지급되는 임금도 더 높아져야 한다. 여기서 잃어버린 기회는 최소 연봉보다 낮은 수준의 임금을 받더라도 일하고자 하는 노동자가 있고, 이들을 고용할 용의가 있는 기업이 존재함에도 불구하고 최소 연봉제로 인해 이 계약이 성사되지 못한 것이다.

6. a. 이 경우 발생하는 부족사태는 일자리의 부족이다. 최저임금수준에서 직장의 수보다 직장을 구하는 근로자의 수가 많다.

b. 경제의 위축은 전반적인 노동수요를 감소시키므로 노동수요곡선이 D에서 D로 좌측 이동하게 한다. 이에 따라 자중손실이 커지고 직장 부족사태가 더욱 심해진다.

c. 경제의 위축으로 전체 노동수요가 감소할 경우 직장을 구하지 못한 노동자들이 비공식 노동시장으로 이동한다. 이는 비공식 노동시장에서 노동공급곡선을 S에서 S로 우측 이동시킨다. 이에 따라 균형임금률은 w^*에서 w^{**}로 하락하며 비공식 노동시장의 규모가 커지게 된다.

7. a. 5달러의 가격하한제를 도입한 경우에 옥수수는 1,200부셸 공급될 것이고 수요는 800부셸일 것이다. 여기에는 400부셸만큼의 초과공급이 발생한다. 따라서 정부는 5달러의 가격에 400부셸만큼의 옥수수를 사들여야 하고, 이는 $400 \times \$5 = \$2,000$의 비용을 발생시킨다. 농부는 1,200부셸을 판매하고(800은 소비자에게, 400은 정부에) 따라서 $1,200 \times \$5 = \$6,000$만큼의 수입을 올리게 된다.

b. 정부가 5달러의 목표가격제를 도입한 경우에 시장은 3달러의 가격과 1,000부셸의 거래량에서 균형을 이룬다. 여기에는 초과공급도 초과수요도 존재하지 않는다. 이 정책 하에서 정부는 옥수수를 사들일 필요가 없다. 시장에서 판매된 옥수수 1부셸당 2달러의 보조금을 지급하게 되므로(시장가격 3달러와 목표가격 5달러 사이의 차이를 메워주기 위해) 정부는 $1,000 \times \$2 = \$2,000$만큼의 비용을 써야 한다. 농부는 1,000부셸의 옥수수를 판매하고 1부셸당 5달러를 받으므로(소비자에게서 3달러, 정부에서 2달러) 총 5,000달러의 수입을 올리게 된다.

c. 소비자는 가격하한제하에서 더 높은 비용을 지불해야 한다. 이들은 부셸당 5달러를 지불한다(목표가격제하의 3달러와 비교해 보라). 정부 입장에서는 어떤 정책을 취하는지 여부와 무관하게 동일한 비용을 들이게 된다.

d. 목표가격제는 낭비되는 자원을 줄일 수 있기 때문에 가격하한제보다 덜 비효율적이다. 가격하한제에서 발생하는 잉여분은 버려질 가능성이 크다.

8. **a.** 거래량은 700만 파운드이고, 균형가격은 파운드당 18달러이다. 다음 그림에서 보는 것처럼 파운드당 황새치에 대해 어부는 수량할당에 따른 지대 6달러를 얻는다. 색칠된 삼각형이 자중손실을 나타낸다.

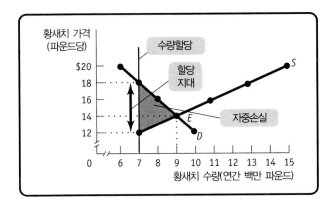

b. 파운드당 황새치가 6달러의 지대를 가져다주므로, 어부들은 황새치 잡이가 허용되는 한 가능한 많은 어획량을 올리고자 할 것이다. 따라서 수확철이 시작되는 시점에 어부들 사이에서 가능한 한 많은 물고기를 잡기 위한 경쟁이 벌어질 것이고, 얼마 지나지 않아서 물고기 잡이는 끝나게 될 것이다(현실에서 정확히 이 같은 현상이 일어난다).

9. **a.** 다음의 그림에서 보는 것처럼 정부의 개입이 없는 상황에서 균형가격은 파운드당 10 달러이고, 12만 파운드의 바닷가재가 거래될 것이다. 이때 균형은 *E*점에서 성립한다.

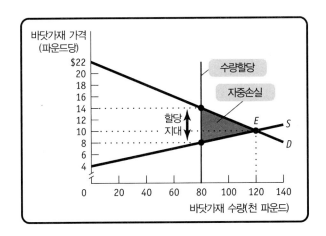

b. 8만 파운드에 대한 수요가격은 14달러이다.

c. 8만 파운드에 대한 공급가격은 8달러이다.

d. 할당지대는 바닷가재 1파운드당 $14−$8=$6이다.

e. 수량할당 정책하에서, 80,001번째 파운드 생산자와 소비자 모두 더 이익을 볼 수 있다. 즉 생산자는 8달러보다 조금 더 높은 금액에 기꺼이 팔 것이고, 소비자는 14달러보다 조금 더 낮은 금액에 기꺼이 사려고 할 것이다. 그러나 수량할당이 이 거래를

막고 있다.

10. a. 아래 〈그림 (a)〉에서 소비자잉여는 CS_1이고, 생산자잉여는 PS_1이다.

   b. 가격상한제 도입 이후 소비자잉여는 〈그림 (b)〉에서 CS_{2A}와 CS_{2B}의 합이다.

   c. 가격상한제 도입 이후 생산자잉여는 〈그림 (b)〉에서 PS_2이다.

   d. 가격상한제 도입의 결과 생산자로부터 소비자로 이전된 잉여의 양은 〈그림 (b)〉에서 CS_{2B}이다.

   e. 가격상한제 도입의 결과 상실된 총잉여의 양(자중손실)은 〈그림 (b)〉에서 "자중손실"이라고 표시된 부분이다.

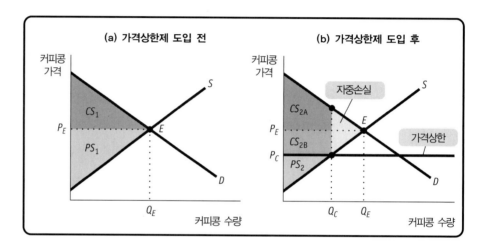

11. a. 균형가격보다 높게 설정되어 구속력 있는 가격하한이 철폐될 때, 당신은 상품의 가격이 하락할 것으로 예상한다. 그러나 문제의 그림에 나와 있는 자료에서 항공권 가격이 1978년 이후 실제 상승했기 때문에 당신은 1978년 이전의 가격하한이 효과가 없었다는 것을 알 수 있다. 다음의 그림에서 가격하한 P_F는 구속력이 없다. 그것은 균형가격인 P_E보다 아래에서 설정되었다. 이 경우 가격하한을 철폐하는 것은 가격 하락으로 이어지지 않는다.

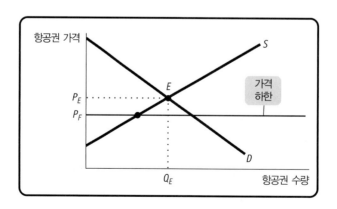

b. 평균 항공료를 결정하는 많은 요인들이 1978년에 변했다. 즉 가격하한의 철폐는 그것들 중 단지 하나일 뿐이다. 가격하한의 철폐 외에 변한 것은 항공사가 이제 더 많은 장거리 비행을 제공할 수 있게 되었다는 것이다. 그래서 평균 항공료가 상승했음에도 불구하고 평균 항공 거리 역시 증가했다. 그 결과로 **여행한 거리당 비용은 실제로 감소**하였고 대부분의 경제학자들이 항공 규제 철폐 법안이 항공료를 더 낮게 만들었다고 주장하였다. 당신이 어떤 한 변화의 효과를 분석하고자 할 때, **다른 것들을 동일하게 유지해야 한다**는 것을 명심하라. 이 사례에서는 다른 많은 것들이 동시에 변화하였다.

12. a. 수요-공급이 일치하는 임금(청산임금)이 W_1이라고 하자. 이때 W_1이 최저임금 W^*보다 높다면 이는 인턴 시장에 아무런 영향을 미치지 않는다. 이에 따라 임금률은 여전히 W_1이고 고용량은 X_1으로 결정된다.

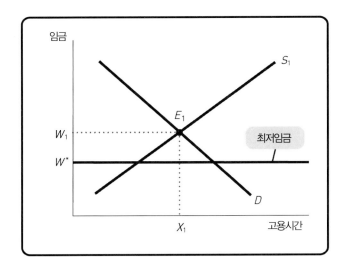

b. 최초균형점이 E_1점이라고 하자. 경기침체로 인턴에 대한 수요가 감소하면 수요곡선이 좌측으로 이동한다. 수요곡선의 좌측이동폭이 충분히 커서 수요곡선이 D_1에서 D_2로 이동하면 균형임금은 0이 될 것이다. 이 경우 새로운 균형이 E_2점이지만 구속력이 있는 최저임금제에 인해 고용은 E_3점에서 이루어지고 자중손실은 색칠한 영역의 면적이 된다.

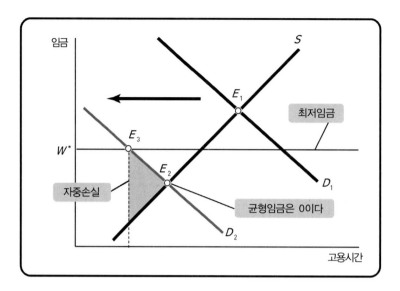

chapter: 6

탄력성

1. a. 소비자가 선택할 수 있는 대체재가 증가하기 때문에 포드 SUV에 대한 수요의 가격탄력성은 커진다.

   b. 소비자가 선택할 수 있는 대체재가 줄어들기 때문에 포드 SUV에 대한 수요의 가격탄력성은 작아진다.

   c. 다른 차종이 대체재로 인식되는 정도가 감소하기 때문에 포드 SUV에 대한 수요의 가격탄력성은 작아진다.

   d. 시간이 흐를수록 보다 많은 차들이 대체재로 등장할 수 있기 때문에(사륜구동 카고 밴처럼), 시간이 지날수록 포드 SUV에 대한 수요의 가격탄력성은 커진다.

2. a. 중간값 계산법을 사용하여 미국 겨울 밀에 대한 수요량의 변화율을 구하면,

$$\frac{17억-23억}{20억} \times 100 = \frac{-6억}{20억} \times 100 = -30\%$$

   이고, 가격의 변화율은

$$\frac{\$4.98-\$4.02}{\$4.50} \times 100 = \frac{\$0.96}{\$4.50} \times 100 = 21.3\%$$

   이므로, 마이너스 부호를 없애면 수요의 가격탄력성은

$$\frac{30\%}{21.3\%} = 1.41$$

   이다.

   b. 2017년의 총수입은 2017년의 부셸당 가격에 2017년 부셸 단위의 수요량을 곱해서 구할 수 있다. 즉 2017년의 총수입은 $4.02×23억=$92억 4,600만이다. 이와 유사한 방법으로 2018년의 총수입을 구하면 $4.98×17억=$84억 6,600만이다.

   c. 2017년과 2018년 사이에 밀 가격이 상승했는데 총수입은 감소하였다. 이는 a번에서 수요가 가격에 탄력적이라는 점에서 예측할 수 있는 결과이다. 이 경우 가격효과(가격상승이 총수입을 늘리는 효과)보다 수량효과(수량감소가 총수입을 줄이는 효과)가 더 크다.

3. a. 중간값 계산법을 사용하여 공급량의 변화율을 구하면,

$$\frac{12,000-8,000}{(8,000+12,000)/2} \times 100 = \frac{4,000}{10,000} \times 100 = 40\%$$

이고, 가격의 변화율은

$$\frac{\$1,100-\$900}{(\$900+\$1,100)/2} \times 100 = \frac{\$200}{\$1,000} \times 100 = 20\%$$

이므로 공급의 가격탄력성은 다음과 같다.

$$\frac{40\%}{20\%} = 2$$

b. 탄력성 추정값은 더 낮을 것이다. 900달러에서 1,100달러로 가격이 변화한 것은 a번에서 계산한 것처럼 20%만큼의 변화이다. 앞서 본 것과 같이 8,000대에서 1만 2,000대로 공급량이 변화한 것은 40%만큼 변화한 것이다. 이제 모든 가격 수준에서 공급량이 1,000대만큼 늘어났으므로, 동일한 가격 변화는 공급량을 9,000대에서 1만 3,000대로 늘릴 것이고 중간값 계산법을 사용할 때 36%가 변화한 셈이다. 새로운 공급의 가격탄력성은 $\frac{36\%}{20\%} = 1.8$이고 이는 a번의 경우보다 작다.

c. 탄력성 추정값에는 변화가 없을 것이다. 가격이 900달러에서 1,100달러로 상승하는 것은 a번에서 계산한 것과 같이 20%가 상승하는 것이다. 하지만 이제 모든 수량이 20% 증가하므로 공급량은 9,600대에서 1만 4,400대로 증가한다. 중간값 계산법을 사용할 때 이는

$$\frac{14,400-9,600}{(9,600+14,400)/2} \times 100 = \frac{4,800}{12,000} \times 100 = 40\%$$

가 상승한 것이고, 따라서 공급의 가격탄력성은

$$\frac{40\%}{20\%} = 2$$

이다. 따라서 공급의 가격탄력성은 a번의 경우에서와 같다.

4. a. 수요의 교차가격 탄력성이 음(−)의 값을 가지는 것은 두 재화 사이에 보완관계가 있음을 의미한다. 따라서 에어컨과 전력, SUV와 휘발유는 서로 보완재 관계이다. 수요의 교차가격탄력성이 양(+)의 값을 가지는 것은 두 재화 사이에 대체관계가 있음을 의미한다. 따라서 코카콜라와 펩시, 맥도날드 햄버거와 버거킹 햄버거, 버터와 마가린은 서로 대체재 관계이다.

b. 교차가격탄력성이 양수이며 절댓값이 더 큰 경우는 두 재화가 보다 밀접한 대체재임을 의미한다. 즉 버터와 마가린 사이의 교차가격탄력성이 맥도날드 햄버거와 버거킹 햄버거 사이의 것보다 더 크기 때문에 버터와 마가린은 맥도날드 햄버거와 버거킹 햄버거보다 더 밀접한 대체재이다. 이와 유사하게 교차가격탄력성이 음수이며 절댓값

이 더 큰 경우는 두 재화가 보다 강한 보완재임을 의미한다.

c. 0.63의 교차가격탄력성은 펩시 가격의 1% 변화가 코카콜라의 수요를 0.63% 증가시킨 다는 것을 의미한다. 따라서 펩시 가격의 5% 상승은 코카콜라의 수요를 5×0.63%= 3.15% 증가시킨다.

d. −0.28의 교차가격탄력성은 휘발유 가격의 1% 하락이 SUV의 수요를 0.28% 증가시킨 다는 것을 의미한다. 따라서 휘발유 가격의 10% 하락은 SUV의 수요를 10×0.28%= 2.8% 증가시킨다.

5. a. 진술에서는 10% 가격 상승이 수요량을 50% 감소시켰다고 제시하고 있다. 따라서 수 요의 가격탄력성은

$$\frac{50\%}{10\%} = 5$$

이고, 따라서 수요는 탄력적이다.

b. 존 레논의 육필 석판인쇄를 하나 더 팔기 위해 가격을 80%로 크게 낮춰야 한다는 점 은 이 재화에 대한 수요가 매우 비탄력적임을 뜻한다.

c. 대체재가 없는 상황이기 때문에 수요는 비탄력적이다(하지만 시간이 흐름에 따라 크 루그먼과 웰스의 중고 교과서의 공급이 늘어날 것이기 때문에 수요의 가격탄력성은 높아질 것이다).

d. 수요는 단위탄력적이다. 커피의 가격이 어떻게 변화하든지 총수입(커피에 대한 나의 총지출액)은 변화하지 않는다.

6. a. 미국으로 마약 거래를 중지하려는 노력은 공급곡선의 좌측 이동을 유발하고, 이는 마 약의 가격을 상승시키면서 수요량을 줄인다. 만약 이 상황이 마약 거래상들의 총수입 을 증가시켰다면 마약 거래상들은 이익을 보게 된다. 즉 우리는 가격 상승이 총수입 의 증가를 가져오는(가격효과가 수량효과를 뛰어넘는) 수요곡선의 비탄력적인 부분에 있었을 것으로 예상할 수 있다. 아래의 그림을 보면, S_1에서 S_2로 공급곡선이 이동하 면서 수입은 B영역만큼 감소하지만 A영역만큼 증가한다.

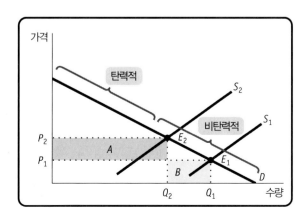

b. 좌석 수가 증가하는 것은 공급곡선을 우측으로 이동시키고, 이는 입장권 가격을 하락 시키면서 수요량을 늘린다. 만약 이 상황이 총수입을 증가시킨다면 우리는 가격 하락 이 총수입의 증가를 가져오는(수량효과가 가격효과를 뛰어넘는) 수요곡선의 탄력적인 부분에서 이루어졌을 것으로 예상할 수 있다. 다음의 그림을 보면, S_1에서 S_2로 공급 곡선이 이동하면서 총수입은 A영역만큼 감소하지만 B영역만큼 증가한다(가격이 얼 마든 좌석의 공급은 경기장 안 좌석 수에 의해 결정되기 때문에 좌석의 공급은 완전 비탄력적이며 공급곡선은 수직이다).

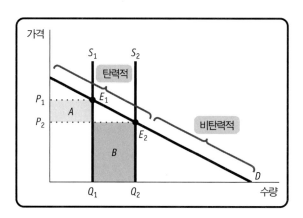

c. 생산량이 증가하는 것은 공급곡선을 우측으로 이동시키고, 이는 포르쉐 가격을 하락 시키면서 수요량을 늘린다. 만약 이 상황이 총수입을 감소시킨다면 우리는 가격 하락 이 총수입의 하락을 가져오는(가격효과가 수량효과를 뛰어넘는) 수요곡선의 비탄력적 인 부분에 있었을 것으로 예상할 수 있다. 아래의 그림을 보면, S_1에서 S_2로 공급곡선 이 이동하면서 매출은 A영역만큼 감소하지만 B영역만큼 증가한다.

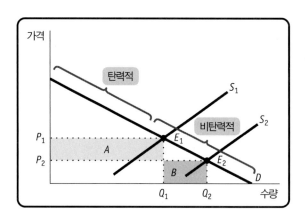

7. a. 관광객의 평균소득이 2만 달러라고 하자. 중간값 계산법을 사용하면 수요량의 변화 율은

$$\frac{1{,}600-2{,}400}{(2{,}400+1{,}600)/2} \times 100 = \frac{-800}{2{,}000} \times 100 = -40\%$$

이고, 가격의 변화율은

$$\frac{\$6-\$5}{(\$5+\$6)/2} \times 100 = \frac{\$1}{\$5.50} \times 100 = 18.2\%$$

이다. 따라서 수요의 가격탄력성은

$$\frac{40\%}{18.2\%} = 2.2$$

이다. 이제 관광객의 평균소득이 3만 달러라고 하자. 중간값 계산법을 사용하면 수요량의 변화율은

$$\frac{3,000-4,200}{(4,200+3,000)/2} \times 100 = \frac{-1,200}{3,600} \times 100 = -33.3\%$$

이고, 가격의 변화율은

$$\frac{\$6-\$5}{(\$5+\$6)/2} \times 100 = \frac{\$1}{\$5.50} \times 100 = 18.2\%$$

이다. 따라서 마이너스 부호를 빼면 수요의 가격탄력성은

$$\frac{33.3\%}{18.2\%} = 1.8$$

이다.

b. 티셔츠의 가격이 4달러라고 하자. 중간값 계산법을 사용하면 수요량의 변화율은

$$\frac{5,000-3,000}{(3,000+5,000)/2} \times 100 = \frac{2,000}{4,000} \times 100 = 50\%$$

이고, 소득의 변화율은

$$\frac{\$30,000-\$20,000}{(\$20,000+\$30,000)/2} \times 100 = \frac{\$10,000}{\$25,000} \times 100 = 40\%$$

이다. 따라서 수요의 소득탄력성은

$$\frac{50\%}{40\%} = 1.25$$

이다. 이제 티셔츠의 가격이 7달러라고 하자. 중간값 계산법을 사용하면 수요량의 변화율은

$$\frac{1,800-800}{(800+1,800)/2} \times 100 = \frac{1,000}{1,300} \times 100 = 76.9\%$$

이고, 소득의 변화율은

$$\frac{\$30,000-\$20,000}{(\$20,000+\$30,000)/2} \times 100 = \frac{\$10,000}{\$25,000} \times 100 = 40\%$$

이다. 따라서 수요의 소득탄력성은

$$\frac{76.9\%}{40\%} = 1.9$$

이다.

8. **a.** 이 명제는 참이다. 시빅에 대한 수요의 가격탄력성은 2이다. 이는 가격의 1% 변화가 수요량의 2% 변화를 유발한다는 뜻이다. 따라서 가격의 10% 상승은 수요량의 20% 변화를 유발한다.

    b. 이 명제는 참이다. 시빅에 대한 수요의 소득탄력성이 양수이므로 시빅은 정상재이며 소득이 증가하면 시빅에 대한 수요곡선이 우측으로 이동한다. 이에 따라 가격과 판매량을 모두 상승시킨다.

9. **a.** 공급은 완전 비탄력적이다. 퀸 메리호의 선실 공급량은 고정되어 있다. 수요량이 증가하면(수요곡선의 우측 이동), 퀸 메리호의 공급량 증가 없이 선실 가격만 상승한다. 아래 그림을 보라.

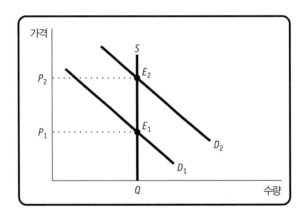

    b. 공급은 완전 탄력적이다. 이 경우 수요가 변화하여도(예 : 전기 수요량이 많은 시간대에 수요가 증가하면) 가격은 변화하지 않은 채 공급량만 변화한다. 아래 그림을 보라.

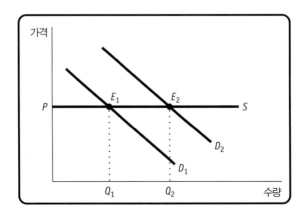

c. 공급은 비탄력적이다. 가격이 20% 하락하면 공급량은 10% 하락한다. 이는 공급의 가격탄력성이 $\frac{10\%}{20\%} = 0.5$로 비탄력적임을 뜻한다. 아래 그림을 보라.

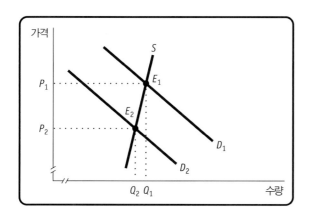

d. 공급은 탄력적이다. 가격이 30% 하락하면 공급량은 50% 이상 하락한다. 이는 공급의 가격탄력성이 $\frac{50\%}{30\%}$보다 더 큼을 뜻하고, 따라서 공급의 가격탄력성은 1.7보다 크다. 아래 그림을 보라.

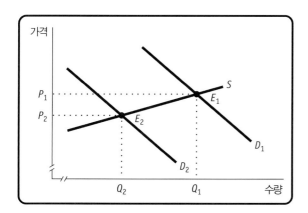

10. a. 경기가 호황인 경우 소득이 증가한다. 수요가 소득에 어떻게 반응하는지와 그 폭이 얼마나 큰지는 수요의 소득탄력성의 부호와 크기에 의해 결정된다. 소득이 증가할 때 건강 관련 서비스가 인기를 끄는 것으로 보아 이들 업종은 정상재이다. 만약 소득 변화에 대해 건강 관련 서비스의 수요가 다른 재화나 서비스의 수요보다 민감하게 반응한다면, 건강 관련 서비스의 수요의 소득탄력성이 다른 재화나 서비스에 대한 수요의 소득탄력성보다 더 크다.

b. 새로운 기술이 개발되면 시멘트 생산이 보다 용이해진다. 이는 시멘트의 가격이 오를 경우, 예전보다 더 많은 회사들이 공급하고자 할 것임을 의미한다. 즉 공급이 보다 탄력적이 됨에 따라 공급곡선이 보다 평평해지는 것이다.

c. 전화가 사치재가 아닌 필수재로 느껴짐에 따라 전화서비스 수요의 가격탄력성은 점점

떨어졌다. 전화서비스는 일상생활에서 필수적이 되었고, 소비자들은 이를 다른 것으로 대체하기 힘들어졌다. 전화에 대한 수요가 덜 탄력적이 되면서(가격 변화에 대해 반응이 작아짐), 전화서비스 수요곡선은 가팔라졌다.

d. 캐나다의 소득이 과테말라의 소득보다 높다. 따라서 이 명제는 소득이 증가할 경우 재봉틀에 대한 수요가 소득이 증가하는 비율보다 낮은 비율로 증가한다는 것, 즉 수요의 소득탄력성이 비탄력적이라는 것을 의미한다. 다른 가능성으로 소득이 증가할 때 재봉틀에 대한 수요는 감소할 수도 있는데, 이는 재봉틀이 음의 수요의 소득탄력성을 가지는 열등재임을 의미한다.

11. a. 지진이 가격 상승을 이끌고 공급곡선의 좌측 이동을 가져왔다. 만약 가격 상승이 총수입의 증가를 가져왔다면, 가격효과(총수입을 증가시키는 효과가 있는)가 분명히 수량효과(총수입을 감소시키는 효과가 있는)를 압도하고 있을 것이다. 즉 수요는 분명히 비탄력적이었을 것이다. 아래의 그림을 보면 S_1에서 S_2로 공급곡선이 좌측으로 이동하면서 수량효과(A영역)에 의한 총수입의 하락이 가격효과(B영역)에 의한 총수입의 증가에 의해 압도되었다.

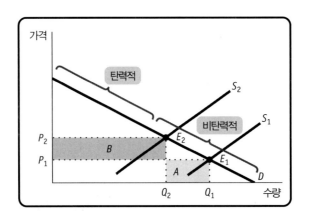

b. 만약 가격 상승이 총수입의 감소를 가져왔다면, 수량효과(총수입을 감소시키는 효과가 있는)가 분명히 가격효과(총수입을 증가시키는 효과가 있는)를 압도하고 있을 것이다. 즉 수요는 분명히 탄력적이었을 것이다. 다음 그림을 보면, S_1에서 S_2로 공급곡선이 좌측으로 이동하면서 수량효과(A영역)에 의해서는 총수입이 감소하고 가격효과(B영역)에 의해서는 총수입이 증가한다. 수량효과(A영역)가 가격효과(B영역)보다 더 크므로 총수입은 감소한다.*

---

* 역자 주 : 본 해설은 원문을 그대로 옮긴 것이며 역자의 견해로는 이 문제의 풀이는 잘못되었다고 생각한다. 왜냐하면 이 문제는 대만 외의 생산자들의 총수입을 묻고 있는데, 대만 이외의 생산자에 있어 가격은 상승하고 이에 따라 판매량도 증가하였을 것이기 때문에 총수입은 반드시 증가한다.

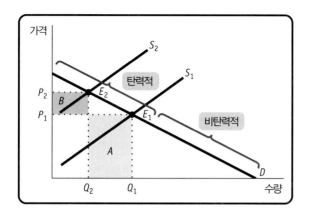

12. 경작지의 양이 늘어나는 것은 커피 공급곡선의 우측 이동을 유발한다. 이는 커피 가격을 낮추고 수요량을 늘린다. 만약 커피 판매의 총수입이 감소했다면 이는 가격효과(총수입을 줄이는 효과가 있는)가 수량효과(총수입을 늘리는 효과가 있는)를 압도했다는 것을 의미한다. 이는 수요가 비탄력적이었다는 점을 의미한다. 다음의 그림에서 볼 수 있듯 가격효과는 영역 *A*에 해당하는 만큼의 총수입 상실을 가져온다. 수량효과(가격 하락에 의해 증가된 수요량)는 영역 *B*에 해당하는 만큼의 총수입 증가를 가져온다. 영역 *A*가 영역 *B*보다 더 크므로 총수입은 감소한다.

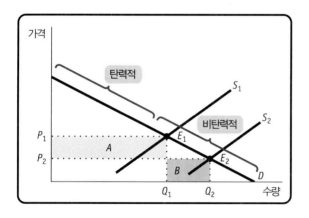

13. 임질 발병건수의 감소율은 다음과 같다.

$$\frac{-1,600}{7,450+5,850/2} \times 100 = \frac{-1,600}{6,650} \times 100 = -24.1\%$$

주세율이 3% 상승했기 때문에 수요의 교차가격탄력성은

$$\frac{-24.1\%}{3\%} = -8$$

이다. 수요의 교차가격탄력성이 음수이므로 알코올과 임질은 보완재이다.

14. 가난한 농가일수록 에너지 가격의 상승에 의해 더 많은 부담을 지게 되기 위해서는 가난한 농가가 부유한 농가보다 에너지 상품에 소득의 더 큰 비율을 지출하고 있어야 한다. 다른 말로, 소득이 증가할 때 에너지 상품의 수요량은 소득의 증가율에 비해 적게 증가해야 한다. 따라서 의회예산국은 에너지 상품에 대한 수요의 소득탄력성이 양수이지만 1보다 작다고 생각했음이 분명하다. 즉 에너지 상품은 소득 비탄력적이다. 실제로 의회예산국은 "소득이 더 낮은 농가는 부유한 농가보다 소득의 더 큰 부분을 소비하는 경향이 있고… 그중 많은 부분이 에너지 상품 소비로 인한 것이다."라고 보고하였다.

15. 갤런당 3.36달러에서 2.43달러로의 가격 하락을 중간값 계산법을 사용하여 백분율로 나타내면 다음과 같다.

$$\frac{\$2.43 - \$3.36}{\$2.90} \times 100 = \frac{-\$0.93}{\$2.90} \times 100 = -32.1\%$$

19만 4,108대에서 18만 603대로의 수요량 하락을 중간값 계산법을 사용하여 변화율로 나타내면 다음과 같다.

$$\frac{180,603 - 194,108}{187,356} \times 100 = \frac{-13,505}{187,356} \times 100 = -7.2\%$$

따라서 수요의 교차가격탄력성은 다음과 같다.

$$\frac{-7.2\%}{-32.1\%} = 0.22$$

프리우스와 휘발유 사이의 수요의 교차가격탄력성이 양수이기 때문에 두 재화가 대체재라고 추정할 수 있다. 그러나 일반적으로 자동차와 휘발유는 보완재이기 때문에 이러한 결과는 당혹스러워 보인다. 즉 도요타 프리우스와 같은 휘발유차를 움직이기 위해서는 휘발유가 필요하다. 이처럼 보완적인 관계인 상품들의 교차가격탄력성은 일반적으로 음수이다. 그러나 도요타 프리우스와 같은 차를 평가할 때는 또 다른 측면을 고려해야 한다. 즉 그것은 도요타 프리우스가 연료 소비가 많은 대형차가 아니라 연료효율적인 자동차라는 점이다. 연료효율적인 자동차와 연료 소비가 많은 대형차는 대체재이다. 따라서 휘발유 가격이 상승함에 따라 연료 소비가 많은 대형차에 대한 수요는 감소하고 연료효율적인 자동차에 대한 수요(즉 도요타 프리우스에 대한 수요)는 증가한다. 따라서 연료 소비가 많은 대형차와 도요타 프리우스의 대체관계는 휘발유와 도요타 프리우스 사이의 수요의 교차가격 탄력성이 양수임을 암시한다. 어떤 효과가 더 강할까? 자료에 의하면 수요의 교차가격 탄력성이 양수이기 때문에 분명히 후자의 효과, 즉 대체효과가 더 강하다.

조세

1. **a.** 조세수입은 여행당 $6.10×6억 4,300만 여행=$39억 2,230만이다.

  b. 가격이 380.02달러로 상승하면서 균형거래량은 이제 6억 4,200만으로 하락한다. 조세 수입은 여행당 $6.20×6억 4,200만 여행=$39억 8,040만으로 증가한다.

  c. 소비세의 증가는 정부의 조세수입을 증가시킨다.

2. **a.** 소비자가 지불하는 가격은 5만 4,000달러이다. 생산자가 수취하는 가격은 4만 8,000 달러이다. 정부의 조세수입은 $6,000×40,000=$2억 4,000만이다.

  b. 소비자가 지불하는 가격은 이제 5만 3,000달러이다. 생산자가 수취하는 가격은 4만 8,500달러이다. 정부의 조세수입은 $4,500×60,000=$2억 7,000만이다.

  c. 정부의 조세수입은 소비세의 감소에 의해 증가했다. 이는 고급 승용차에 대한 수요와 공급이 매우 탄력적이기 때문에 발생한다. 즉 소비자가 지불하는 가격이 하락하여 수 요량이 크게 증가하고 생산자가 수취하는 가격이 상승하여 공급량이 크게 증가한다. 그 결과, 감세로 인해 고급 승용차의 거래량이 매우 크게 증가하며 이것이 자동차 한 대당 세금의 감소를 보충하게 된다.

3. 조세수입은 $0.40×146억 갤런=$58억 4,000만이다. 소비세를 두 배로 증가시키게 되면 휘발유의 거래량이 줄어들 것이고 조세수입은 두 배보다 적게 증가할 것이다. 이에 대한 예외는 수요나 공급이 완벽하게 비탄력적인 경우이다. 이러한 특별한 경우에만 조세 부 과 시 거래량은 변하지 않고 조세수입이 두 배가 될 것이다.

4. **a.** 아래 그림에서 노스텍사카나 주의 담배 수요는 상대적으로 비탄력적이다. 따라서 2달 러 세금의 대부분은 소비자가 부담하며 소비자는 조세 부과 후 가격으로 2.95달러를 지불한다. 사우스텍사카나 주로부터 구입하고 밀수하는 데 2.85달러(가격 1달러+밀 수비용 1.85달러)가 들기 때문에 이 그림은 노스텍사카나 주에서 담배를 구입하는 것 보다 밀수하는 것이 더 좋은 상황을 묘사하고 있다.

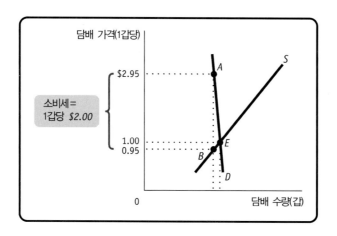

b. 다음 그림에서 노스텍사카나 주의 수요는 덜 비탄력적이다. 그 결과, 소비자는 세후 가격으로 2.50달러를 지불한다. 이 경우에 밀수는 이루어지지 않는다.

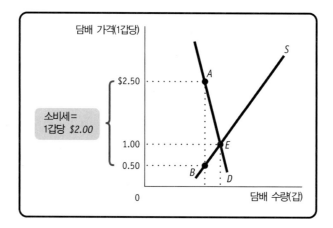

c. 아래 그림에서 보듯, 노스텍사카나 주의 담배 수요가 완전 비탄력적이라면, 수요곡선 은 수직선이고 모든 조세를 소비자가 부담한다. 이 경우, 노스텍사카나 주 사람들에 의해 지불되는 세후가격은 3.00달러이다. 그래서 밀수비용이 1.99달러만큼 높아지더 라도 노스텍사카나 주 사람들은 밀수로 인해 이득을 볼 수 있다. 밀수비용이 2달러라 면 그들은 밀수와 그들의 주에서 담배를 구입하는 것 사이에 무차별적일 것이다.

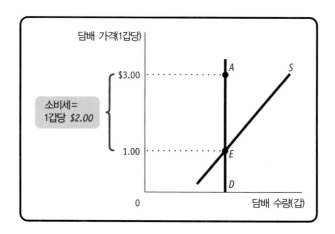

d. 수요가 완전 비탄력적이므로 조세가 부과된 후에도 부과되기 전과 비교해 같은 수의 담배가 거래된다. 그러나 조세가 지불되지 않고 거래가 줄어들지 않았음에도 이 상황에서 비효율성은 여전히 존재한다. 비효율성은 바로 밀수하는 데 드는 1.85달러이다. 이것은 소비자가 다른 재화를 소비하거나 만족을 주는 다른 활동을 할 수 있는 자원을 사용함에 따라 발생한 것이다. 만약 새로운 기술이 밀수를 완전히 제거한다면 비효율성도 사라진다. 수요가 완전 비탄력적이기 때문에, 조세에 의해 거래는 줄어들지 않고 소비자가 상실한 잉여와 같은 크기의 금액이 조세수입으로 정부에 귀속될 것이다.

5. a. 조세 부과 후에, 소비자는 전보다 책 한 권당 5달러를 더 지불하고 출판업자는 전보다 책 한 권당 20달러를 적게 받는다. 따라서 생산자(출판업자)는 조세를 더 많이 부담하게 된다. 조세는 책 한 권당 $55-$30=$25이고 60만 권의 책이 거래된다. 따라서 정부수입은 1,500만 달러이다. 그러나 이것은 조세가 없었다면 책을 구입했을 40만 명의 잠재적 소비자가 더 이상 책을 구입하지 않는다는 사실을 고려하지 않았으므로 잘못된 비용 예측이다. 자중손실은 정부수입을 넘어서는 소비자잉여와 생산자잉여의 감소분으로부터 비롯한다. 그리고 그 잉여의 상실은 조세가 없었다면 거래를 하고 조세가 부과되면 거래를 하지 않을 40만 명의 잠재적 소비자와 출판업자에 의해 설명된다.

b. 조세 부과 후에 여행자는 전보다 티켓당 50달러를 더 지불하고 항공사는 전보다 50달러를 적게 받는다. 조세는 소비자와 생산자 사이에 균등하게 분배된다. 조세는 티켓당 $550-$450=$100이고 150만 장의 티켓이 거래된다. 따라서 정부수입은 1억 5,000만 달러이다. 그러나 더 높은 가격을 지불하는 150만 명의 여행자에 더하여 조세가 없었다면 티켓을 구입하였을 150만 명의 잠재적 소비자가 있다는 사실을 고려하지 않았기 때문에 이것은 잘못된 예측이다. 자중손실은 정부수입을 넘어서는 소비자잉여와 생산자잉여의 감소분으로부터 비롯한다. 그리고 그 잉여의 상실은 세전가격에서는 거래되나, 조세가 부과된 뒤에는 거래되지 않을 150만 장의 티켓에 의해 설명된다.

c. 조세 부과 후, 소비자들은 전보다 칫솔당 0.50달러를 더 지불하고 생산자는 전보다 0.25달러를 덜 받는다. 조세는 주로 소비자에게 부과된다. 조세는 칫솔당 $2.00-$1.25=$0.75이고 80만 개의 칫솔이 거래된다. 따라서 정부수입은 60만 달러다. 그러나 이것은 더 비싸진 80만 개의 칫솔에 더하여, 조세가 없었다면 구입되었으나 더 이상 구입되지 않는 120만 개의 칫솔이 있다는 사실을 고려하지 않았기 때문에 잘못된 비용 예측이다. 자중손실은 정부수입을 넘어서는 소비자잉여와 생산자잉여의 감소분으로부터 비롯한다. 그리고 그 잉여의 손실은 세전가격에는 거래되었으나 조세가 부과되어 거래되지 않을 120만 개의 칫솔에 의해 설명된다.

6. 담배 로비를 위해 일하는 경제학자는 소비자잉여의 변화를 과대평가하고 있다. 그는 가

격이 한 갑당 1달러만큼 증가해도 수요량에는 변화가 없고 소비자들은 하루에 담배 4,000만 갑을 소비할 것으로 가정하고 있다. 간접흡연 피해자를 위해 일하는 경제학자는 소비자잉여의 감소를 과소평가한다. 그는 수요량이 하루에 3,000만 갑으로 감소할 것이라고 예측한다. 그는 하루에 3,000만 갑을 소비하는 소비자에 의해 경험되는 소비자잉여의 감소를 보고 있다. 그 감소는 한 갑당 1달러이고 이는 한 갑당 가격의 증가다. 그는 담배 소비가 하루에 4,000만 갑에서 3,000만 갑으로 감소하였기 때문에 더 이상 하루에 1,000만 갑의 담배를 피우지 않는 사람들에 의해 경험되는 소비자잉여의 감소는 고려하지 않는다.

새로운 조세로부터 초래되는 소비자잉여의 감소는 3,000만 갑의 소비자에 의해 경험되는 3,000만 달러의 감소와 1,000만 갑을 더 적게 소비해야 하는 소비자에 의해 경험되는 소비자잉여의 감소인 500만 달러의 합이다. 소비자잉여의 총감소는 3,500만 달러이다.

이 답을 계산하기 위한 한 방법은 새로운 조세 부과 이전과 이후의 총소비자잉여를 살펴보는 것이다. 조세 부과 전에 소비자잉여는 $\frac{1}{2} \times (\$8 - \$4) \times 4{,}000$만$= \$8{,}000$만이다. 조세 부과 후 소비자잉여는 $\frac{1}{2} \times (\$8 - \$5) \times 3{,}000$만$= \$4{,}500$만이다. 소비자잉여의 감소는 $\$8{,}000$만$- \$4{,}500$만$= \$3{,}500$만이다(삼각형의 넓이는 $\frac{1}{2} \times$ 밑변 $\times$ 높이임을 상기하라).

7. a. 조세는 소비자가 지불하는 가격과 생산자가 수취하는 가격 사이에 차이(간격)를 만든다. 소비자는 이제 9달러를 지불하고 생산자는 5달러를 받는다. 따라서 조세 부과 이후에 거래량은 피자 1판이다.

b. 소비자잉여는 이제 영이다(9달러에 피자를 구입하는 한 명의 소비자는 지불용의가 9달러이다. 따라서 소비자잉여는 $\$9 - \$9 = \$0$이다). 균형가격이 7달러였던 조세 부과 이전의 상황과 비교해서, 소비자잉여는 3달러만큼 감소했다. 유사하게, 피자 1판의 생산자는 5달러 비용이 들고, 이는 그가 받는 가격이다. 따라서 생산자잉여 역시 영이다. 이전 상황과 비교하여 생산자잉여는 3달러만큼 감소하였다.

c. 칼리지타운은 피자 1판당 4달러의 세금을 얻고 총조세수입은 4달러이다.

d. 총잉여는 6달러만큼 감소했다. 6달러 중에 4달러는 조세수입이지만 2달러의 잉여는 상실되었다. 따라서 2달러가 조세로부터 발생한 자중손실이다.

8. a. 이 세금은 편익원칙에 기초하고 있다. 왜냐하면 도로를 많이 이용하는 사람들일수록 휘발유세를 많이 지불할 것이기 때문이다.

b. 이 세금은 능력원칙에 기초하고 있다. 왜냐하면 해외여행을 하며 고액 쇼핑을 하는 부유한 사람들이 이 세금을 지불하게 될 것이기 때문이다.

c. 이 세금은 편익원칙에 기초하고 있다. 즉 공항을 사용한 사람들이 그 비용을 지불하는 것이다. 반면 비행기에 탑승한 사람의 소득과 무관하게 동일한 금액을 내기 때문에 능력원칙을 반영하고 있다고 보기는 힘들다.

d. 이 세금은 편익원칙에 기초하고 있다. 다른 조건이 똑같을 때 부양해야 할 어린이의 수가 많은 가정일수록 많은 비용이 들기 때문에 소득세를 낼 수 있는 능력이 줄어들 것이다.

9. a. 이 경우 소득수준과 무관하게 한계세율은 20%이다. 세전소득이 5,000달러인 사람은 $5,000×20%=$1,000의 세금을 납부한다. 이는 세전소득의 20%에 해당한다. 세전소득이 4만 달러인 사람은 $40,000×20%=$8,000의 세금을 납부한다. 이 역시 세전소득의 20%에 해당한다. 소득수준과 무관하게 평균세율이 일정하기 때문에 이 세금은 비례세이다.

b. 0달러에서 1만 달러 사이에서의 한계세율은 0%이다. 1만 달러 이상에 대한 한계세율은 20%이다. 세전소득이 5,000달러인 사람은 $5,000×0%=$0의 세금을 납부한다. 이는 세전소득의 0%에 해당한다. 세전소득이 4만 달러인 사람은 $10,000×0%+$30,000×20%=$6,000의 세금을 납부한다. 이는 세전소득의 $6,000/$40,000×100=15%에 해당한다. 평균세율이 상승하고 있기 때문에 이 세금은 누진세이다.

c. 0달러에서 1만 달러 사이에서의 한계세율은 10%이다. 1만 달러에서 2만 달러 사이에서의 한계세율은 20%이다. 2만 달러를 초과하는 소득에 대한 한계세율은 30%이다. 세전소득이 5,000달러인 사람은 $5,000×10%=$500의 세금을 납부한다. 이는 세전소득의 10%에 해당한다. 세전소득이 4만 달러인 사람은 $10,000×10%+$10,000×20%+$20,000×30%=$9,000의 세금을 납부한다. 이는 세전소득의 22.5%($9,000/$40,000×100)이다. 평균세율이 상승하고 있기 때문에 이 세금은 누진세이다.

d. 0달러에서 1만 달러 사이에서의 한계세율은 100%이다. 이 구간에서 자신이 번 소득을 모두 세금으로 내게 된다. 반면 1만 달러를 초과하는 구간에서의 한계세율은 0%가 된다. 세전소득이 5,000달러인 사람은 $5,000×100%=$5,000의 세금을 납부한다. 이는 세전소득의 100%에 해당한다. 세전소득이 4만 달러인 사람은 $10,000×100%+$30,000×0%=$10,000의 세금을 납부한다. 이는 세전소득의 $10,000/$40,000×100=25%에 해당한다. 평균세율이 하락하고 있으므로 이 세금은 역진세이다.

e. d의 조세정책이 가장 심각한 유인 문제를 야기할 것이다. 1만 달러 미만의 소득을 버는 사람들은 그들이 일해 벌어들인 소득을 모두 세금으로 납부하고 영의 가처분소득을 얻을 것이다. 따라서 일할 유인이 없다.

10. a. 2만 실버를 버는 사람은 소득세를 내지 않지만 소득의 20%를 사회보장세로 납부해야 한다. 그러므로 한계세율은 20%이다.

4만 실버를 버는 사람은 소득세를 내지 않고 소득의 20%를 사회보장세로 내야 한다. 그러나 추가적인 소득에 대해서 이 사람은 사회보장세에 소득세가 더해져서 45%의 세금을 내야 한다. 따라서 한계세율은 45%이다.

8만 실버를 버는 사람은 25%를 소득세로 낸다. 또 20%를 사회보장세로 세금을 낸다. 그러나 추가적인 소득에 대해서는 사회보장세가 없기 때문에 소득세인 25%의 세금만 내면 된다. 그래서 한계세율은 25%이다.

b. 트랜실베이니아의 소득세 체계는 소득이 증가함에 따라 소득에서 소득세로 지불하는 비율이 증가하기 때문에 누진적이다. 그러나 추가된 소득에서 사회보장세가 차지하는 비율이 8만 실버까지는 20%로 일정하고 소득이 더 증가하면 그 비율이 영으로 감소하기 때문에 사회보장세 체계는 비례적인 측면과 역진적인 측면이 혼합되어 있다. 이것은 사회보장세를 전반적으로 역진적으로 만든다.

c. 이 체계에서 중간소득계층(4만~8만 실버)은 가장 높은 45%의 한계세율에 직면하므로 이들에게 유인 문제가 가장 심하게 발생한다.

국제무역

1. **a.** 아래의 두 그림은 미국과 캐나다의 생산가능곡선을 나타내고 있다.

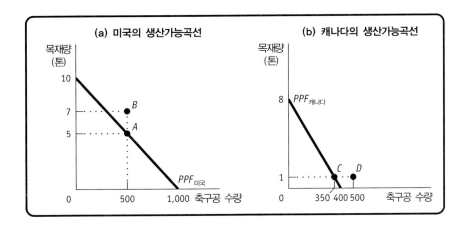

b. 미국이 500개의 축구공을 소비하려 한다면 자급경제에서 미국은 최대 5톤의 목재를 소비할 수 있는데 이는 〈그림 (a)〉에서 *A*점으로 표시되어 있다. 자급경제에서 캐나다가 목재 1톤을 소비하려 한다면 캐나다는 최대 350개의 축구공을 소비할 수 있는데 이는 〈그림 (b)〉에서 *C*점으로 표시되어 있다.

c. 미국은 최대 10톤의 목재를 생산할 수 있고 캐나다는 최대 8톤의 목재를 생산할 수 있다. 그러므로 목재 생산에 있어 미국은 절대우위를 갖는다.

d. 미국에서 목재 1톤을 추가적으로 생산하기 위해서는 100개의 축구공 생산을 포기해야 한다. 그러므로 목재 1톤의 기회비용은 축구공 100개이다. 캐나다에서는 목재 1톤의 기회비용이 축구공 50개이다. 캐나다에서 목재 생산의 기회비용이 더 낮기 때문에 캐나다가 목재 생산에 있어 비교우위를 가진다.

e. 교역이 이루어진다면 미국은 축구공 생산에 특화하여 1,000개의 축구공을 생산할 것이고 캐나다는 목재 생산에 특화해서 8톤의 목재를 생산할 것이다.

f. 교역을 하게 되면 미국은 500개의 축구공과 7톤의 목재를 소비할 수 있게 되는데 이는 〈그림 (a)〉에서 *B*점으로 표시된다. 캐나다는 정확히 500개의 축구공과 1톤의 목재를 소비할 수 있는데 이는 〈그림 (b)〉에서 *D*점으로 표시된다.

2. **a.** 미국은 상대적으로 인적 자본을 풍부하게 보유하고 있기 때문에 미국은 인적 자본을 많이 사용하는 소프트웨어 생산에 있어 비교우위를 갖는다. 베네수엘라는 풍부한 석

유 매장량을 요소부존으로 갖고 있기 때문에 석유 생산에 비교우위를 갖는다.

b. 비행기 생산에 필요한 인적 자본을 갖고 있는 미국은 많은 인적 자본을 필요로 하는 항공기 생산에 비교우위를 갖는다. 상대적으로 미숙련 노동자들이 풍부한 중국은 이런 요소부존 때문에 의류 생산에 비교우위를 갖는다.

c. 밀을 재배하는 데 적합한 기후를 갖고 있는 미국은 밀 생산에 비교우위를 갖는다. 커피를 재배하는 데 적합한 기후를 갖고 있는 콜롬비아는 커피 생산에 비교우위를 갖는다.

3. 무역이 증가함에 따라, 헥셔-올린 모형은 한 국가에 풍부하게 이용 가능한 요소의 가격은 상승할 것이라고 예측한다. 즉 헥셔-올린 모형은 중국 노동자가 받는 임금이 2000년과 2017년 사이에 증가했을 것이라고 예상한다. (이것이 정말 진실인가? 중국의 국가통계국에 의하면, 중국 노동자의 평균임금은 2000년 9,371위안에서 2014년 36,390위안으로 증가했다. 이 임금 증가는 거의 대부분이 인플레이션에 의한 것이 아니다. 즉 2000년과 2014년 사이에 중국은 거의 인플레이션을 경험하지 않았다.)

4. 헥셔-올린 모형은 무역이 증가함에 따라 한 국가에서 풍부한 요소의 가격이 상승할 것으로 예측한다. 즉 이 모형은 중국 노동자들이 받는 임금이 2000년과 2014년 사이에 상승했을 것이라고 예측한다. (이것이 사실일까? 중국 국가통계국의 최신 자료에 따르면, 중국 민간 부문 근로자의 평균 임금은 2000년 9,371위안에서 2014년 36,390위안으로 증가했다. 2000년부터 2014년까지 중국은 인플레이션이 거의 발생하지 않았기 때문에 이러한 임금 상승 중 인플레이션으로 인한 것이 거의 없다.)

5. 아래 4개의 그림은 미국과 멕시코의 국내수요곡선과 국내공급곡선을 보여 주고 있다.

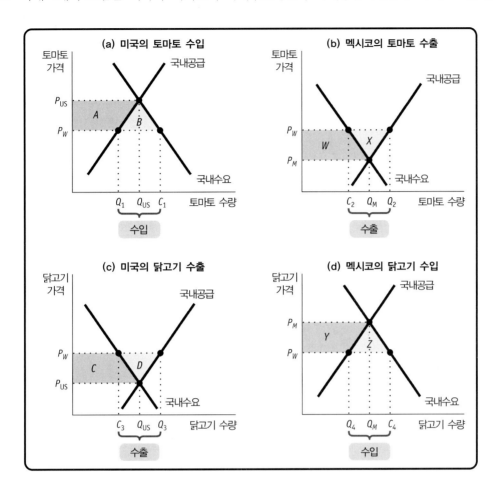

a. 〈그림 (b)〉에서 멕시코에 있는 토마토 소비자의 소비자잉여는 가격이 P_M에서 P_W로 상승해서 W영역만큼 감소한다. 또한 〈그림 (a)〉에서 미국에 있는 토마토 소비자의 소비자잉여는 가격이 P_{US}에서 P_W로 떨어져서 $A+B$영역만큼 증가한다.

b. 〈그림 (a)〉에서 미국에서 토마토 생산이 Q_{US}에서 Q_1으로 줄어들고 생산자잉여가 A영역만큼 감소한다. 또한 〈그림 (b)〉에서 멕시코에서는 토마토 생산이 Q_M에서 Q_2으로 증가하고 생산자잉여는 $W+X$영역만큼 증가한다.

c. 미국에서는 토마토 생산이 줄어서 토마토 생산에 필요한 노동자에 대한 수요가 줄어들고 그들에 대한 임금도 떨어질 것이다. 멕시코에서는 토마토 생산이 증가하기 때문에 토마토 생산에 필요한 노동자의 임금은 올라갈 것이다.

d. 〈그림 (d)〉에서 보듯이 멕시코에서는 가격이 P_M에서 P_W로 떨어지면서 소비자잉여가 $Y+Z$영역만큼 증가하게 된다. 〈그림 (c)〉에서 보듯이 미국에서는 가격이 P_{US}에서 P_W로 높아지면서 소비자잉여가 C영역만큼 감소하게 된다.

e. 〈그림 (d)〉에서 보듯이 멕시코에서 닭고기 생산이 Q_M에서 Q_4로 줄어들게 되고 생산자잉여가 Y영역만큼 감소하게 된다. 〈그림 (c)〉에서 보듯이 미국에서는 닭고기 생산이 Q_{US}에서 Q_3으로 증가하게 되고 생산자잉여가 $C+D$영역만큼 늘어나게 된다.

f. 미국에서는 닭고기 생산이 증가하게 되고 닭고기 생산에 필요한 노동자에 대한 수요가 증가하고 그들에 대한 임금이 올라가게 된다. 멕시코에서는 닭고기 생산이 줄어들고 닭고기 생산에 필요한 노동자의 임금은 떨어진다.

6. a. 자급경제에서 균형가격은 6,000만 달러이고 400대의 제트기가 거래될 것이다.

b. 교역이 발생하게 되면 가격은 국제가격인 1억 달러로 상승할 것이다. 이 가격에서 국내공급량은 800대가 되고 국내수요량은 200대가 된다. 그래서 600대의 제트기를 수출하게 된다.

7. a. 아래 그림은 오렌지에 대한 미국 내의 공급곡선과 수요곡선이다.

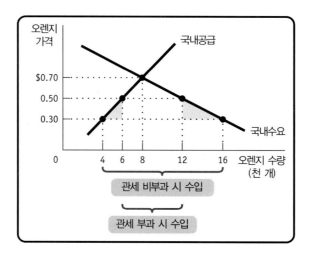

b. 자유무역 시에는 국내가격도 국제가격인 0.3달러와 같아질 것이다. 이 가격에서 오렌지에 대한 국내수요량이 1만 6,000개이고 국내공급량은 4,000개가 되므로 미국은 1만 2,000개의 오렌지를 수입한다.

c. 관세가 있다면 국내가격은 0.5달러로 높아질 것이다. 이 가격에서 오렌지에 대한 국내수요량이 1만 2,000개이고 국내공급량은 6,000개가 되므로 미국은 6,000개의 오렌지를 수입한다.

d. 위 그림에서 관세로 인해 경제에 발생하게 되는 자중손실은 색칠된 영역에 해당한다.

8. a. 아래 그림은 미국 내의 수요곡선과 공급곡선을 나타낸 것이다.

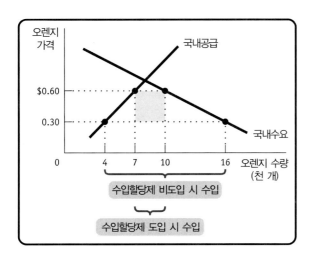

b. 수입할당제를 도입한 후 미국은 오렌지를 16,000−4,000＝12,000개를 수입하는 대신에 단지 3,000개의 오렌지만을 수입하게 된다. 이 경우 가격은 0.6달러까지 오른다.

c. 오렌지 수입업자는 $0.3×3,000＝$900의 할당지대를 얻게 된다. 이 크기는 위 그림에서 색칠된 영역의 면적에 해당한다.

9. a. [문제를 낸 시기에 비해 현재는 상품분류가 일부 변경되었다.] 2023년 8월 현재 미국의 최대 수출상품은 원유(103억 달러)이며 항공기 부품 수출액은 93억 5천만 달러이다. 미국의 최대 수입상품은 자동차(178억 달러)이다.

b. 2023년 9월 현재 브라질의 최대 수출상품은 원유(39억 2천만 달러)이다. 브라질의 최대 수입상품은 정제 석유(14억 1,100만 달러)이다. 현재 해당 사이트에 브라질의 항공기 부품 관련 자료는 없다.

10. 2017년 방글라데시는 미국에 58억 1,000만 달러를 수출했으며, 이 중 26%는 '비니트 남성 정장'이었다. 대미 수출의 거의 전액인 53억 달러는 섬유류였다. 이는 미국에 비해 방글라데시가 의류 분야에서 비교우위를 가지고 있음을 의미한다.

11. a. 중국은 컴퓨터의 최대 수출국이다. 따라서 중국은 컴퓨터 분야에서 비교우위를 가지고 있다고 볼 수 있다. 중국은 전 세계 컴퓨터 수출의 55%(또는 1,470억 달러)를 차지한다.

b. 캐나다는 메이플 시럽의 최대 수출국이다. 따라서 캐나다는 메이플 시럽에서 비교우위를 가지고 있다고 볼 수 있다. 캐나다는 전 세계 메이플 시럽 수출의 84%(3억 4,000만 달러)를 차지한다.

c. 미국과 브라질은 대두의 가장 큰 두 수출국이다. 따라서 미국과 브라질은 대두에서

비교우위를 가지고 있다고 볼 수 있다. 미국은 전 세계 대두 수출량의 38%(또는 220억 달러)를, 브라질은 45%(또는 259억 달러)를 차지한다.

d. 코트디부아르는 카카오 씨앗의 최대 수출국이다. 따라서 코트디부아르는 카카오 씨앗에서 비교우위를 가지고 있다고 볼 수 있다. 코트디부아르는 전 세계 카카오 씨앗 수출량의 40%(또는 37억 9,000만 달러)를 차지한다.

e. 멕시코는 전 세계 맥주 수출의 28%(또는 40억 9,000만 달러)를 차지하는 세계 최대 맥주 수출국이다. 따라서 멕시코는 맥주 생산에서 비교우위를 가지고 있다고 볼 수 있다.

12. a. 미국이 천연가스를 액화하여 수출할 수 있게 되면 미국에서 생산되는 천연가스에 대한 수요가 증가할 것이다. 이는 천연가스의 가격과 양을 모두 증가시킬 것이다.

b. 다음 그림은 미국의 천연가스 시장을 보여준다. 천연가스를 수출할 수 있게 되면 구매자 수가 증가하는데 이는 수요곡선을 D_1에서 D_2로 오른쪽으로 이동시킨다. 이 경우 가격은 P_1 또는 $3.00에서 P_2로 상승하고 수량은 Q_1에서 Q_2로 증가한다.

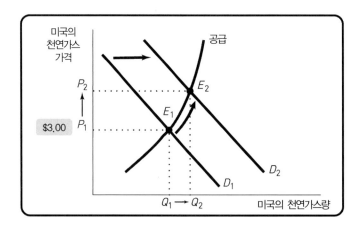

c. 천연가스 수요는 변함이 없다고 하자. 미국이 유럽 시장으로 천연가스를 수출할 수 있게 되면 유럽 내 천연가스 공급이 증가할 것이다. 이로 인해 가격은 P_1 또는 $6.00에서 P_2로 하락하고 수량은 Q_1에서 Q_2로 증가하게 된다.

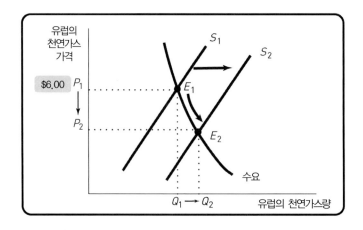

d. 미국에서 유럽으로 천연가스를 수출하면 미국 내 가격이 상승하여 소비자들의 여건이 악화될 것이다. 그러나 미국의 천연가스 생산자는 더 많은 양의 가스를 더 높은 가격에 판매하여 더 나은 수익을 올릴 수 있다. 유럽 소비자는 더 낮은 가격에 더 많은 천연가스를 구매할 것이므로 여건이 개선된다. 유럽 생산자는 더 낮은 가격을 받게 되므로 여건이 나빠질 것이다.

13. a. 가격이 P_T에서 P_W로 떨어지게 되면 소비자잉여가 $A+B+C+D$영역만큼 증가하게 된다.

  b. 가격이 떨어지게 되면 생산자잉여는 A영역만큼 줄어들게 된다.

  c. 관세가 철폐되면 정부는 관세가 있을 때의 수입량 ($Q_{DT}-Q_{ST}$)에 관세를 곱한 값인 C영역만큼의 관세수입을 잃게 된다.

  d. 전체 경제가 얻게 되는 이득은 소비자의 이득에서 생산자의 손실과 정부의 손실을 빼서 $A+B+C+D-A-C=B+D$가 된다.

14. 미국이 교역을 시작함으로써 미국은 비교우위를 갖고 있는 소프트웨어산업처럼 숙련 노동자를 사용하는 재화를 생산하는 데 특화할 것이다. 다른 국가들은 그들이 비교우위를 갖고 있는 저급의 기술로 제조되는 재화를 생산하는 데 특화할 것이다. 그 결과 미국에서는 저급 기술 제조업의 일자리가 줄어들고 비숙련 노동자의 임금은 떨어진다. 그리고 고급 기술이 필요한 산업의 일자리가 늘어나고 숙련 노동자의 임금은 올라간다. 즉 헥셔 -올린 모형이 예측한 것처럼 수출산업에서 일하는 노동자에 대한 수요는 증가하고 수입경쟁산업에서 일하는 노동자에 대한 수요는 줄어든다. 그러나 교역의 결과로서 미국은 전보다 더 많은 재화를 소비할 수 있다. 다시 말해 숙련 노동자의 이득이 비숙련 노동자의 손실보다 크기 때문에 경제 전체적으로 좋아졌다고 말할 수 있다.

15. 보호무역에 대한 세 가지 주장은 국가안전과 고용창출 및 유치산업에 대한 것이다. 농업은 유치산업이 아니어서 이 주장은 적용되지 않는다. 일부 주장에 따르면 농산물은 국가안전에 필요하다고 한다. 우리는 농산물을 수입에 완전히 의존하게 되면 교역 상대가 수입품을 공급하지 않는 위험에 쉽게 취약해질 수 있다. 그리고 농업을 보호하는 것이 전반적인 고용창출로 이어지지 않는다. 그것은 농장의 일자리만 보호할 뿐이다. 실제 농업에 대한 보호가 철폐되더라도 농업에 종사하던 노동자들은 낮아진 식품비용 때문에 성장하게 된 식당산업 같은 곳에서 다른 일자리를 구할 수 있다. 실제 농업시장에 보호가 이루어지는 이유는 거대 농장주들의 정치인들에 대한 로비 등 다른 곳에 있을 가능성이 크다.

16. '양보'는 한 국가가 자신의 무역장벽을 낮추었을 때 한 국가가 다른 국가들을 위해 무언

가를 포기하고 있다는 느낌을 준다. 그러나 이번 장에서 논의했던 것과 같이 자유무역은 무역장벽을 낮추는 국가를 포함해서 모든 국가에게 이득이 된다. 사실 다른 국가들이 자신들의 무역장벽을 따라서 낮추지 않더라도 무역장벽을 낮춘 국가는 무역으로부터 이득을 얻게 된다. 국제적인 무역이 더 늘어나면 각 국가는 다 같이 이득을 얻을 수 있다.

17. 미국의 노동자들이 모든 면에서 외국의 노동자들보다 더 뛰어나다고 할지라도(다시 말해서 미국이 모든 면에서 절대우위를 갖고 있다고 할지라도) 교역을 제한해야 한다는 것을 의미하지는 않는다. 교역에서 중요한 것은 누가 비교우위를 갖느냐이다. 사실 모든 국가는 최소한 몇몇 재화와 서비스에서 비교우위를 갖고 있으므로 특화와 교역을 통하여 두 국가 모두 후생이 향상될 것이다. 다른 국가들이 단지 노동이 아주 싸기 때문에 우위를 갖고 있다고 주장하는 것은 빈민노동의 오류에 빠져 있는 것이다.

개인과 기업의 결정

1. a. 재키의 회계상의 이윤은 총수입에서 5,000달러를 뺀 것이다(그녀의 회계사가 회계상의 이윤을 계산하기 위해 반영할 유일한 비용은 감가상각이다). 이를 영으로 만들기 위해 필요한 총수입은 5,000달러이다.

  b. 재키의 경제학적 이윤은 총수입－$5,000－$2,000－$60,000＝총수입－$67,000이다(장비 업그레이드 비용, 사무실을 임대하지 않음에 따라 포기한 임대료, 재키의 시간의 기회비용 등이 경제학적 이윤을 계산하기 위해 고려된다). 이를 영으로 만들기 위해 필요한 총수입은 6만 7,000달러이다.

2. 당신의 연간 회계상의 이윤은 다음과 같다.

> $200,000 　(총수입)
> －$100,000 　(자전거 구입비용)
> －　$20,000 　(전기료, 세금 및 기타 경비)
> 　$80,000 　(회계상의 이윤)

  하지만 소매점에 가게를 임대해 주지 못해 포기한 5만 달러와 회계사로 일할 때 벌 수 있었던 4만 달러 또한 기회비용에 해당하므로 당신의 연간 경제학적 이윤은 다음과 같다.

> $80,000 　(회계상의 이윤)
> －$40,000 　(당신이 투자하는 시간의 기회비용)
> －$50,000 　(가게를 임대하지 않는 것의 기회비용)
> －$10,000 　(경제학적 이윤)

  따라서 회계상의 이윤상으로는 매년 이익을 내고 있다고 하더라도, 당신이 직접 사업을 하는 것의 기회비용이 너무 크므로 가게를 임대해 주고 당신은 회계사로 일하는 것이 낫다.

3. a. 당신의 부모님은 옳지 않다. 부모님은 매몰비용을 고려에 포함하는 실수를 범하고 계신다. 식비로 지불한 1,000달러는 환불이 불가능하므로, 지금의 선택을 함에 있어 고려 대상이 되어서는 안 된다. 어디에서 식사를 할 것인지 결정할 때에는 당신의 결정이 영향을 미치는 효용과 비용에 대해서만 생각해야 한다. 학생식당과 레스토랑의 식

사가 둘 다 무료로 제공되므로 편의성이나 음식의 질 등을 고려하여 보다 큰 효용을 주는 곳에서 식사를 하는 것이 바람직하다.

b. 당신의 룸메이트는 옳지 않다. 식비로 지불한 1,000달러는 환불이 불가능하므로, 지금의 선택을 함에 있어 고려 대상이 되어서는 안 된다. 어디에서 식사를 할 것인지 결정할 때에는 한 끼에 2달러씩 비용이 드는 레스토랑에서 식사를 할 때의 효용 및 비용과 추가비용이 들지 않는 학생식당에서 식사를 할 때의 효용 및 비용을 따져 보아야 한다. 당신은 레스토랑에서 식사를 하기로 결정할 수도 있지만, 이는 레스토랑에서 얻는 효용이 학생식당에서 당신이 느끼는 효용보다 최소한 2달러만큼 클 때만 적용된다.

4. 당신은 올바른 결정을 했다. 만약 당신이 축구경기 입장권을 구매하기 전에 야구경기에 대해 알았다면, 당신의 결정은 다음과 같았을 것이다.

축구경기에 가는 경우	야구경기에 가는 경우
$20 (편익)	$35 (편익)
−$10 (입장권 가격)	−$20 (입장권 가격)
$10	$15

야구경기를 보는 것이 보다 큰 순편익을 가져다주므로 당신은 야구경기를 보러 가야 한다. 하지만 당신이 축구경기의 입장권을 이미 구입한 상황이라면, 당신의 선택은 상이하다. 축구경기의 입장권(환불이 불가능한)은 이제 매몰비용이고, 따라서 고려 대상에 포함시켜서는 안 된다. 따라서 이제 당신의 결정은 다음과 같이 된다.

축구경기에 가는 경우	야구경기에 가는 경우
$20 (편익)	$35 (편익)
	−$20 (입장권 가격)
$20	$15

따라서 야구경기의 정보를 얻기 이전에 이미 당신이 축구경기 입장권을 구매한 상황이라면 그대로 축구경기를 보러 가는 것이 올바른 선택이다.

5. a. 아래의 표는 에이미, 빌, 칼라의 한계비용을 나타낸다.

깎은 잔디밭 수	에이미의 총비용	깎은 잔디밭에 대한 에이미의 한계비용	빌의 총비용	깎은 잔디밭에 대한 빌의 한계비용	칼라의 총비용	깎은 잔디밭에 대한 칼라의 한계비용
0	$0		$0		$0	
		$20		$10		$2
1	20		10		2	
		15		10		5
2	35		20		7	
		10		10		10
3	45		30		17	
		5		10		15
4	50		40		32	
		2		10		20
5	52		50		52	
		1		10		30
6	53		60		82	

아래의 그림은 에이미, 빌, 칼라의 한계비용곡선을 나타낸다.

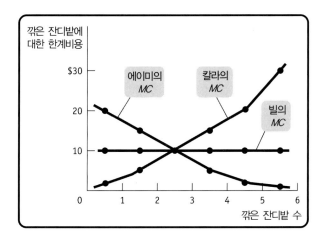

b. 위 그림 혹은 표의 정보로부터 에이미의 한계비용은 체감하고, 빌의 한계비용은 일정하고, 칼라의 한계비용은 체증한다는 것을 알 수 있다(그러나 이들 모두 총비용은 증가한다는 점을 유의하도록 하라).

6. a. 각 소비자의 한계편익은 15.25달러이다. 소비자 한 명이 추가로 올 때마다 체육관의 총편익은 15.25달러씩 증가한다. 따라서 당신은 1시간당 세 명의 소비자를 입장시켜야 한다. 이제부터 어떻게 당신이 이러한 결정에 이르게 되었는지 살펴보자. 현재 한 명의 소비자도 입장시키지 않는 상황이라고 해 보자. 첫 번째 소비자를 입장시키면 체육관의 한계편익은 15.25달러이고 한계비용은 14달러이다. 첫 번째 소비자를 입장시키는 것의 한계편익이 한계비용을 초과하므로, 당신은 첫 번째 소비자를 받아들이고자 할 것이다. 두 번째 소비자의 경우에도 한계편익(15.25달러)이 한계비용(14.5달러)을 초과하므로 당신은 두 번째 소비자 또한 받아들일 것이다. 세 번째 소비자도

마찬가지다. 한계편익(15.25달러)이 한계비용(15달러)을 초과하므로 당신은 세 번째 소비자 역시 받아들이고자 할 것이다. 하지만 네 번째 소비자의 경우 한계비용(15.5 달러)이 한계편익(15.25달러)을 초과하므로 당신은 네 번째 소비자를 받아들이지 않을 것이다.

b. a번과 유사한 논증을 통해, 이제 당신은 다섯 번째 소비자까지 받아들이고자 할 것이다. 다섯 번째 소비자의 경우 한계편익(16.25달러)이 한계비용(16달러)을 초과한다. 하지만 여섯 번째 소비자의 경우 한계비용(16.5달러)이 한계편익(16.25달러)을 초과하므로 당신은 여섯 번째 소비자를 받아들이지 않고자 할 것이다.

7. 로렌과 조지아가 교육 횟수를 1회 더 늘리는 데 소요되는 한계비용은 항상 20달러이다. 즉 추가적인 강좌를 수강하기 위해서는 언제나 추가적인 20달러가 필요하다.

a. 로렌의 주당 최적 교육 횟수는 한 번이다. 로렌에게 첫 번째 수업이 주는 한계편익은 23달러이고, 한계비용은 20달러이다. 한계편익이 한계비용을 상회하므로 로렌은 첫 번째 수업을 듣고자 할 것이다. 두 번째 수업에서는 로렌의 한계편익(19달러)이 한계 비용(20달러)보다 작으므로 두 번째 수업은 듣지 않고자 할 것이다.

b. 조지아의 주당 최적 교육 횟수는 두 번이다. 두 번째 수업의 경우, 조지아의 한계편익 (22달러)이 한계비용(20달러)을 초과하므로, 그녀는 두 번째 수업을 듣고자 할 것이다. 그러나 세 번째 수업에서는 조지아의 한계비용(20달러)이 한계편익(15달러)을 초과하므로 조지아는 세 번째 수업을 듣지 않고자 할 것이다.

8. a. 다음의 표는 천연두 예방접종의 한계편익과 한계비용을 나타내고 있다. 한계편익은 10%의 추가적인 사람들에게 예방접종을 할 때 구할 수 있는 생존자 수이다. 예를 들어 0%의 사람들에게 예방접종을 하는 대신(천연두로 인한 200명 사망), 10%의 사람들에게 예방접종을 함으로써(천연두로 인한 180명 사망), 우리는 20명의 생명을 구할 수 있다. 즉 10%의 사람들(0%가 아닌)에게 예방접종을 하는 것의 한계편익은 20명의 생존자이다. 10%에서 20%로 10%씩 확대하는 작업을 계속 반복하면 다음 표와 같이 예방접종의 한계편익을 구할 수 있다. 한계비용은 10%의 추가적인 사람들에게 예방 접종을 함으로써 잃게 되는 생존자 수이다. 예를 들어 0%의 사람들에게 예방접종을 하는 대신(부작용으로 인한 사망은 0명), 10%의 사람들에게 예방접종을 한다면(부작용으로 인한 사망은 4명), 우리는 4명의 목숨을 잃게 된다. 즉 10%의 추가적인 사람들(0%의 사람 대신)에게 예방접종을 하는 것의 한계비용은 4명의 생존자를 잃는 것이다. 이 과정을 10%에서 20%로 증가하는 과정과 같이 반복하면 아래의 표와 같이 예방접종의 한계비용을 구할 수 있다.

예방접종 인구비율	한계편익 (생존자)	한계비용 (사망자)	예방접종 인구의 10% 증가에 대한 순이익
0			
	20	4	16
10			
	20	6	14
20			
	20	8	12
30			
	20	15	5
40			
	20	17	3
50			
	20	24	−4
60			

b. 최적의 예방접종 인구비율은 50%이다. 예를 들어 40%의 사람들이 예방접종을 한다고 가정해 보자. 10%의 사람들에게 추가적인 예방접종을 한다면(전체 50%의 사람들에게 예방접종), 20명의 추가적인 생명을 구할 수 있다. 이때 한계비용은 17명의 생명을 잃는 것이다. 한계편익이 한계비용을 초과하므로 10%의 사람들에게 추가적인 예방접종을 시키는 것이 보다 바람직하다. 하지만 50% 이상의 사람들에게 예방접종을 하는 것은 어떨까? 추가적인 10%의 사람들에게 예방접종을 한다면(전체 60% 사람들에게 예방접종) 20명의 추가적인 생명을 구하는 한계편익이 있지만, 24명의 추가적인 생명을 잃는 한계비용이 있다. 한계비용이 한계편익을 초과하므로 예방접종 수준을 50%에서 60%로 높이지 않는 것이 바람직하다.

9. **a.** 우리는 먼저 페이지가 추가적으로 일할 때의 한계편익과 한계비용을 다음 표처럼 계산해야 한다. 예를 들어, 페이지가 일하는 시간을 2시간에서 3시간으로 늘리면, 그녀의 편익은 55달러에서 75달러로 늘어난다. 즉 그녀의 한계편익은 20달러이다. 이와 유사하게, 2시간에서 3시간으로 일하는 시간을 늘리면 그녀의 비용은 21달러에서 34달러로 늘어난다. 즉 그녀의 한계비용은 13달러이다. 이 과정을 일하는 시간을 0시간에서 1시간으로, 1시간에서 2시간으로 늘리면서 반복하면 다음의 표와 같은 자료를 얻을 수 있다.

근무시간	근무시간의 한계편익	근무시간의 한계비용	근무시간의 순이익
0			
	$30	$10	$20
1			
	25	11	14
2			
	20	13	7
3			
	15	16	−1
4			
	10	20	−10
5			

따라서 페이지는 3시간을 일해야 한다. 그녀가 2시간에서 3시간으로 일하는 시간을 늘릴 때의 한계편익(20달러)이 한계비용(13달러)을 초과하기 때문에 바람직하다. 그러나 3시간에서 4시간으로 일하는 시간을 늘릴 때는 그녀의 한계비용(16달러)이 한계편익(15달러)을 초과하기 때문에 추가적으로 일하는 시간을 늘리는 것은 바람직하지 않기 때문이다.

b. 아래 표에서 네 번째 열은 페이지가 일하는 시간을 늘릴 때의 순이익을 나타내고 있다. 순이익은 총편익과 총비용의 차이로 구할 수 있다.

근무시간	총편익	총비용	총순이익
0	$0	$0	$0
1	30	10	20
2	55	21	34
3	75	34	41
4	90	50	40
5	100	70	30

따라서 페이지가 3시간이 아닌 1시간만 일할 때의 손실은 $41－$20＝$21이다.

10. a. 아래의 표는 각 다이아몬드의 한계편익과 한계비용을 나타낸다. 다음 그래프 역시 한계편익과 한계비용을 나타낸다. 그림에서 최적 다이아몬드 생산량은 5개임을 알 수 있다.

다이아몬드 수량	총편익	한계편익	총비용	한계비용
0	$0		$0	
		$1,000		$50
1	1,000		50	
		900		50
2	1,900		100	
		800		100
3	2,700		200	
		700		200
4	3,400		400	
		600		400
5	4,000		800	
		500		700
6	4,500		1,500	
		400		1,000
7	4,900		2,500	
		300		1,300
8	5,200		3,800	

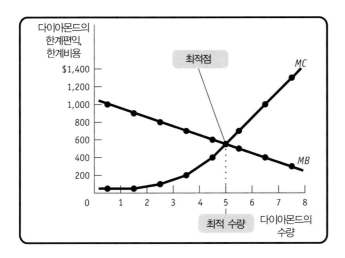

b. 다음의 표는 드비어스사가 다이아몬드를 생산할 때 생산량에 따른 총순이익을 나타낸다. 드비어스사가 가장 큰 순이익을 누릴 수 있는 생산량은 5개이다. 물론 이 값은 a번에서 찾았던 답과 일치한다.

다이아몬드 수량	총편익	총비용	총순이익
0	$0	$0	$0
1	1,000	50	950
2	1,900	100	1,800
3	2,700	200	2,500
4	3,400	400	3,000
5	4,000	800	3,200
6	4,500	1,500	3,000
7	4,900	2,500	2,400
8	5,200	3,800	1,400

11. a. 미케일라는 심리적 회계방식에 빠져 비합리적으로 행동하고 있다. 선물카드 속의 1달러는 잃어버릴지라도 지갑 속의 1달러 현금을 잃어버리지 않으려 하는 것은 선물카드 속의 1달러보다 지갑 속의 1달러에 더 큰 가치를 두는 것이기 때문이다.

b. 파네라 제빵회사의 고객들은 공정성에 대한 관심을 나타내는 것이며 합리적으로 행동하고 있다. 그들은 파네라 제빵회사가 설립할 자선단체를 공정하게 대하기 위해 자신들의 경제적 보상을 스스로 감소시키고 있다.

c. 도미닉은 위험기피성을 고려하여 합리적으로 행동하고 있다. 명성이 있는 고등학교에서 2년간 일하는 것이 잠재적으로 더 많은 돈을 벌 수 있는 방법일 수도 있지만 이는 5년간 보장된 직장에서 일하는 것에 비해 위험하다.

d. 키모라는 미래의 행동에 대한 비현실적인 기대를 가짐으로써 비합리적으로 행동하고 있다. 그녀가 지금 당장 과제를 하지 않는다면, 플로리다에 가서도 과제를 하지 않을

가능성이 크다.

e. 사히르는 손실회피경향을 보임으로써 비합리적으로 행동하고 있다. 만약 그가 합리적으로 행동한다면 손실을 인정하고 자동차를 부품별로 판매해야 한다. 그는 손실이 발생했다는 것을 인정하기 싫어서 자동차를 차고 안에서 썩힘으로써 계속 손실을 키워가고 있다.

f. 배리는 자신이 주식을 선택하는 능력을 지나치게 과신하는 비합리적 행동을 하고 있다. 자신이 성공한 투자와 같은 정도로 자신이 실패한 투자를 고려하지 않음에 따라 자신이 그다지 훌륭한 투자자가 아니라는 사실을 무시하고 있다.

12. 종업원들이 퇴직금 제도에 대해 보일 수 있는 비합리적인 행동을 방지하기 위한 다양한 방법을 생각해 볼 수 있다. 첫째, '현재상태편향'을 해결하기 위해 모든 종업원이 자동적으로 퇴직금 제도에 등록되도록 한 후 탈퇴하고 싶은 사람들은 적극적으로 탈퇴의사를 밝히도록 하는 방법이 있다. 둘째, '미래의 행동에 대한 비현실적 기대'를 해결하기 위해 퇴직금 제도에 등록하지 않은 종업원들에게 일정 기간이 지나면 자동적으로 등록되게 하는 옵션을 제시하는 방법이 있다. 셋째, 투자능력에 대한 '지나친 과신'을 해결하기 위해 펀드 간 이동횟수를 제한하는 방안이 있다. 비전문적 투자자들은 종종 자신의 능력을 과신하여 투기적 단타매매에 빠지는 경우가 있다. 이들은 자신이 오를 종목을 찾아내는 데 재능이 있다고 생각하는 경우가 많지만, 실제로는 이들의 평균투자성과는 전문적 투자자들의 평균투자성과에 비해 형편없다.

시간이 포함된 결정을 내리는 방법 :
현재가치의 이해

1. a. 계획 (i)의 현재가치는

$$\frac{\$2억\ 6,750만}{1.1} + \frac{\$2억\ 6,750만}{1.1^2} = \$2억\ 4,318만 + \$2억\ 2,107만 = \$4억\ 6,425만$$

계획 (ii)의 현재가치는

$$\frac{\$2억}{1.1} + \frac{\$2억}{1.1^2} + \frac{\$2억}{1.1^3} + \frac{\$2억}{1.1^4} = \$1억\ 8,182만 + \$1억\ 6,529만 + \$1억\ 5,026만$$
$$+ \$1억\ 3,660만 = \$6억\ 3,397만$$

따라서 계획 (i)이 적은 비용이 든다.

b. 계획 (i)의 현재가치는

$$\frac{\$2억\ 6,750만}{1.8} + \frac{\$2억\ 6,750만}{1.8^2} = \$1억\ 4,861만 + \$8,256만 = \$2억\ 3,117만$$

계획 (ii)의 현재가치는

$$\frac{\$2억}{1.8} + \frac{\$2억}{1.8^2} + \frac{\$2억}{1.8^3} + \frac{\$2억}{1.8^4} = \$1억\ 1,111만 + \$6,173만 + \$3,429만$$
$$+ \$1,905만 = \$2억\ 2,618만$$

따라서 계획 (ii)가 적은 비용이 든다.

2. 120만 달러를 네 번에 나누어서 받는 방법의 현재가치는 다음과 같다.

$$\$30만 + \frac{\$30만}{1.2} + \frac{\$30만}{1.2^2} + \frac{\$30만}{1.2^3} = \$30만 + \$25만 + \$20만\ 8,333 + \$17만\ 3,611$$
$$= \$93만\ 1,944$$

이는 100만 달러보다 작기 때문에 지금 현금으로 100만 달러를 받는 것이 유리하다.

3. **a.** 이자율이 12%일 때 새로운 암 치료제 개발의 순현재가치는 다음과 같다.

$$-\$1{,}000만 + \frac{\$400만}{1.12} + \frac{\$400만}{1.12^2} + \frac{\$400만}{1.12^3} = -\$39만\ 2{,}675$$

순현재가치가 음(−)수이므로 파이저사는 새로운 암 치료제를 개발하지 말아야 한다. 차라리 그 돈을 은행에 맡길 경우 더 많은 이익을 얻을 수 있다.

b. 이자율이 8%일 때 새로운 암 치료제 개발의 순현재가치는 다음과 같다.

$$-\$1{,}000만 + \frac{\$400만}{1.08} + \frac{\$400만}{1.08^2} + \frac{\$400만}{1.08^3} = \$30만\ 8{,}387$$

순현재가치가 양(+)수이므로 파이저사는 새로운 암 치료제를 개발해야 한다. 이 경우 그 돈을 은행에 맡기는 경우보다 더 많은 이익을 얻을 수 있다.

합리적인 소비자

1. **a.** 이 소비재묶음을 구입하기 위해서는 $\$2 \times 15 + \$3 \times 10 = \$60$의 돈이 필요하다. 이는 정확히 소득과 일치하므로 소비가능집합에 속하며 예산선 상에 위치한다.

   b. 이 소비재묶음을 구입하기 위해서는 $\$2 \times 20 + \$5 \times 10 = \$90$의 돈이 필요하다. 이는 소득보다 적은 돈이므로 소비가능집합에 속하며 예산선보다 아래쪽에 위치한다.

   c. 이 소비재묶음을 구입하기 위해서는 $\$3 \times 10 + \$10 \times 3 = \$60$의 돈이 필요하다. 이는 소득보다 많은 돈이므로 소비가능집합에 속하지 않으며 예산선보다 위쪽에 위치한다.

2. **a.** 루비가 그의 예산을 모두 사용한다면, 아래와 같은 소비재묶음을 구매할 수 있다.

   0개의 에너지바, 5잔의 스무디

   2개의 에너지바, 4잔의 스무디

   4개의 에너지바, 3잔의 스무디

   6개의 에너지바, 2잔의 스무디

   8개의 에너지바, 1잔의 스무디

   10개의 에너지바, 0잔의 스무디

   다음의 그림은 루비의 예산선을 나타낸 것이다.

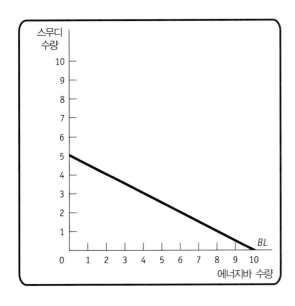

b. 아래의 표는 에너지바와 스무디에 대한 소비단위당 한계효용과, 지출액 1달러당 한계효용을 나타낸다. 효용을 나타내는 숫자는 에너지바가 2개씩 증가할 때마다 나타나 있음을 유의하라. 예를 들어, 에너지 바를 4개에서 6개로 늘리면 효용이 20유틸(52유틸에서 72유틸)이 증가한다. 이 경우 에너지 바 1개당 한계효용은 10유틸이다.

스무디 수량	스무디로부터의 효용(유틸)	스무디 1잔당 한계효용(유틸)	1달러당 한계효용(유틸)	에너지바 수량	에너지바로부터의 효용(유틸)	에너지바 1개당 한계효용(유틸)	1달러당 한계효용(유틸)
0	0			0	0		
		32	8			14	7
1	32			2	28		
		28	7			12	6
2	60			4	52		
		24	6			10	5
3	84			6	72		
		20	5			8	4
4	104			8	88		
		16	4			6	3
5	120			10	100		

c. 효용극대화 원칙에 의하면 최적 소비재묶음은 예산선 상의 모든 소비재묶음 중에서 각 재화의 지출액 1달러당 한계효용이 일치하는 조합이다. 다음의 그림은 스무디와 에너지바에 대한 1달러당 한계효용을 나타내고 있다. 루비가 4개의 에너지바와 3잔의 스무디를 소비했을 때 1달러당 한계효용이 일치하므로 이것이 최적 소비재묶음이 된다. 이는 그의 유일한 최적 소비재묶음이기도 하다.

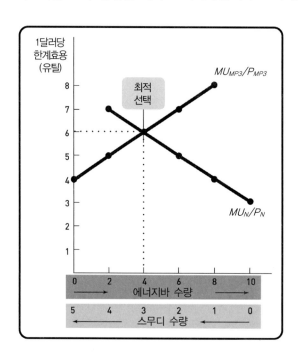

3. a. 이 소비재묶음은 락샤니의 예산선 상에 있지만, 운동화와 스웨터에 대한 지출액 1달러당 한계효용이 일치하지 않는다. 운동화와 스웨터에 대한 그녀의 한계효용은 일치

한다. 하지만 운동화의 가격이 50달러인 반면 스웨터의 가격은 20달러에 불과하므로 (즉 운동화가 스웨터보다 2.5배 더 비싸다), 락샤니의 스웨터에 대한 지출액 1달러당 한계효용은 그녀의 운동화에 대한 지출액 1달러당 한계효용의 2.5배이다. 즉 그녀는 운동화에 대한 지출액을 줄이고 스웨터에 대한 지출액을 늘림으로써 효용을 증대시킬 수 있다.

b. 이 소비재묶음은 락샤니의 예산선에 있다. 볼펜의 한계효용이 연필의 한계효용보다 다섯 배 더 크다. 하지만 볼펜은 연필보다 다섯 배 더 비싸므로 그녀의 두 재화에 대한 지출액 1달러당 한계효용은 일치한다. 따라서 이것이 그녀의 최적 소비재묶음이다.

c. 락샤니에게 축구경기 및 미식축구경기의 지출액 1달러당 한계효용은 일치하지만, 이것은 그녀의 최적 소비재묶음이 아니다. 이는 그녀의 예산선 상에 있지 않기 때문이다. 그녀는 두 재화 모두 더 많이 구매할 수 있고, 아마도 그렇게 할 것이다. 하지만 축구경기와 미식축구경기 입장권을 각각 얼마나 더 많이 구매할 것인지를 정확히 알기 위해서는 다른 소비재묶음들에 대한 그녀의 효용을 알아야 한다.

4. a. 칼의 예산선 상에 있는 소비재묶음은 다음과 같다.

0개의 나이키, 4개의 선글라스
1개의 나이키, 2개의 선글라스
2개의 나이키, 0개의 선글라스

나이키를 구매하지 않다가 1개를 구매할 경우, 한계효용은 400유틸이다. 즉 나이키에 대한 지출액 1달러당 한계효용은 4이다. 나이키 1개를 구매하다가 2개를 구매할 경우, 한계효용은 300유틸이다. 즉 나이키에 대한 지출액 1달러당 한계효용은 3이다.

선글라스를 구매하지 않다가 2개를 구매할 경우, 한계효용은 600/2=300유틸이다. 즉 선글라스에 대한 지출액 1달러당 한계효용은 6이다. 선글라스 2개를 구매하다가 4개를 구매할 경우, 한계효용은 100/2=50유틸이다. 즉 선글라스에 대한 지출액 1달러당 한계효용은 1이다. 아래의 그림에 나이키에 대한 지출액 1달러당 한계효용과 선글라스에 대한 지출액 1달러당 한계효용이 나타나 있다.

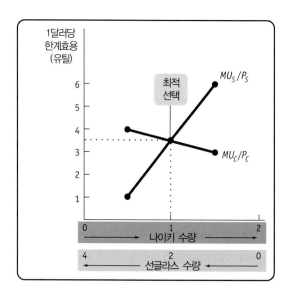

칼의 예산선 상에 있는 모든 점 가운데 1개의 나이키와 2개의 선글라스의 조합이 가장 바람직하다. 왜냐하면 이 소비재묶음을 소비할 때 지출액 1달러당 한계효용이 일치하여 더 이상 효용을 증가시킬 수 없게 되기 때문이다.

b. 이제 칼의 예산선 상에 있는 소비재묶음은 다음과 같다.

0개의 나이키, 4개의 선글라스

1개의 나이키, 3개의 선글라스

2개의 나이키, 2개의 선글라스

3개의 나이키, 1개의 선글라스

4개의 나이키, 0개의 선글라스

다음의 표는 나이키 및 선글라스의 각 단위당 한계효용, 나이키 및 선글라스에 대한 지출액 1달러당 한계효용을 나타낸다.

나이키 수량	나이키 로부터의 효용 (유틸)	나이키 1개당 한계효용 (유틸)	1달러당 한계효용 (유틸)	선글라스 수량	선글라스 로부터의 효용 (유틸)	선글라스 1개당 한계효용 (유틸)	1달러당 한계효용 (유틸)
0	0			0	0		
		400	8			325	6.5
1	400			1	325		
		300	6			275	5.5
2	700			2	600		
		200	4			225	4.5
3	900			3	825		
		100	2			−125	−2.5
4	1,000			4	700		

아래의 그림은 나이키와 선글라스에 대한 지출액 1달러당 한계효용을 나타낸다.

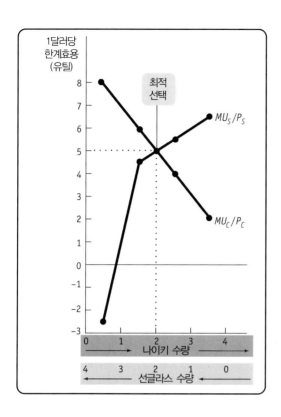

칼의 예산선 상에 있는 모든 소비재묶음에서 2개의 나이키와 2개의 선글라스를 구매할 때 두 재화에 대한 지출액 1달러당 한계효용이 일치한다. 한계분석의 효용극대화 원칙에 의할 때, 이것이 칼의 최적선택이다.

c. 나이키 가격이 하락함에 따라 칼의 나이키 소비는 1개에서 2개로 늘어난다. 이는 두 가지 효과에 기인한다. 대체효과에 의하면 나이키의 가격이 하락할 때 그것의 기회비용이 낮아진다. 이제 칼은 나이키 하나를 추가로 소비하기 위해 예전보다 적은 선글라스만 포기해도 된다. 이는 나이키 소비를 보다 매력적으로 만들기 때문에 칼은 선글라스 소비를 줄이고 보다 많은 나이키를 소비하는 방향으로 소비를 대체한다. 소득효과에 의하면, 나이키의 가격이 하락할 때 칼은 실질적으로 보다 부유해진다. 그는 동일한 소득으로 예전보다 더 많은 재화를 소비할 수 있다. 나이키가 정상재이므로 칼의 소득이 상승할 때 그는 예전보다 많은 나이키를 소비할 것이다. 두 가지 효과는 모두 나이키의 가격이 하락할 때 나이키의 소비를 늘리는 방향으로 작용한다.

5. a. 데이미언이 그의 모든 시간을 체육관 이용과 영화 관람에 사용한다면, 그는 다음과 같은 소비재묶음을 소비할 수 있다.

체육관 이용 0번, 영화 관람 7번

체육관 이용 1번, 영화 관람 6번

체육관 이용 2번, 영화 관람 5번

체육관 이용 3번, 영화 관람 4번

체육관 이용 4번, 영화 관람 3번

체육관 이용 5번, 영화 관람 2번

체육관 이용 6번, 영화 관람 1번

체육관 이용 7번, 영화 관람 0번

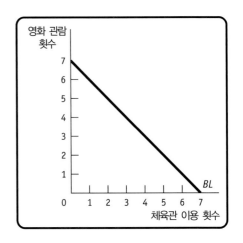

위의 그림은 데이미언의 예산선을 나타낸다.

b. 아래의 표는 데이미언이 체육관 이용 및 영화 관람의 1회당 한계효용을 나타낸다. 또한 체육관 이용 및 영화 관람에 보내는 시간당 한계효용도 함께 나타내고 있다.

주당 체육관 이용 횟수	체육관 이용으로부터의 효용 (유틸)	체육관 이용 1회당 한계효용 (유틸)	1시간당 한계효용 (유틸)	주당 영화 관람 횟수	영화 관람 으로부터의 효용 (유틸)	영화 관람 1회당 한계효용 (유틸)	1시간당 한계효용 (유틸)
1	100			1	60		
		80	40			50	25
2	180			2	110		
		60	30			40	20
3	240			3	150		
		40	20			30	15
4	280			4	180		
		30	15			10	5
5	310			5	190		
		20	10			5	2.5
6	330			6	195		
		10	5			2	1
7	340			7	197		

c. 다음의 그림은 데이미언이 체육관 이용 및 영화 관람에 보내는 시간당 한계효용을 나타낸다. 예산선 상의 모든 소비재묶음 중에서 체육관을 4번 가고, 영화를 3번 보는 것이 최적이다. 이 점에서 체육관에서 보내는 시간당 한계효용과 영화 보는 시간당 한계효용은 일치한다.

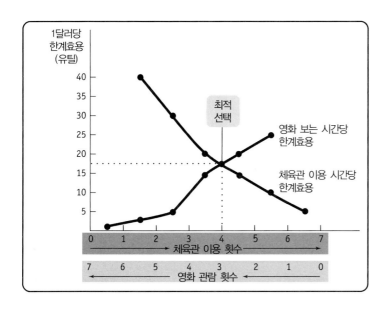

6. 데이미언의 주장이 옳다. 안나가 마지막 한 단위의 영화로부터 얻는 한계효용은 체육관을 이용하는 것으로부터 얻는 한계효용의 두 배이다. 시간당 지출비용의 관점에서 체육관 이용과 영화 관람에는 동일한 비용이 소요되므로 안나가 시간당 영화 관람에서 얻는 한계효용도 시간당 체육관 활동에서 얻는 한계효용의 두 배이다. 따라서 그녀는 영화를 보는 데 시간을 더 많이 쓰고, 체육관 가는 시간을 줄여야 한다.

7. 시리얼의 가격이 상승하면, 다른 재화에 비해 시리얼이 덜 매력적이게 된다. 이제 시리얼 소비의 기회비용이 더 커진 것이다. 그 결과 스벤은 시리얼을 다른 식품으로 대체할 것이다. 이것이 대체효과이다. 시리얼의 가격이 상승하면서 스벤의 소득이 가지는 구매력이 작아진다. 즉 실질적으로 스벤은 가난해졌다. 스벤이 그의 소득 중 많은 부분을 시리얼 소비에 할당하고 있었기 때문에 이 효과는 무시할 수 없다. 음식은 정상재이므로 스벤은 이제 예전보다 다른 식품을 적게 구매한다. 하지만 그는 더 많은 시리얼을 구매하였으므로 시리얼은 그에게 열등재이다. 이것이 소득효과이다. 실제로 두 가지 효과 중에 소득효과가 더 강해서 대체효과를 능가하였기 때문에 스벤이 시리얼을 더 많이 소비하게 된 것이다. 기펜재는 소득효과가 대체효과와 반대 방향으로 작용하며 소득효과가 매우 강하게 작용하여 대체효과의 크기를 압도한 특수한 경우이다. 이 경우 가격이 상승할 때 시리얼의 소비가 늘어나므로 시리얼에 대한 그의 수요곡선은 우상향한다.

8. **a.** 수업료가 상승하면 자녀 교육은 다른 재화에 비해 상대적으로 비싸지게 된다. 따라서 에드는 자녀 교육을 다른 재화로 대체하기로 결정했다. 이것이 대체효과이다. 그의 소득 중에서 학비가 차지하는 비중이 컸으므로, 소득효과 또한 상당히 크다. 학비가 상승하여 실질적으로 에드는 가난해졌다. 그의 소득의 구매력은 하락한다. 그 결과 그는 다른 모든 정상재의 소비를 줄일 것이다. 자녀 교육 또한 정상재이므로, 소득효과는

자녀 교육의 소비를 줄이는 방향으로 작용한다. 두 효과는 서로 동일한 방향으로 작용한다.

b. 주택담보대출금이 줄어들면서 큰 집이 다른 재화에 비해 상대적으로 저렴해졌다. 따라서 호머는 더 큰 집을 사는 방향으로 소비를 대체할 것이다. 이것이 대체효과이다. 그의 소득에서 담보대출 비용이 차지하는 비중이 컸으므로, 담보대출 비용의 하락은 실질적으로 그의 소득을 높여 준다. 그의 소득의 구매력은 높아졌다. 이는 호머가 모든 정상재의 구매를 늘릴 것이라는 점을 의미한다. 주거는 정상재이므로 소득효과는 주거 공간을 늘리는 방향으로 작용한다. 두 효과는 서로 동일한 방향으로 작용한다.

c. 스팸의 가격이 상승하면 스팸은 다른 재화에 비해 상대적으로 비싸지게 된다. 따라서 팸은 스팸을 다른 재화로 대체할 것이다. 이것이 대체효과이다. 그녀의 소득 중에서 스팸이 차지하는 비중은 아마도 그리 크지 않을 것이므로, 소득효과는 무시할 정도에 불과하다. 하지만 스팸이 열등재이기 때문에, 소득효과는 팸이 그것을 더 많이 소비하도록 만들 것이다. 스팸 가격이 상승하여 실질적으로 팸은 가난해졌다. 그녀의 소득의 구매력은 하락한다. 그녀는 예전보다 가난해졌으므로, 열등재를 더 많이 구매할 것이다. 즉 소득효과는 그녀가 보다 많은 스팸을 구매하도록 작용할 것이다. 결국 두 효과는 상반되게 작용하지만 문제에서 가격 상승에 따라 그녀가 구매하는 스팸의 총량은 감소한다고 하였으므로 팸에게 있어 대체효과가 소득효과보다 더 크게 작용했다는 것을 알 수 있다.

9. 니하는 전과 동일한 소비를 할 수 있다. 주택의 가격은 변하지 않았기 때문에 니하가 예전과 동일한 수의 방을 가진 집에 산다면 동일한 금액을 지출하게 될 것이다. 그러나 이 경우 니하의 소득이 50% 상승했기 때문에 예전에 비해 2배의 돈이 남겨진다. 그러나 외식의 가격이 2배가 되었기 때문에 동일한 횟수의 외식을 한다면 정확히 남은 소득을 모두 지출하게 된다.

10. 주어진 내용만으로는 오렌지주스가 스콧에게 기펜재라는 보장이 없다. 기펜재가 되기 위해서는 가격이 상승함에 따라 수요량이 증가해야 한다. 그러나 스콧은 가격이 상승함에 따라 그가 오렌지주스 구입에 지출하는 금액(=가격×소비량)이 증가한다는 것을 발견했을 뿐이다. 예를 들어, 오렌지주스 가격이 5달러에서 10달러로 증가했다고 가정해 보자. 그 결과 스콧은 오렌지주스 수요량을 3에서 2로 줄인다. 이것은 가격이 상승함에 따라 수요량이 감소했으므로 오렌지주스가 기펜재가 아님을 의미한다. 그러나 스콧의 오렌지주스에 대한 지출은 $5×3=$15에서 $10×2=$20로 증가했다. 따라서 가격이 상승함에 따라 상품에 대한 지출이 증가하는 것은 그 재화가 기펜재라는 것을 보장하지 않는다.

11. 마고가 그녀의 최적 소비재묶음을 구입하기 때문에, 댄스교습에서 소비하는 지출액 1달러당 한계효용은 댄스슈즈 구입에 소비하는 지출액 1달러당 한계효용과 일치해야 한다.

여기서 댄스교습에 소비하는 지출액 1달러당 한계효용은 한 번 교습 시의 100유틸/교습 1회당 $50의 비용＝지출액 1달러당 2유틸이다. 따라서 댄스슈즈 구입에 소비하는 지출액 1달러당 한계효용은 지출액 1달러당 2유틸이 되어야 한다. 댄스슈즈 1켤레가 주는 한계효용은 300유틸이므로, 댄스슈즈 1켤레의 가격은 150달러가 되어야 하며, 이 경우 댄스슈즈 1켤레당 300유틸/$150의 가격＝지출액 1달러당 2유틸이 된다.

12. a. 한계분석의 효용극대화 원칙에 따르면, 최적 소비재묶음에서 휘발유에 지출된 달러당 한계효용이 다른 재화와 서비스에 지출된 달러당 한계효용과 일치한다. 다른 조건이 일정하다면, 휘발유 가격이 상승함에 따라 휘발유에 지출된 달러당 한계효용은 감소한다. 이제 휘발유에 지출된 달러당 한계효용은 다른 재화와 서비스에 지출된 달러당 한계효용보다 작다. 이 경우 소비자는 휘발유에 대한 지출을 줄이고 다른 재화와 서비스에 대한 지출을 늘릴 것이다. 이는 휘발유의 한계효용을 증가시키고 휘발유에 지출된 달러당 한계효용을 증가시킨다. 그리고 이는 다른 재화와 서비스의 한계효용을 줄이고 다른 재화와 서비스에 지출된 달러당 한계효용을 감소시킨다. 이것은 휘발유에 지출된 달러당 한계효용이 다른 재화와 서비스에 지출된 달러당 한계효용이 다시 같아질 때까지 계속된다. 즉 휘발유의 수요량이 줄어든다.

　거의 확실하게, 이러한 효과의 대부분은 대체효과에 의해 설명된다. 휘발유의 가격이 상승함에 따라 대부분의 소비자들은 휘발유를 다른 재화와 서비스로 대체한다. 오직 휘발유에 대한 지출이 그들의 총지출의 큰 부분을 차지하는 소비자들에게만 현저한 소득효과가 발생할 것이다. 휘발유 가격이 상승함에 따라 그들은 가난해질 것이다. 휘발유는 정상재이므로, 그들은 휘발유를 더 적게 소비할 것이고 이는 더 나아가 휘발유 수요량을 줄일 것이다.

b. 먼저, 만약 모든 가격이 같은 비율로 증가했다면 모든 가격이 불변이고 소비자의 소득이 감소한 것과 마찬가지의 효과가 있을 것이다. 즉 휘발유와 같은 모든 정상재의 수요량은 감소할 것이다.

　그러나 휘발유의 가격은 다른 재화와 서비스의 가격보다 조금 더 올랐다. 따라서 여전히 대체효과가 작용할 가능성이 있고 이는 소비자로 하여금 휘발유를 적게 소비하도록 이끈다.

c. 먼저, 다음을 고려해 보자. 만약 소득이 모든 재화와 서비스의 가격과 같은 비율만큼 증가했다면 소비자의 최적 소비재묶음은 불변일 것이다. 그러나 실제로 소득은 전체 가격(63%)보다 더 많이(65%) 증가했다. 그 결과, 소비자들은 휘발유를 포함하여 모든 정상재를 더 소비할 가능성이 높다. 마지막으로, 휘발유의 가격이 다른 재화와 서비스의 가격(82%)보다 더 많이 증가(140%)했다는 사실을 고려할 때, 여전히 대체효과가 작용할 것이고 이는 소비자로 하여금 휘발유를 다른 재화나 서비스로 대체하도록 한다. 따라서 휘발유 수요량에 대한 종합적 효과는 적어도 이론적으로는 불분명하다.

chapter:

10A

소비자 선호와 소비자 선택

1. 아래의 그림은 각 상황에 맞게 그려진 이사벨라의 무차별곡선이다.

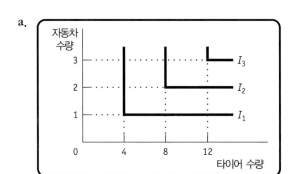

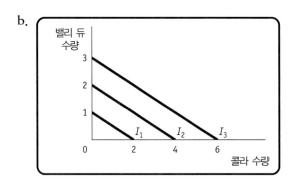

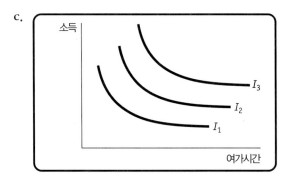

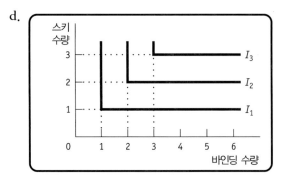

e.

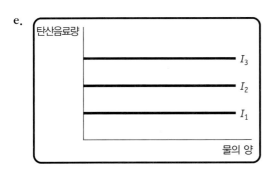

2. a. 묶음 B는 묶음 A보다 더 많은 극장표와 식권을 포함하고 있으므로 보다 선호된다. 이는 일반적으로 재화는 더 많이 가질수록 좋다는 기본적인 전제를 받아들이기 때문이다.[*]

b. 묶음 A와 비교하여, 묶음 B는 동일한 숫자의 식권을 포함하지만 더 많은 극장표를 포함하고 있다. 다시 한 번, 더 많이 가질수록 더 높은 효용을 주기 때문에 묶음 B가 선호된다.

c. 묶음 A는 묶음 B보다 더 많은 비디오를, 묶음 B는 묶음 A보다 더 많은 수의 감자칩을 담고 있다. "더 많이 가질수록 더 높은 효용을 준다."는 법칙은 이 두 묶음 사이의 우열을 가려내지 못한다. 더 이상의 정보 없이는 둘 사이에 순위를 매길 수 없다.

d. 우리는 당신이 묶음 A와 B 사이에 차이를 느끼지 못한다는 점을 알고 있기 때문에, 이 두 묶음이 동일한 무차별곡선 상에 있다는 사실을 알고 있다. 아래의 그림에서 묶음 C는 묶음 A와 B를 직선으로 이은 선 상에 위치한다는 점을 눈여겨보라. 우리는 무차별곡선이 볼록하다는 점을 알고 있기 때문에(이 곡선은 오른쪽으로 갈수록 점점 더 평평해진다. 즉 한계대체율은 체감한다), 묶음 C는 묶음 A(마찬가지로 묶음 B)보다 더 높은 무차별곡선 상에 있다. 묶음 C의 상품 개수는 정확히 묶음 A와 B의 평균과 일치하기 때문에 때때로 무차별곡선의 이러한 성격은 "평균이 극단보다 좋다."고 표현되기도 한다. 묶음 C가 묶음 A 또는 B보다 더 높은 무차별곡선 상에 있으므로 묶음 C가 묶음 A 또는 B보다 선호된다.

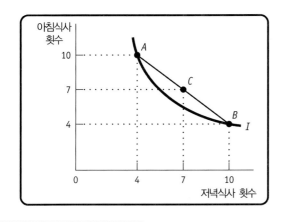

---

[*] 역자 주 : 이를 '다다익선의 가정' 또는 '강단조성의 가정'이라고도 한다.

3. 외식의 횟수로 표시된 방 1개의 상대가격은 방 1개를 얻기 위해 포기되어야 하는 외식의 횟수이다. 방 1개를 얻기 위해 5번의 외식이 포기되어야 하므로 외식의 가격은 $\frac{\$100}{5}=$ $\$20$가 되어야 한다. 만약 네하가 모든 소득을 외식에 지출한다면, 그녀는 $\frac{\$1,000}{\$20}=$50번의 외식을 할 수 있다.

4. **a.** 이나의 예산선의 기울기는 변하지 않는다. 예산선의 기울기는 재화 상대가격의 음수 값이다. 모든 재화의 가격이 20% 상승했으므로 재화의 상대가격은 변하지 않았다.

    b. 모든 재화의 가격은 20% 증가했으나 이나의 소득은 단지 10% 증가했다. 이나의 소비 가능성은 감소하였고 예산선은 안쪽으로 이동한다.

5. 먼저, 코코아의 수량으로 나타낸 음반의 상대가격(음반의 가격/코코아의 가격)은 $10/$2 $=5$가 된다. 즉 1장의 음반을 추가적으로 얻기 위해서는 코리가 5컵의 코코아를 포기해야 한다는 것을 의미한다.

    a. 이 소비재묶음은 코리의 예산선 상에 있다. 즉 이 소비재묶음을 구매하기 위해서 그녀는 소득을 모두 사용해야 한다. 그러나 코리의 한계대체율은 음반의 상대가격보다 작다. 그녀는 음반 1장을 위해 코코아 1컵만을 포기할 의향이 있다. 하지만 음반의 상대가격은 코코아 5컵이다. 즉 그녀는 음반 1장을 위해 코코아 5잔을 포기해야 할 것이다. 코리는 시장에서 음반에 매기는 가치에 비해 더 낮은 가치를 매기고 있으므로 그녀는 더 적은 음반을 소비해야 하고 더 많은 코코아를 소비하도록 해야 한다. 따라서 코리는 그녀의 *MRS*가 음반의 상대가격과 일치할 때까지 코코아를 더 많이 소비하는 방향으로 소비재묶음을 옮겨야 한다.

    b. 이 소비재묶음은 코리의 예산선 상에 있다. 즉 이 소비재묶음을 구매하기 위해서 그녀는 소득을 모두 사용해야 한다. 코리의 한계대체율은 $MU_{CD}/MU_{COCOA}=25/5=5$이다. 즉 그녀는 음반 1장을 위해 5잔의 코코아를 포기할 의향이 있다. 그리고 음반과 코코아의 상대가격은 5이므로, 음반에 매겨진 시장의 가치평가와 코리의 음반에 대한 주관적인 가치평가가 일치한다. 따라서 이는 그녀의 최적 소비재묶음이다.

    c. 이 소비재묶음에서 한계대체율은 상대가격과 일치하지만, 이 소비재묶음은 코리의 예산선 상에 있지 않다. 이 소비재묶음을 구매한다면 그녀는 30달러를 소비하게 된다. 만약 그녀의 소득이 30달러라면, 이것이 그녀의 최적 소비재묶음이 되겠지만 그녀의 소득은 50달러이다. 두 상품 모두 정상재이기 때문에 50달러의 소득하에서 그녀는 두 재화 모두 더 많이 소비해야 한다.

6. **a.** 라울은 1장의 놀런 라이언 야구카드를 1장의 칼 립켄 야구카드로 교환할 의사가 있기 때문에 그의 한계대체율은 1이다.

    b. 라울의 한계대체율은 $MU_{Cal}/MU_{Nolan}=1$이다. 하지만 칼 립켄 야구카드의 상대가격은

$P_{Cal}/P_{Nolan}=\$24/\$12=2$이다. 한계대체율이 상대가격보다 작기 때문에 라울은 칼 립 켄 야구카드를 팔고 놀런 라이언 야구카드를 구매함으로써 더 높은 효용을 누릴 수 있게 된다.

c. 만약 라울이 거래를 통해 더 이상 효용의 증진을 이룰 수 없다면, 그는 최적소비점을 소비하고 있을 것이다. 즉 그의 한계대체율은 상대가격과 일치하고 있을 것이다. 상대가격 법칙($MU_{Cal}/MU_{Nolan}=P_{Cal}/P_{Nolan}$)이 적용된다. 우리는 상대가격이 2라는 사실을 알고 있기 때문에 라울의 한계대체율 또한 2일 것이다.

7. a. 만약 새빈이 펩시와 코카콜라 중 뭐가 더 좋은지 가릴 수 없다면, 이 둘은 그녀에게 완전대체재이다. 그녀는 항상 펩시 하나와 코카콜라 하나를 교환할 용의가 있으므로 코카콜라와 펩시에 대한 한계대체율은 1이다.

b. 새빈의 무차별곡선은 다음 그림에 I_1, I_2, I_3로 나타나 있다.

c. 새빈의 예산선은 다음 그림에 BL로 나타나 있다.

d. 새빈의 최적 소비재묶음은 다음 그림의 소비재묶음 A이다. 그녀는 펩시만 소비함으로써 가장 높은 무차별곡선에 도달할 수 있다(완전대체재와 같은 특수한 상황에서는 상대가격 법칙이 성립하지 않는다. 새빈의 한계대체율은 상대가격보다 작아, 그녀는 가능하다면 코카콜라의 소비량을 줄이고 펩시의 소비량을 늘리고자 할 것이다. 하지만 A점에서 그녀는 더 이상 코카콜라를 소비하고 있지 않기 때문에 이는 불가능하다).

e. 만약 펩시와 코카콜라의 가격이 동일하다면, 예산선과 새빈의 무차별곡선이 동일한 기울기를 가질 것이다. 즉 예산선 위의 어떤 점에서라도 상대가격 법칙은 성립한다. 즉 예산선 상의 모든 소비재묶음이 최적의 선택이 되며, 우리는 새빈이 무엇을 할지 예측할 수 없다.

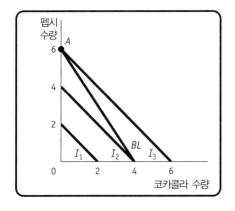

8. 거스는 더 적은 휘발유를 구매할 것이다. 휘발유를 수평축에 나타낼 때 휘발유 가격의 상승은 예산선을 가파르게 만든다(휘발유의 상대가격이 더 높아졌다). 소득 증가는 그의 예산선을 바깥쪽으로 평행이동하게 만들고, 결과적으로 휘발유 가격 상승 전 그가 위치하던 무차별곡선과 접한다. 즉 거스는 최초의 예산선 BL_1 상의 소비재묶음 A에서 새로

운 예산선 BL_2 상의 소비재묶음 B로 이동한다. 사실상 이 정책은 가격 변화에 따른 대체효과만을 유발하고자 하는 것이다. 소득효과는 거스의 소득을 보조해 주는 것으로 완전 상쇄되었기 때문에 결과적으로 값비싸진 재화의 소비를 감소시키는 대체효과만 남는 것이다.

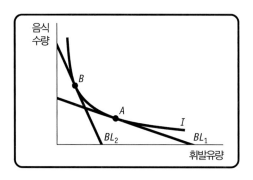

9. a. 아래 그림의 소비재묶음 A는 크랜달의 최적 소비재묶음을 나타낸다. 치즈 가격이 20센트이고, 크래커 가격이 10센트일 때 그의 예산선은 BL_1이다. 그는 8개의 치즈와 8개의 크래커를 소비한다.

   b. 크래커 가격이 20센트로 상승할 때, 크랜달의 예산선은 그림의 BL_2가 되고, 그의 최적 소비재묶음은 B가 된다. 이제 그는 6개의 치즈와 6개의 크래커를 소비한다.

   c. 가격 상승의 대체효과를 밝혀내기 위해 우리는 가격 변화의 효과 중 소득효과를 제거해야 한다. 소득효과를 제거한다는 것은 크랜달을 가격 상승 이전의 무차별곡선 상으로 복귀시켜 본다는 것이다. 이렇게 한 예산선은 그림의 BL_S로 나타나 있고, 이 경우 크랜달은 처음과 동일한 소비재묶음인 A를 소비할 것이다. 이처럼 완전보완재의 경우에는 대체효과가 발생하지 않는다. 소비재묶음 A에서 B로의 이동은 전적으로 소득효과에 의한 것이다. 두 재화가 완전보완적이기 때문에 이들은 대체될 수 없다는 것은 직관적으로 쉽게 이해될 수 있을 것이다.

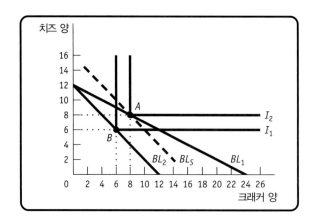

10. a. 2013년에, 평균적인 일본 가정은 달걀을 최대 $\frac{¥524,810}{¥187}=2,806$묶음 또는 참치를 최대 $\frac{¥524,810}{¥392}=1,339$단위 소비할 수 있었다. 2015년에, 평균적인 일본 가정은 달걀을 최대 $\frac{¥524,585}{¥231}=2,271$묶음 또는 참치를 최대 $\frac{¥524,585}{¥390}=1,345$단위 소비할 수 있었다. 아래 그림은 2013년과 2015년의 예산선을 보여 준다.

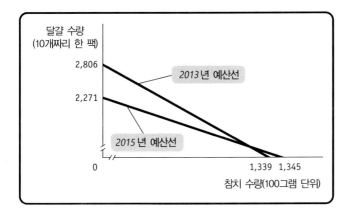

b. 2013년에, 참치로 표시된 달걀의 상대가격은 $\frac{¥187}{¥392}=0.48$이었다. 2015년에, 참치로 표시된 달걀의 상대가격은 $\frac{¥231}{¥390}=0.59$였다. 상대가격원칙을 유지하기 위해, 참치로 표시된 달걀의 상대가격이 상승함에 따라 달걀의 한계대체율 역시 상승해야 한다. 이를 위해 소비자들은 달걀의 한계효용을 증가시키고 참치의 한계효용을 감소시키기 위해 달걀의 소비를 줄이고 참치의 소비를 증가시켰을 것이다.

공급곡선의 이면 : 투입과 비용

1. a. 사무용 빌딩, 공장, 그리고 매장을 유지하기 위한 기본적인 비용은 생산량과 무관한 측면이 있으므로 에너지 비용은 고정비용의 성격을 갖는다. 그러나 더 많은 산출을 생산하기 위해서는 더 많은 에너지가 항상 이용되어야 하기 때문에 가변비용이기도 하다.

b. 고정비용이 증가할 때 평균총비용 역시 증가한다. 평균총비용곡선은 위로 이동할 것이다. 이는 〈그림 (a)〉에서 평균총비용곡선이 ATC_1에서 ATC_2로 이동한 것으로 표시된다. 가변비용이 변하지 않는 한 한계비용은 영향받지 않으므로 한계비용곡선은 이동하지 않는다.

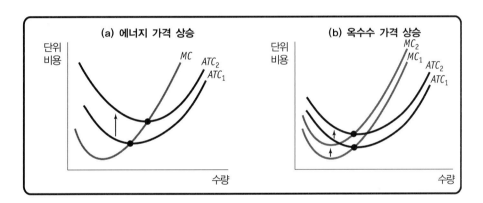

c. 옥수수는 에탄올 생산에 투입되는 생산요소이기 때문에 에탄올을 더 많이 생산하기 위해서는 더 많은 양의 옥수수가 필요하다. 따라서 옥수수에 들어가는 비용은 가변비용이다.

d. 가변비용이 증가할 때, 평균총비용과 한계비용이 모두 증가하므로 두 곡선이 모두 위로 이동할 것이다. 〈그림 (b)〉에서 평균총비용곡선의 이동은 ATC_1에서 ATC_2로의 이동으로 표시되어 있고, 한계비용곡선의 이동은 MC_1에서 MC_2로의 이동으로 표시되어 있다.

2. a. 고정요소란 생산량이 증가해도 투입량이 변화하지 않는 것을 말한다. 얼린 요구르트 기계, 믹서기, 냉장고, 상점이 그것이다. 가변요소란 생산량이 변화함에 따라 투입량이 변화하는 것을 말한다. 얼린 요구르트의 원료, 컵, 노동자, 토핑재료가 그것이다.

b. 총생산곡선을 나타내면 다음과 같다.

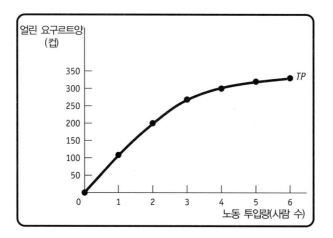

c. 첫 번째 노동자의 한계생산 *MPL*은 110컵이다. 두 번째 노동자의 한계생산은 90컵이고, 세 번째 노동자의 한계생산은 70컵이다. 한계생산체감의 법칙에 의해 투입되는 노동자의 수가 늘어날수록 한계생산은 체감한다. 얼린 요구르트 기계의 숫자가 고정되어 있기 때문에, 더 많은 노동자가 투입될수록 노동자 1명이 사용할 수 있는 기계의 양이 줄어들고 이는 개별 노동자의 생산성을 낮추게 된다.

3. a. 마티의 가변비용 *VC*는 노동비용(노동자 1명당 하루에 80달러)과 기타 투입요소(1컵당 0.5달러)이다. 그의 총비용 *TC*는 가변비용과 하루에 100달러가 들어가는 고정비용의 합이다.

얼린 요구르트양 (컵)	노동 투입량 (사람 수)	*VC*	*TC*	1컵의 *MC*
0	0	$0	$100	
				$1.23
110	1	$1 \times 80 + 110 \times 0.5 = 135$	235	
				1.39
200	2	$2 \times 80 + 200 \times 0.5 = 260$	360	
				1.64
270	3	$3 \times 80 + 270 \times 0.5 = 375$	475	
				3.17
300	4	$4 \times 80 + 300 \times 0.5 = 470$	570	
				4.50
320	5	$5 \times 80 + 320 \times 0.5 = 560$	660	
				8.50
330	6	$6 \times 80 + 330 \times 0.5 = 645$	745	

b. 다음의 그림은 가변비용곡선과 총비용곡선을 나타낸다.

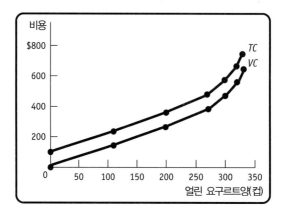

c. 얼린 요구르트 1컵을 생산하는 한계비용 MC는 a번의 표에 제시되어 있다. 이는 총비용 변화분을 생산량 변화분으로 나누어 계산한 것이다.

4. a. 1컵의 요구르트를 생산하기 위한 평균고정비용(AFC), 평균가변비용(AVC), 평균총비용(ATC)은 아래의 표에 나와 있다. (숫자는 근삿값이다.)

얼린 요구르트양 (컵)	VC	TC	1컵의 AFC	1컵의 AVC	1컵의 ATC
0	$0	$100	—	—	—
110	135	235	$0.91	$1.23	$2.14
200	260	360	0.50	1.30	1.80
270	375	475	0.37	1.39	1.76
300	470	570	0.33	1.57	1.90
320	560	660	0.31	1.75	2.06
330	645	745	0.30	1.95	2.26

b. 아래의 그림은 AFC, AVC, ATC 곡선을 나타낸다.

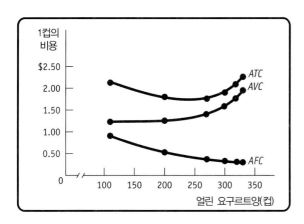

c. AFC가 점차 감소하는 것은 분산 효과에 의한 것이다. 즉 고정비용은 산출량이 늘어날수록 개별 산출량에 의해 나뉜다. 반면 AVC가 점차 상승하는 것은 수익체감 효과에 의한 것이다. 수익체감 효과는 한 단위를 추가적으로 생산하는 데 필요한 비용을 높인다.

d. 평균총비용은 요구르트 270컵이 생산될 때 최소화된다. 이보다 낮은 생산량에서는 분산 효과에 따른 비용 감소 효과가 평균총비용에 더 큰 영향을 미치고, 이보다 높은 생산량에서는 수익체감에 따른 비용 증가 효과가 평균총비용에 더 큰 영향을 미친다.

5. a. 노동비용이 가변비용이고 고정비용이 아닐 때, 노동비용의 증가는 평균총비용과 한계
비용을 모두 증가시킨다. 노동비용이 가변비용이기도 하고 고정비용이기도 할 때도
평균총비용과 한계비용이 증가한다는 결과는 같다.

b. 생산성 증가가 양(+)일 때, 모든 주어진 노동량에 대응되는 생산량이 증가하므로 총
생산곡선이 위로 이동한다. 각 단위의 노동이 더 많은 생산을 할 수 있기 때문에 노동
의 한계생산은 증가할 것이고 한계생산곡선도 위로 이동할 것이다. 〈그림 (a)〉에서
총생산곡선의 상향 이동은 TP_1에서 TP_2로의 이동으로 표시된다. 〈그림 (b)〉에서 노
동의 한계생산곡선의 상향 이동은 MPL_1에서 MPL_2로의 이동으로 표시된다.

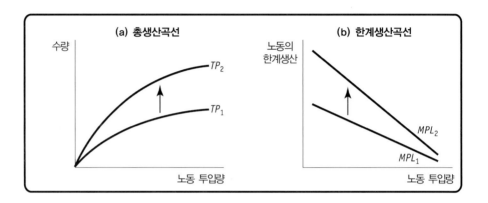

c. 생산성 증가가 양(+)일 때, 노동비용이 변하지 않는다는 가정하에서 한계비용곡선과
평균총비용곡선은 모두 아래로 이동할 것이다. 아래 그림에서 평균총비용곡선의 이동
은 ATC_1에서 ATC_2로의 이동으로 표시된다. 한계비용곡선의 이동은 MC_1에서 MC_2
로의 이동으로 표시된다.

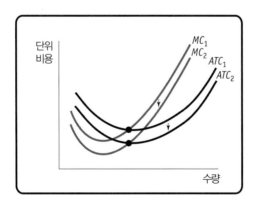

d. 노동비용의 증가는 평균총비용과 한계비용곡선을 위로 이동시킬 것이다. 생산성을 높
이는 장비를 구입한다면 평균총비용과 한계비용곡선을 아래로 이동시킴으로써 노동
비용 상승의 효과를 상쇄시킬 수 있다.

6. a. 5명의 노동자에 대한 다음의 표에서 한계생산 MPL은 하루에 1명의 노동자를 추가로 고용하는 데 따른 생산량 변화를 나타낸다. 노동 투입량이 증가할수록 MPL이 하락하는 것은 한 요소에 대한 수익체감의 법칙이 작용한 것으로 볼 수 있다.

노동 투입량 L (사람 수)	꽃장식 수량 Q	노동의 한계생산 $MPL = \Delta Q/\Delta L$ (노동자 1명당 꽃장식)	가변비용 $VC =$ 노동자 수 × 임금률	총비용 $TC =$ $FC + VC$	꽃장식의 한계비용 $MC =$ $\Delta TC/\Delta Q$
0	0		$0	$100	
		5			$10.00 (=50/5)
1	5		50	150	
		4			12.50 (=50/4)
2	9		100	200	
		3			16.67 (=50/3)
3	12		150	250	
		2			25.00 (=50/2)
4	14		200	300	
		1			50.00 (=50/1)
5	15		250	350	

b. 꽃장식의 한계비용 MC는 총비용 변화분을 생산량 변화분으로 나눈 값이다. 따라서 MC를 계산하기 위해서 우리는 먼저 위 표에 나타난 것처럼 총비용 $TC = FC + VC$를 계산해야 한다. 위 표의 마지막 열에서 수익체감 효과에 의해 생산량이 증가할수록 MC는 상승하는 것을 확인할 수 있다.

7. 다음의 표는 비용에 관한 모든 정보를 담고 있다. 한 단위의 생산물을 생산하는 데 필요한 총비용은 0단위의 생산물을 생산하는 데 필요한 총비용에 한 단위를 생산하는 데 필요한 한계비용을 더한 값이다. 평균총비용은 총비용을 생산량으로 나눈 값이다. 0단위를 생산하는 총비용이 20달러이므로, 가변비용은 $TC - \$20$이다. 평균가변비용은 가변비용을 생산량으로 나눈 값이다.

수량	TC	한 단위의 MC	한 단위의 ATC	한 단위의 AVC
0	$20.00		—	—
		$20.00		
1	40.00		$40.00	$20.00
		10.00		
2	50.00		25.00	15.00
		16.00		
3	66.00		22.00	15.33
		20.00		
4	86.00		21.50	16.50
		24.00		
5	110.00		22.00	18.00

8. a. 사실이다. 만약 추가적인 한 단위의 요소가 그 이전 요소보다 생산량을 적게 증가시킨다면(한계생산체감), 한 단위를 추가로 생산하기 위해서는 이전보다 더 많은 요소를 투입해야 한다. 즉 한계비용이 상승한다.

b. 사실이다. 고정비용이 상승하면 평균고정비용도 상승한다. 즉 분산 효과가 더 커진다. 평균총비용을 감소하게 만드는 것이 분산 효과인데 이 효과가 더 커졌으므로, 더 많은 생산량 수준까지 수익체감 효과를 압도한다. 즉 평균총비용이 감소하는 구간이 더욱 길어지고 최소비용 산출량이 커진다.

c. 틀렸다. 고정비용의 증가는 한계비용을 변화시키지 않는다. 한계비용은 추가적인 한 단위를 생산하는 데 드는 추가적인 비용이다. 고정비용은 생산량이 증가하더라도 변하지 않고, 따라서 추가적인 한 단위를 생산하는 데 드는 추가적인 비용은 고정비용과는 독립적이다.

d. 틀렸다. 한계비용이 평균총비용보다 높을 때 평균총비용은 상승한다. 만약 한 단위를 추가로 생산하는 데 드는 비용이 지금까지 생산량에 대한 평균총비용보다 높다면, 그 한 단위를 추가로 생산하는 것은 반드시 평균총비용을 높인다.

9. **a.** *AVC*, *AFC*, *ATC*, *TC*, *MC*는 아래의 표에 나타나 있다.

노동 투입량 (사람 수)	축구공 산출량	축구공의 *AVC*	축구공의 *AFC*	축구공의 *ATC*	축구공의 *TC*	축구공의 *MC*
0	0	—	—	—	$2,000.00	
						$3.33
1	300	$3.33	$6.67	$10.00	3,000.00	
						2.00
2	800	2.50	2.50	5.00	4,000.00	
						2.50
3	1,200	2.50	1.67	4.17	5,000.00	
						5.00
4	1,400	2.86	1.43	4.29	6,000.00	
						10.00
5	1,500	3.33	1.33	4.67	7,000.00	

b. 다음 그림은 *AVC*, *ATC*, *MC* 곡선을 보여 준다.

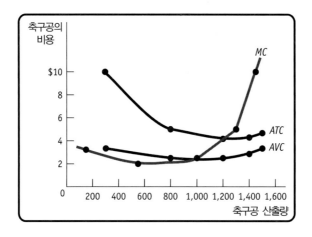

c. 위 표에 의할 때, 산드라와 트레이의 평균총비용은 한 달에 1,200개의 축구공을 만들 때 최소화된다. 이때의 *ATC*는 4.17달러가 된다.

10. a. 당신의 평균총비용은 제품 하나당 비용이므로 $40/4=$10이다.

  b. 만약 당신이 추가적인 제품을 하나 더 생산한다면, 당신은 5개의 제품을 $40+$5=$45의 총비용에 생산하는 셈이다. 따라서 당신의 평균총비용은 $45/5=$9이다. 당신의 평균총비용은 감소했는데, 이는 추가적인 제품을 생산하는 한계비용이 추가적인 제품을 생산하기 이전의 평균총비용보다 낮기 때문이다.

  c. 만약 당신이 추가적인 제품을 하나 더 생산한다면, 당신은 5개의 제품을 $40+$20=$60의 총비용에 생산하는 셈이다. 따라서 당신의 평균총비용은 $60/5=$12이다. 당신의 평균총비용은 증가했는데, 이는 추가적인 제품을 생산하는 한계비용이 추가적인 제품을 생산하기 이전의 평균총비용보다 높기 때문이다.

11. a. 평균 총비용은 총비용을 생산량으로 나누어 구할 수 있다. 따라서 테슬라의 총비용이 $1,750,000,000이고 생산량이 100,000대인 경우 $1,750,000,000/100,000 = $17,500이 된다. 공장규모 및 생산수준별 평균 총비용을 나타내면 아래 표와 같다.

공장 규모	10만 대 판매	20만 대 판매	30만 대 판매
A	$17,500	$16,250	$18,333
B	$20,000	$15,000	$16,667
C	$25,000	$20,000	$15,000

  b. 테슬라가 30만 대를 생산하기 위한 공장을 짓는다면 C 규모의 공장을 건설할 것이다. 공장규모 A는 공장규모와 고정비용 규모가 작지만 평균비용이 빨리 상승한다. 반면 공장규모 C는 공장규모와 고정비용이 크지만 비용이 천천히 상승한다. 만약 테슬라가 10만 대를 생산한다면 공장규모 A를 선택할 것이지만 30만 대를 생산한다면 규모 C를 선택할 것이다.

12. a. 답은 아래의 표와 같다.

트럭 수	TC		
	20건	40건	60건
2	$8,000	$11,000	$18,000
3	8,800	10,800	17,800
4	9,200	11,600	16,400

  b. 다니엘라는 각 생산량 수준에서 평균총비용을 최소화하는 트럭의 수를 선택해야 한다. 이것을 받아들이면, 다니엘라는 그가 일주일에 20건의 주문을 받아 생산한다면 2대의 트럭을 구입해야 한다. 이때 주문 1건당 그의 평균총비용은 400달러이다. 만약

그가 일주일에 40건의 주문을 받아 생산한다면 그는 3대의 트럭을 구입해야 한다. 이 때 주문 1건당 그의 평균총비용은 270달러이다. 만약 그가 일주일에 60건의 주문을 받아 생산한다면 그는 4대의 트럭을 구입해야 한다. 이때 주문 1건당 그의 평균총비용은 273달러이다.

13. a. 단기적으로 일주일에 20건의 주문을 3대의 트럭으로 생산할 때, 다니엘라의 평균총비용은 ($7,000＋$1,800)/20＝$440이다. 만약 그가 일주일에 60건의 주문을 3대의 트럭으로 생산한다면, 그의 평균총비용은 297달러이다.

b. 장기적으로 일주일에 20건의 주문을 생산하는 평균총비용은 400달러가 될 것인데, 이는 다니엘라가 20건의 주문을 생산하는 데 드는 총비용을 최소화하는 트럭 대수(2대)를 선택할 것이라는 점에 기인한다. 그의 단기 평균총비용은 장기적인 최솟값보다 큰데, 3대의 트럭을 사용하는 것이 20건의 주문을 최적으로 처리하기 위해 필요로 하는 트럭의 수(2대)보다 더 많기 때문이다.

c. 아래 그림은 다니엘라의 장기 평균총비용곡선($LRATC$)과 단기 평균총비용곡선(ATC)을 보여 준다.

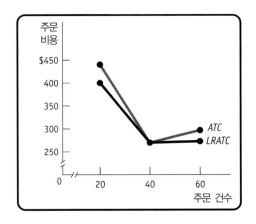

14. a. 참이다. 장기 평균총비용은 장기적으로 최적의 고정비용 수준을 선택했을 때의 평균총비용을 일컫는다. 즉 이는 고정요소를 얼마나 투입할지 조정할 수 있을 때 가능한 가장 낮은 평균총비용이다. 다른 말로 특정 생산량 수준을 달성하는 데 드는 장기 평균총비용은 그 생산량을 달성할 수 있는 평균총비용 중 가장 낮은 값이다.

b. 거짓이다. 장기 평균총비용은 가능한 평균총비용 중 가장 작은 값이다. 하지만 평균가변비용은 항상 평균총비용보다 낮다(평균가변비용은 평균총비용보다 정확히 평균고정비용만큼 낮다). 따라서 단기 평균가변비용은 장기 평균총비용보다 낮을 수 있다.

c. 거짓이다. 장기에서 보다 높은 수준의 고정비용을 선택하는 것은 장기 평균총비용곡선을 이동시키는 것이 아니라 곡선을 따라 오른쪽으로 움직이게 한다. 장기에서 만약 더 많이 생산하고 싶다면, 주어진 산출량에 대해 가장 낮은 평균총비용을 지출할 수

있도록 당신은 시설규모도 함께 증가시킬 것이다. 그리고 이러한 점을 모은 점이 장기 총비용곡선이기 때문에 시설규모 증가 후에도 당신은 여전히 장기 평균총비용곡선상에 있으면서 오른쪽으로 이동하게 될 것이다.

15. a. 1대에서 4대까지의 생산량 수준에서는 WW의 장기 평균총비용이 하락한다. 따라서 WW는 이 구간에서 규모에 대한 수익이 증가한다.

b. 6대에서 8대까지의 생산량 수준에서는 WW의 장기 평균총비용은 상승한다. 따라서 WW는 이 구간에서 규모에 대한 수익이 감소한다.

c. 4대에서 6대의 생산량 수준에서는 WW의 장기 평균총비용이 일정하게 유지된다. 따라서 WW는 이 구간에서 규모에 대한 수익이 일정하다.

완전경쟁과 공급곡선

1. **a.** 주위에 다수의 커피숍이 있을 때 커피숍은 가격수용자일 것이다. 왜냐하면 각각의 커피숍이 작은 시장점유율을 가질 것이고, 표준화된 재화를 생산하기 때문이다.

b. 펩시콜라를 생산하는 업체는 하나뿐이고, 이 회사는 자신의 재화를 소비자들의 인식 속에서 다른 회사의 제품과 차별화하기 위해 많은 노력을 기울이고 있다. 따라서 이 회사는 가격수용자가 아니다.

c. 농산물 시장에서 호박 판매자들은 가격수용자이다. 시장 내에는 이들과 같은 판매자가 다수 존재하고, 이들 중 그 누구도 호박의 시장가격에 영향을 미칠 수 없으며 호박은 표준화된 재화이다.

2. **a.** 그렇다. 아스피린은 완전경쟁산업에서 생산된다. 다수의 제조업자들은 아스피린을 생산하고, 이 재화는 표준화되어 있다. 또한 새로운 제조업자가 시장 내에 쉽게 진입할 수 있고 기존의 제조업자가 시장에서 쉽게 퇴출될 수 있다.

b. 아니다. 알리샤 키스 콘서트는 완전경쟁산업에서 생산되지 않는다. 이 산업에서는 자유로운 진입이 이루어지지 않는다. 알리샤 키스는 오직 본인 하나만 있을 뿐이다.

c. 아니다. SUV는 완전경쟁산업에서 생산되지 않는다. SUV 생산자는 소수에 불과하며, 각각은 상당한 시장점유율을 기록하고 있다. 또한 SUV는 소비자들의 인식 속에서 표준화된 상품이 아니다.

3. **a.** 아래의 표는 밥의 평균가변비용, 평균총비용, 한계비용을 보여 준다.

화분 수량	VC	화분의 MC	화분의 AVC	화분의 ATC
0	$0.00		—	—
		$5.00		
1,000	5,000.00		$5.00	$55.00
		3.00		
2,000	8,000.00		4.00	29.00
		1.00		
3,000	9,000.00		3.00	19.67
		5.00		
4,000	14,000.00		3.50	16.00
		6.00		
5,000	20,000.00		4.00	14.00
		13.00		
6,000	33,000.00		5.50	13.83
		16.00		
7,000	49,000.00		7.00	14.14
		23.00		
8,000	72,000.00		9.00	15.25
		27.00		
9,000	99,000.00		11.00	16.56
		51.00		
10,000	150,000.00		15.00	20.00

b. 가격이 25달러일 때, 8,000장의 수량에서 $P=MC$이고, $ATC=\$15.25$이다. 밥은 화분 하나당 $\$25-\$15.25=\$9.75$의 이윤을 얻고, 총이윤은 $8,000\times\$9.75=\$78,000$이다. 만약 이 산업으로의 진입이 자유롭다면, 이러한 이윤은 다른 기업들을 끌어들일 것이다. 기업들이 진입하면서 화분의 가격은 그것이 최저 평균비용과 같아지는 수준까지 낮아질 것이다. 여기서 평균비용은 월간 6,000장의 화분 판매량일 때 최저값인 13.83달러에 도달할 것이다. 따라서 화분의 장기 가격은 13.83달러이다.

4. **a.** 밥의 손익분기가격은 13.83달러인데, 왜냐하면 이는 평균총비용의 최솟값에 해당하기 때문이다. 그의 조업중단가격은 3달러이고 이는 평균가변비용의 최솟값에 해당한다. 왜냐하면 이 가격 이하에서는 그의 총수입이 그의 가변비용조차 충당하지 못하기 때문이다.

b. 만약 화분의 가격이 2달러라면, 이 가격은 밥의 조업중단가격인 3달러 이하이다. 따라서 밥은 단기에 조업을 중단할 것이다.

c. 만약 화분의 가격이 7달러라면, 밥은 5,000장의 화분을 생산해야 한다. 왜냐하면 이보다 많은 생산량 수준에서 그의 한계비용이 그의 한계수입(시장가격)을 상회하기 때문이다. 그의 총이윤은 −3만 5,000달러, 즉 3만 5,000달러의 손실이다. 그러나 단기에 그는 생산을 지속해야 하는데 왜냐하면 조업을 중단할 경우의 단기 손실이 이보다 더 크기 때문이다. 조업을 중단할 경우의 손실은 그의 고정비용과 동일한 5만 달러이다. 이윤이 음의 값을 가지므로, 장기에서 그는 시장에서 퇴출할 것이다. (화분의 가격 7달러가 손익분기가격 13.83달러보다 아래이다.)

d. 만약 화분이 20달러에 팔린다면, 밥은 7,000장의 화분을 생산해야 한다. 왜냐하면 이 생산량 수준에서 그의 한계비용이 그의 한계수입(시장가격)과 동일하기 때문이다. 화

분 하나당 이윤은 \$20(가격)−\$14.14(ATC)=\$5.86이고, 총이윤은 7,000×\$5.86=
\$41,020이다. 단기에서 그는 가변비용을 충분히 벌어들일 수 있으므로 조업을 할 것이다. 이윤이 음의 값을 가지지 않으므로, 그는 장기에도 산업 내에 존속할 것이다(가격이 손익분기가격보다 위에 있다).

5. a. 밥의 한계비용곡선은 아래 그림과 같다.

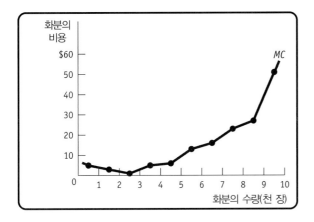

b. 가격이 3달러 이하로 떨어지면 밥은 화분 생산을 하지 않을 것인데, 왜냐하면 3달러는 그의 평균가변비용곡선에서 가장 낮은 값(조업중단점)에 해당하기 때문이다.

c. 밥의 개별공급곡선은 다음 그림과 같다. 이는 최저 평균가변비용보다 높은 수준에서의 MC 곡선과 일치한다. 3달러 아래의 가격에서 산출량은 0이며, 이는 원점에서 수직의 실선으로 나타난다.

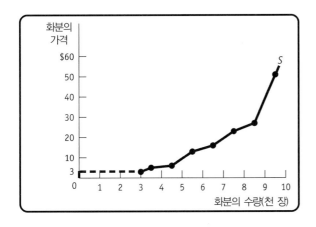

6. a. 단기에는 생산을 해야 한다. 만약 조업을 중단하면, 단기 연간 손실은 고정비용과 동일한 1만 5,000달러이다. 하지만 생산을 하면 손실은 1만 달러로 줄어든다. 물론 장기에는 손실을 입고 있기 때문에 산업에서 퇴출해야 할 것이다.

b. 단기에는 조업을 중단해야 한다. 만약 조업을 중단한다면 단기 손실은 고정비용과 동일한 6,000달러이다. 그러나 만약 생산을 계속한다면 손실은 1만 달러가 될 것이다.

물론 장기에는 손실을 입고 있기 때문에 산업에서 퇴출해야 할 것이다.

7. **a.** 초밥 전문점의 단기이윤은 상승할 것이고, 이는 다른 사람들이 초밥 전문점을 열도록 자극한다. 따라서 마을의 초밥 전문점 수는 증가할 것이다. 시간이 흐르면서 초밥 전문점의 공급이 늘어남에 따라 초밥의 균형가격은 하락하고, 이는 원조 초밥 전문점의 단기이윤을 낮춘다.

b. 스테이크 하우스의 주인들이 손실을 입어 산업에서 퇴출하므로, 장기적으로 이 도시에서 스테이크 하우스의 수는 감소할 것이다.

8. **a.** 아무것도 생산하지 않더라도 이 기업은 5달러의 총비용을 지출해야 하므로, 이 기업의 고정비용은 5달러이다. 한계비용(MC), 평균가변비용(AVC), 평균총비용(ATC)은 아래의 표에 나타낸 것과 같다.

수량	TC	MC	AVC	ATC
0	$5.00		—	—
		$5.00		
1	10.00		$5.00	$10.00
		3.00		
2	13.00		4.00	6.50
		5.00		
3	18.00		4.33	6.00
		7.00		
4	25.00		5.00	6.25
		9.00		
5	34.00		5.80	6.80
		11.00		
6	45.00		6.67	7.50

b. 이 기업의 최소 평균가변비용은 2의 생산량 수준에서 4달러이다. 따라서 이 기업은 가격이 4달러 이상일 때만 생산을 할 것이고, 이 기업의 공급곡선은 한계비용곡선에서 조업중단가격 이하의 부분을 제외한 것이 된다. 이는 같은 산업 내에 존재하는 다른 모든 기업에도 동일한 사실이다. 따라서 가격이 4달러라면, 100개 기업에 의해 공급되는 양은 200이고, 6달러의 가격에서의 공급량은 300이다. 이와 같은 식으로 공급이 결정되며 이를 나타내면 다음 그림과 같다.

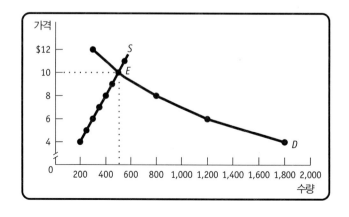

c. 10달러에서 수요량과 공급량이 일치한다. 이것이 단기의 시장가격이다. 따라서 이 시장에서 구입되고 판매되는 재화는 500단위이며 모든 기업은 5단위의 재화를 생산함으로써 자신들의 이윤을 극대화할 것이다. 5단위의 생산량에서 각 기업의 매출은 $10×5=$50이고, 총비용은 34달러이므로 이윤은 16달러이다.

9. a. '한계편익'은 백신접종으로 구하게 되는 추가적인 생존자 수이다. '한계비용'은 백신접종에 의한 추가적인 사망자 수이다. 각 값은 다음의 표에 주어져 있다.

백신접종 인구비율	질병에 의한 총 사망자 수	백신접종으로 인한 총 사망자 수	백신접종의		
			한계편익	한계비용	'이윤'
0	55	0			0
			10	0	
10	45	0			10−0=10
			9	1	
20	36	1			19−1=18
			8	2	
30	28	3			27−3=24
			7	3	
40	21	6			34−6=28
			6	4	
50	15	10			40−10=30
			5	5	
60	10	15			45−15=30
			4	5	
70	6	20			49−20=29
			3	5	
80	3	25			52−25=27
			2	5	
90	1	30			54−30=24
			1	5	
100	0	35			55−35=20

b. 사람들은 백신접종의 한계비용이 한계편익과 같아질 때까지 백신을 접종해야 한다. 이러한 상황은 $MB=MC=5$일 때 일어나며, 이 점은 전체 인구의 50% 혹은 60%가 백신을 맞을 때이다(두 비율 모두 가장 많은 생명을 구한다).

c. '이윤'은 구한 생명의 총수에서 잃은 생명의 총수를 뺀 값이다. 백신의 접종 수준에 따른 이윤은 위의 표에 나타나 있다. 최대의 생명이 구해진 것은 백신접종 인구비율 50% 혹은 60%에서의 30명이다.

10. a. 거짓이다. 완전경쟁산업에서 이윤극대화 기업의 경우 이윤은 한계비용이 시장가격과 일치되는 점까지 생산할 때 극대화된다.

b. 거짓이다. 고정비용의 변화는 한계비용에 영향을 미치지 않고, 따라서 최대의 이윤을 가져다주는 생산량의 결정에 영향을 미치지 않는다. 하지만 고정비용의 변화는 이윤의 크기를 변화시키고 따라서 기업의 손익분기점을 변화시킨다. 고정비용이 높을수록 기업의 손익분기점은 더 높아지고 이윤은 더 낮아진다.

11. a. 에이커당 평균생산이 밀 44부셸이고 동시에 1에이커당 평균가변비용이 115달러이므로, 밀 1부셸의 평균가변비용은 $\frac{\$115}{44부셸} = \$2.61$이다.

   b. 부셸당 밀 가격 4.89달러는 부셸당 평균가변비용 2.61달러보다 크기 때문에 단기에 평균적인 농장이 산업에서 이탈하지 않을 것으로 예측된다.

   c. 이 기간 동안 밀 생산량이 감소했기 때문에 2013년부터 2016년까지의 가격은 밀 한 부셸을 수확하는 데 드는 평균 총 비용인 부셸당 7.71달러 이하로 하락할 것으로 예상된다. 그러면 평균적인 농장은 밀 생산량을 줄일 것이고, 부셸당 받는 가격이 평균 총비용보다 낮기 때문에 장기적으로 농장은 밀 산업에서 퇴출될 것이다. 이런 이유로 2013년 이후 밀 수확면적이 감소하였다.

   d. 밀 생산 비용이 상대적으로 일정하게 유지되고 현재 가격이 평균비용보다 낮다고 가정하면, 더 많은 농부들이 밀 시장을 떠나거나 밀 재배 면적을 줄일 것으로 예상할 수 있다. 따라서 밀생산량은 줄어들고 가격은 상승할 것이다.

12. a. 셔츠 세탁의 평균가격은 골레타에서 2.25달러이고 산타바바라에서 2.00달러다.

   b. 한계비용곡선(MC)은 ATC 곡선의 최저점을 통과한다. 캘리포니아 세탁소가 이윤을 내고 있기 때문에 가격은 손익분기점 가격(평균총비용의 최저)보다 더 높아야 한다. 이와 같은 조건에서, 캘리포니아 세탁소는 아래 그림에서 한계비용과 시장가격이 일치하는 수량인 Q_1을 생산함으로써 이윤을 극대화한다.

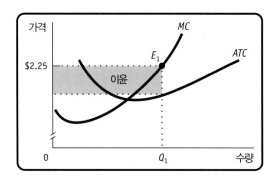

   c. 아래 그림은 단기 시장공급곡선과 시장수요곡선을 보여 준다.

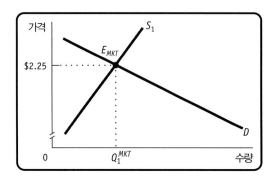

d. 새로운 기업의 진입은 모든 가격 수준에서의 공급량을 증가시키고 공급곡선을 우측 이동시킨다. 이는 아래 그림에서 S_1에서 S_2로의 이동으로 나타나 있다. 새로운 균형은 더 낮은 균형가격인 2.20달러와 더 높은 균형수량에서 나타난다.

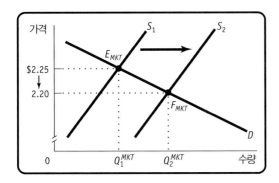

e. 캘리포니아 세탁소는 셔츠 한 벌당 2.20달러에서 수지균형을 이루고 있으므로 평균총 비용곡선의 최저점에서 운영하고 있음에 틀림없다. 이는 아래 그림과 같이 나타내 진다.

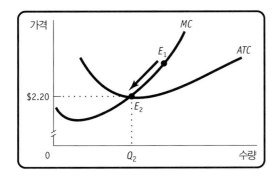

f. 장기에 완전경쟁산업에서는 기업들이 수지균형을 이루므로 골레타에서의 비용이 산 타바바라에서의 비용보다 더 높을 것이다.

13. a. 단기적으로 크리스마스트리의 공급은 상당히 고정되어 있으며 공급은 비탄력적이다. 따라서 수요가 증가하고 가격이 상승하면 농부들은 더 많은 수익을 얻을 수 있지만, 단기적으로는 전체 농장 수와 각 농장에서 수확하는 나무의 양이 일정할 것이다. 그 러나 장기적으로 농장의 수익 증가가 지속되면 기존 농장이 확장되고 새로운 농장이 진입할 것이다. 따라서 장기적으로 크리스마스트리의 산업 공급은 더욱 탄력적으로 변할 것이다. 이에 따라 더 많은 크리스마스트리가 수확되면 경제적 이윤이 0이 될 때까지 가격이 하락할 것이다. 업계는 더 많은 농장이 시장에 진입하면서 산업은 크 게 성장할 것이다.

b. 소비자들이 크리스마스트리를 실제 나무에서 인조 트리로 대체하면 실제 나무에 대 한 수요가 감소할 것이며 이 경우 당장은 가격이 하락한다. 이에 대해 농장은 수확

량을 줄이고 경우에 따라서는 문을 닫을 것인데 이러한 과정에서 가격이 상승한다. 새로운 균형이 이루어지면 가격은 높아지고 크리스마스트리 산업은 줄어든다. [역자 주 : 이러한 현상은 예외적으로 산업의 장기공급곡선이 우하향한다고 전제할 때 발생할 수 있다.]

독점

1. a. 머크는 제티아에 대한 특허를 갖고 있다. 이것은 정부가 만들어 준 진입장벽의 예로서 머크는 시장지배력을 갖게 된다.

   b. 수돗물 공급에는 규모에 대한 수익체증이 존재한다. 각 가정으로 물을 보내는 상수도 체계를 설치하는 것에는 큰 고정비용이 든다. 즉 더 많은 물이 송출될수록 평균총비용은 더 낮아진다. 이것은 워터웍스사가 다른 회사들에 대한 비용상 이점을 갖게 만든다. 이와 같은 비용상 이점은 워터웍스사가 시장지배력을 갖는 원천이 된다.

   c. 치키타는 대부분의 바나나 농장을 소유하고 있다. 치키타는 희소한 자원에 대한 지배력을 갖고 있기 때문에 시장지배력을 갖게 된다.

   d. 월트 디즈니는 미키 마우스 애니메이션에 대한 저작권을 갖고 있다. 이것은 정부에 의해 창조된 진입장벽의 또 다른 예로서 월트 디즈니가 시장지배력을 갖게 한다.

2. a. 다음 표에 총수입(TR)과 한계수입(MR)을 계산해 놓았다. 한계수입은 생산량을 하나 증가시킬 때 추가적으로 들어오는 수입이다. 즉 $MR = \Delta TR / \Delta Q$.

내려받기 가격	내려받기 수요량	TR	MR
$10	0	$0	
			$8
8	1	8	
			5
6	3	18	
			2
4	6	24	
			−1
2	10	20	
			−4
0	15	0	

   b. 밥은 0달러의 가격을 선택할 것이다. 이 가격에서는 총 15회의 내려받기가 이루어지는데 이것이 그들이 팔 수 있는 최대량이다.

   c. 빌은 4달러의 가격을 선택할 것이다. 이 가격에서는 총 6회의 내려받기가 이루어지며 이때의 극대화된 총수입은 24달러가 된다.

   d. 벤은 6달러의 가격을 선택할 것이다. 이 가격에서는 3회의 내려받기가 이루어지며 더 많은 내려받기가 이루어지게 하려 한다면 한계수입이 한계비용보다 낮아져서 그들의 이윤이 감소하게 된다.

e. 브래드는 4달러의 가격을 선택할 것이다. 이 가격에서는 6회의 내려받기가 이루어지며 가격과 한계비용이 동일해지기 때문에 자원배분은 효율적이다.

3. a. 아래의 표는 가격 변화에 따른 총수입(TR)과 한계수입(MR)을 나타내고 있다.

관람 요금	관람에 대한 수요량	TR	MR
$1.20	0	$0	
			$1.00
1.00	100	100	
			0.70
0.90	150	135	
			0.50
0.80	200	160	
			0.30
0.70	250	175	
			0.10
0.60	300	180	
			−0.10
0.50	350	175	
			−0.30
0.40	400	160	
			−0.50
0.30	450	135	
			−0.70
0.20	500	100	
			−0.90
0.10	550	55	

b. 마테오의 이윤은 관람 서비스를 250회 팔 때 극대화된다. 왜냐하면 250회까지는 그의 한계수입이 그의 한계비용인 0.2달러를 초과하지만 그 이후에는 한계수입이 한계비용보다 작아지기 때문이다. 그는 관람 1회당 0.7달러로 가격을 정할 것이고 그의 총이윤은 (250×$0.7)−(250×$0.2)−$50=$75가 된다.

c. 마테오가 집주인에게 관람 1회당 0.2달러를 지불할 때, 그의 한계비용은 관람 1회당 0.4달러로 증가하게 된다. 그래서 그의 이윤극대화 수량은 200회로 줄어들고, 이윤극대화 가격은 0.8달러가 된다. 그의 총이윤은 (200×$0.8)−(200×$0.4)−$50=$30가 될 것이다.

4. a. 아래의 표는 가격 변화에 따른 총수입(TR)과 한계수입(MR)을 나타내고 있다.

다이아몬드 가격	다이아몬드 수요량	TR	MR
$500	0	$0	
			$400
400	1	400	
			200
300	2	600	
			0
200	3	600	
			−200
100	4	400	
			−400
0	5	0	

아래의 그림은 드비어스의 수요곡선과 한계수입곡선을 보여 주고 있다.

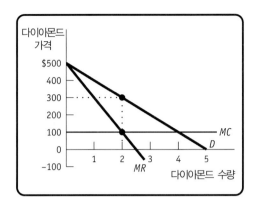

b. 드비어스는 다이아몬드의 유일한 생산자이다. 따라서 드비어스가 직면하는 수요곡선은 시장수요곡선과 동일하며 시장수요곡선은 우하향하기 때문에(가격이 낮아지면 더 많은 소비자들이 다이아몬드를 살 것이기 때문에) 드비어스가 직면하는 수요곡선도 우하향하는 모습을 가진다.

c. 만약 드비어스가 다이아몬드를 하나 더 팔 수 있을 정도만큼 가격을 낮춘다면 추가로 팔린 1개의 다이아몬드의 가격과 동일한 수입을 추가적으로 벌게 되는데 이를 수량효과라고 한다. 반면 가격이 낮아지게 되면 드비어스는 기존에 판매하던 모든 다이아몬드들도 낮은 가격에 팔아야만 하고 이로 인해 수입이 줄어드는데 이를 가격효과라고 한다. 이러한 가격효과의 존재로 인해 다이아몬드의 한계수입은 추가적으로 팔린 다이아몬드의 가격보다 낮다.

d. 가격이 200달러일 경우 라켈과 재키, 제이크 3명이 다이아몬드를 살 것이다. 만약 드비어스가 가격을 100달러로 낮춘다면 엘라이자도 다이아몬드를 구입하여 수요량은 4개가 된다. 가격효과는 드비어스가 라켈, 재키, 제이크로부터 각각 100달러씩 손실(가격을 낮춘 것에 대한 결과)을 보게 되는 것의 합이므로, 가격효과로 인해 드비어스는 총 3×$100=$300만큼 수입이 감소한다. 수량효과는 드비어스가 하나의 다이아몬드를 100달러에 추가로 판매하는 것이므로, 수량효과를 통해 드비어스는 100달러만큼의 수입이 증가하게 된다.

e. 한계비용곡선은 그림에서처럼 100달러로 일정하다. 한계수입곡선이 한계비용과 일치하는 수량은 2개의 다이아몬드이고, 드비어스는 2개의 다이아몬드를 300달러의 가격에 판매할 것이다.

5. a. 독점가격은 300달러이다. 이 가격에서 라켈과 재키가 다이아몬드를 구입한다. 라켈의 소비자잉여는 $400−$300=$100이고, 재키의 소비자잉여는 $300−$300=$0이다. 따라서 총소비자잉여는 100달러이다. 생산자잉여는 각각의 다이아몬드에 대해 $300−$100=$200이고, 2개를 팔았으므로 400달러이다.

    b. 완전경쟁시장에서 가격은 한계비용과 일치한다($P = MC$). 따라서 완전경쟁시장에서의 가격은 100달러이다. 그 가격에서 라켈, 재키, 제이크, 엘라이자 4명이 다이아몬드를 구입한다. 따라서 수요량은 총 4개가 된다.

    c. 경쟁시장의 가격과 수량에서 라켈의 소비자잉여는 $400-$100=$300, 재키의 소비자 잉여는 $300-$100=$200, 제이크의 소비자잉여는 $200-$100=$100, 엘라이자의 소비자잉여는 $100-$100=$0이다. 따라서 총소비자잉여는 $300+$200+$100+$0= $600가 된다. 한계비용과 가격이 동일하기 때문에 생산자잉여는 없다.

    d. 완전경쟁하에서 생산자잉여와 소비자잉여의 합은 $600+$0=$600이다. 독점하에서 잉여의 합은 $100+$400=$500이다. 그래서 독점으로 인해 사회적 잉여가 감소한 크기를 의미하는 자중손실은 $600-$500=$100이다.

6. a. 드비어스가 완전가격차별을 할 수 있다면, 그들은 각각의 소비자들에게 그들의 지불용의만큼을 가격으로 부과할 것이다. 즉 라켈에게 400달러, 재키에게 300달러, 제이크에게 200달러, 엘라이자에게 100달러를 각각 설정하게 될 것이다. 조던은 단지 0달러의 가격만을 지불하려 하고 그 가격은 드비어스의 한계비용보다 낮기 때문에 드비어스는 조던에게 팔기를 원치 않을 것이다.

    b. 개별 소비자들은 각각의 지불용의와 정확히 일치하는 가격을 지불하였기 때문에 소비자잉여는 존재하지 않는다. 드비어스가 각 소비자로부터 얻게 되는 생산자잉여는 라켈로부터 $400-$100=$300, 재키로부터 $300-$100=$200, 제이크으로부터 $200- $100=$100, 엘라이자로부터 $100-$100=$0가 되어 총생산자잉여는 $300+$200+ $100+$0=$600가 된다.

7. a. 아래의 표는 총수입(TR)과 앨범당 한계수입(MR)을 나타내고 있다.

앨범 가격	앨범 수요량	TR	MR
$22	0	$0	
			$20
20	1,000	20,000	
			16
18	2,000	36,000	
			12
16	3,000	48,000	
			8
14	4,000	56,000	
			4
12	5,000	60,000	
			0
10	6,000	60,000	
			−4
8	7,000	56,000	

    b. 각 앨범의 한계비용이 6달러라면, 다운로드 레코드는 4,000장의 앨범을 생산함으로써 이윤을 극대화할 것이다. 왜냐하면 앨범이 4,000장에 이를 때까지는 한계수입이 한계

비용보다 더 크지만 그 이상의 앨범을 판매하면 한계비용이 한계수입을 초과하기 때문이다. 따라서 다운로드 레코드사는 4,000장의 앨범을 생산하고, 각 앨범에 대해 14달러로 가격을 정할 것이다.

c. 만약 각 앨범의 한계비용이 14달러라면 다운로드 레코드사는 2,000장의 앨범을 생산하여 이윤을 극대화하고 앨범당 가격은 18달러로 결정할 것이다.

8. a. 극장이 영화표 1장당 5달러로 가격을 정하면 학생과 교수 둘 다 영화표를 구입할 것이다. 극장은 각각 5달러의 가격으로 학생과 교수를 모두 합한 1,000명의 소비자에게 판매를 할 것이다. 극장의 영화표 1장당 비용이 3달러라면 영화표 1장당 극장의 이윤은 2달러이고 총이윤은 1,000×\$2=\$2,000가 된다. 학생들은 소비자잉여가 없으며 100명의 교수는 개개인이 \$10−\$5=\$5의 소비자잉여를 얻게 되므로 총소비자잉여는 100×\$5=\$500이다.

b. 극장이 영화표 1장당 10달러로 가격을 정하면 오직 교수들만이 영화표를 구입할 것이다. 극장은 각각 10달러의 가격으로 100명의 소비자(교수들)에게 판매를 할 것이다. 극장의 영화표 1장당 비용이 3달러이기 때문에 영화표 1장당 극장의 이윤은 7달러이고, 총이윤은 100×\$7=\$700가 된다. 학생들은 영화표를 구입하지 않았기 때문에 소비자잉여가 없으며, 100명의 교수도 가격과 지불용의가 일치하기 때문에 소비자잉여가 없다. 따라서 소비자잉여는 0달러이다.

c. 극장이 학생에게 5달러를 부과하면, 극장은 900장의 영화표에 대해 장당 \$5−\$3=\$2의 이윤을 얻을 수 있으므로 학생들에게 판매한 영화표의 총이윤은 900×\$2=\$1,800가 된다. 극장이 교수들에게 10달러를 부과하면 극장은 100장의 영화표에 대해 장당 \$10−\$3=\$7의 이윤을 얻을 수 있으므로 교수들에게 판매한 이윤은 총 100×\$7=\$700가 된다. 그러므로 극장의 총이윤은 \$1,800+\$700=\$2,500가 된다. 반면 두 유형의 소비자들은 모두 자신의 지불용의만큼을 지불하기 때문에 소비자잉여는 영이 된다.

9. a. 만약 스테이플스와 오피스디포가 독점을 형성한다면, 그들은 생산량을 줄이고 가격을 올릴 수 있을 것이다. 이는 자중손실이란 형태의 비효율을 야기할 것이다. FTC는 가격 인상을 초래하는 합병에 이의를 제기하는 역할을 맡고 있으므로, FTC가 이 합병을 허락하지 않을 것이라고 예상할 수 있다. 그리고 실제로 FTC는 1997년에 법원 판결에서 합병을 막을 수 있었다.

b. 만약 고려되는 시장이 모든 사무용품 시장이라면 스테이플스와 오피스디포 사이의 합병은 독점을 형성하지 않을 것이고 그 회사들은 독점의 경우와 같은 정도로 가격을 올릴 수 없을 것이다. 만약 모든 사무용품 시장이 관련된 시장이라면, FTC는 합병을 허용할 가능성이 높다. 이것은 '시장에 대한 정의(market definition)'의 중요성을 보여 준다. 이 경우에는 고려되는 시장의 범위를 대형 사무용품 시장으로 하는지 모든

사무용품 공급자로 하는지에 따라 결론이 달라진다.

10. a. 배전 시장은 아래 〈그림 (a)〉에 나타나 있다. 전기망 건설에 큰 고정비용이 들고 전기망을 통해 전기를 보내는 한계비용은 낮기 때문에 배전산업에는 규모에 대한 수익체증이 발생한다. 따라서 이 산업은 자연독점의 특성을 갖는다. 만약 정부가 평균총비용과 같은 P_R^*을 가격으로 설정한다면, 자연독점 기업은 Q_R^*를 생산할 것이다. 이 경우 독점기업은 영의 경제적 이윤을 얻게 될 것이다.

b. 개별 발전사업자의 비용곡선은 〈그림 (b)〉에 나타나 있다. 시장이 장기에는 완전경쟁적이기 때문에 가격 P_C는 평균총비용의 최저점과 일치할 것이고 개별 사업자는 Q_C만큼의 전기를 생산할 것이다. 이때 한계비용은 시장가격과 일치한다.

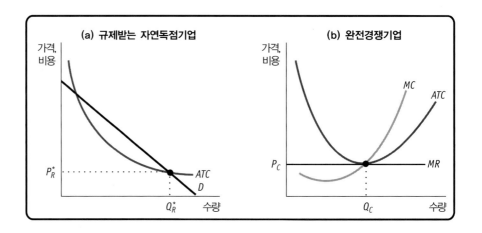

11. a. 이것은 독점력의 증거가 된다. 생산비용보다 소비자가격을 더 큰 폭으로 인상시킴으로써 소비자잉여를 빼앗아 온 셈이다.

b. 이것은 독점력의 증거가 된다. 케이블 TV에 광고하려는 기업은 방송시간에 대한 소비자인 셈이다. 따라서 이들에게 높은 가격을 부과함으로써 소비자잉여를 빼앗아 온 셈이다.

c. 이것은 수요독점력의 증거가 된다. 방송용 쇼를 제작하는 기업들은 사실상 유일한 구매고객만을 갖게 되는 셈이다. 케이블 TV 회사는 더 낮은 가격을 정함으로써 생산자잉여를 빼앗아 오는 셈이다.

d. 이것은 독점력 또는 수요독점력과 무관하다. 소비자들이 같은 가격에 더 많은 쇼를 볼 수 있다면 소비자잉여가 증가하는 셈이다.

12. a. 월마트는 수요독점자로 행동할 것이다. 다수 공급자를 상대하는 유일한 구입자로서 월마트는 공급자에게 가격을 인하하도록 압박할 수 있다.

b. 월마트의 이러한 행동은 가격을 인하함으로써 소비자잉여를 증가시킬 수 있다. 그러나 공급자들의 잉여는 감소시킬 것이다.

c. 장기적으로 품질하락이 우려된다. 왜냐하면 월마트에 대한 공급자들이 품질을 유지할
　정도로 충분한 정도의 잉여를 얻지 못할 수도 있기 때문이다.

chapter:

14

과점

1. a. HHI는 $30^2+29.9^2+18.9^2+7.5^2+6.5^2+7.2^2=900+894+357.2+56.3+42.3+51.9=$ 2,301.7이다.(반올림에 따라 답이 달라질 수 있다.)

b. HHI가 2,500 미만이기 때문에 이 산업은 어느 정도 경쟁적이다.

2. a. BASF가 10톤만큼 생산을 증가시킨다면, 생산은 50톤이 되고 가격은 1달러만큼 하락하여 톤당 3달러가 될 것이다. 따라서 가격효과는 $40\times(-\$1)=-\$40$ 가 된다. 반면 BASF가 3달러의 가격에 추가로 10단위를 판매하였기 때문에 수량효과는 $10\times\$3=\$30$ 가 된다. 결국 BASF는 10톤만큼을 추가로 생산함에 따라 30달러를 얻는 대신 40달러를 잃게 되어 합계 10달러를 잃게 된다(즉 한계수입이 −10달러). 이때 한계비용이 영이기 때문에 총비용에는 아무 변화가 없다. 그러나 BASF의 총수입이 감소하였기 때문에 BASF는 10톤의 생산을 늘릴 유인이 없다.

b. 이 경우 BASF가 10톤만큼 생산을 증가시킨다면, 생산은 50톤이 되고 가격은 1달러만큼 하락하여 3달러가 될 것이다. 생산을 늘리기 전에 BASF는 20단위를 생산하고 있었기 때문에 가격효과는 $20\times(-\$1)=-\$20$ 가 된다. 반면 BASF가 3달러의 가격에 추가로 10단위를 판매하였기 때문에 수량효과는 $10\times\$3=\$30$ 가 된다. 결국 BASF는 10톤만큼을 추가로 생산함에 따라 30달러를 얻는 대신 20달러를 잃게 되어 합계 10달러를 얻게 된다. 이때 한계비용이 영이기 때문에 총비용에는 아무 변화가 없다. 그러나 BASF의 총수입이 증가하기 때문에 BASF는 10톤의 생산을 늘릴 유인이 있다.

3. a. 다음 표는 카르텔의 총수입과 한계수입을 보여 주고 있다. 카르텔은 독점기업처럼 행동할 것이므로 한계수입과 한계비용을 일치시켜서 이윤을 극대화시키려고 할 것이다. 생산량이 2,000갤런에 이를 때까지는 한계수입이 한계비용보다 크다. 그러나 2,000갤런을 넘어서면 한계수입이 한계비용보다 작다. 따라서 카르텔은 2,000갤런을 생산할 것이며 이를 80달러에 판매하려 할 것이다. 두 가문이 시장수요를 똑같이 나누어 가지기로 했기 때문에 각 가문의 총수입은 $1,000\times\$80=\$80,000$ 가 된다. 그리고 한계비용이 40달러로 일정하고 고정비용은 없기 때문에 총비용은 $1,000\times\$40=\$40,000$ 가 된다. 따라서 각 가문은 $\$80,000-\$40,000=\$40,000$ 의 이윤을 얻게 된다.

올리브기름 가격 (갤런당)	올리브기름 수요량 (갤런)	총수입	한계수입
$100	1,000	$100,000	
			$70
90	1,500	135,000	
			50
80	2,000	160,000	
			30
70	2,500	175,000	
			10
60	3,000	180,000	
			−10
50	3,500	175,000	
			−30
40	4,000	160,000	
			−50
30	4,500	135,000	
			−70
20	5,000	100,000	
			−90
10	5,500	55,000	

b. 이제 콘트랄토 가문은 여전히 1,000갤런을 생산하는데 소프라노 가문이 1,500갤런으로 생산을 늘렸다고 하자. 이때 총생산은 2,500갤런이 되고 가격은 70달러로 떨어진다. 소프라노 가문은 1,500×$70=$105,000의 총수입을 얻고, 1,500×$40=$60,000의 총비용이 들어 이윤은 4만 5,000달러가 된다. 반면 콘트랄토 가문은 1,000×$70=$70,000의 총수입을 얻고, 1,000×$40=$40,000의 총비용이 들어 이윤은 3만 달러가 된다.

c. 만약 두 가문 모두 생산을 1,500갤런으로 증가시킨다면 총생산량은 3,000갤런이 되고 가격은 60달러로 떨어지게 된다. 이때 각 가문은 1,500×$60=$90,000의 총수입을 얻고, 1,500×$40=$60,000의 총비용이 들어 각각의 이윤은 3만 달러가 된다.

4. a. 다음 표는 카르텔의 총수입과 한계수입을 도출하는 과정을 보여 주고 있다. 카르텔은 자신의 한계수입이 한계비용(이 문제에서는 2유로로 일정)보다 클 때 생산을 증가시켜 이윤을 극대화시키고자 한다. 따라서 카르텔은 400만 리터의 물을 생산하여 리터당 6유로에 판매하려 할 것이다. 만약 기업들이 생산량을 똑같게 정한다면 각 기업은 200만 리터씩 생산할 것이며 총수입은 200만×€6=€1,200만이다. 고정비용이 100만 유로이고 한계비용이 리터당 2유로이므로 이윤은 €1,200만−€100만−(200만×€2)=€700만이다.

생수 가격 (리터당)	생수 수요량 (백만 리터)	총수입 (백만)	한계수입 (백만)
€10	0	€0	
			€9
9	1	9	
			7
8	2	16	
			5
7	3	21	
			3
6	4	24	
			1
5	5	25	
			−1
4	6	24	
			−3
3	7	21	
			−5
2	8	16	
			−7
1	9	9	

b. 만약 페리에가 생산량을 100만 리터 추가로 늘린다면 총생산은 500만 리터가 되고 가격은 5유로가 된다. 페리에는 이제 300만 리터를 생산하기 때문에 페리에의 이윤은 (300만×€5)−€100만−(300만×€2)=€800만이다. 에비앙의 이윤은 (200만×€5)−€100만−(200만×€2)=€500만이 된다.

c. 만약 페리에가 생산량을 300만 리터 추가로 늘린다면 총생산은 700만 리터가 되고 가격은 3유로가 된다. 페리에는 이제 500만 리터를 생산하기 때문에 페리에의 이윤은 (500만×€3)−€100만−(500만×€2)=€400만이다. 이는 문제 b번에서의 이윤보다 작은 값이다. 이는 비록 페리에가 생산을 약간 증가시킬 유인이 있기는 하지만 그리 큰 폭으로 생산을 증가시킬 유인이 있는 것은 아니라는 것을 의미한다.

d. 위 예에서 어떤 기업이든 상대 기업의 이윤 감소를 대가로 자신의 이윤을 증가시킬 수 있다. 따라서 기업들은 합의를 배반할 가능성이 매우 크다.

5. a. 만약 EU가 1척의 배를 내보낸다면 미국은 2척의 배를 내보내는 것이 유리하다(2척의 경우 1만 2,000달러, 1척의 경우 1만 달러의 이윤을 얻는다). 만약 EU가 2척의 배를 내보내더라도 미국은 2척의 배를 내보내는 것이 유리하다(2척의 경우 7,500달러, 1척의 경우 4,000달러를 얻는다). 따라서 미국은 EU가 어떤 전략을 쓰는지와 무관하게 2척을 내보내는 것이 유리하며, 같은 식으로 EU도 미국이 어떤 전략을 쓰는지와 무관하게 2척을 내보내는 것이 최적선택이 된다(즉 2척을 내보내는 것이 우월전략이다). 따라서 양측 모두 2척의 배를 내보낼 것이며 결과적으로 7,500달러의 이윤을 얻게 된다. 이는 양측이 모두 1척의 배를 내보냈을 때의 이윤인 1만 달러보다 작은 값이다.

b. 만약 양측이 모두 '갚아 주기' 전략을 사용한다면 우선 양측은 1척의 배를 내보내는 것으로 시작할 것이다. 그리고 다음부터는 상대가 지난주에 한 전략을 그대로 따라 하게 된다. 따라서 이 경우 계속 1척의 배를 내보내게 되며 미국과 EU는 주당 1만

달러의 이윤을 얻게 된다.

6. a. 이 게임은 수감자의 딜레마 상황과 유사하다. 에어알어스가 어떤 전략을 취하든 언타이드 입장에서는 낮은 가격을 부과하는 것이 최적선택이다. 같은 식으로 언타이드가 어떤 전략을 취하든 에어알어스 입장에서는 낮은 가격을 부과하는 것이 최적전략이다. 따라서 내쉬균형은 두 항공사가 모두 낮은 가격을 선택하여 20달러씩의 이윤을 얻는 것이다.

b. 언타이드의 보상은 다음과 같다.

　i. 두 항공사가 모두 낮은 가격을 선택한다면 언타이드는 두 주에 걸쳐 20달러씩의 이윤을 얻게 되어 합계 40달러의 이윤을 얻게 된다.

　ii. 첫 번째 주에 언타이드는 낮은 가격을, 에어알어스는 높은 가격을 선택하여 언타이드는 50달러의 이윤을 얻는다. 두 번째 주에 둘 다 낮은 가격을 선택하여 20달러의 이윤을 얻는다. 따라서 언타이드의 이윤의 합은 70달러가 된다.

　iii. 첫 번째 주에 언타이드는 높은 가격을, 에어알어스는 낮은 가격을 선택하여 언타이드는 0달러의 이윤을 얻는다. 두 번째 주에 둘 다 낮은 가격을 선택하여 20달러의 이윤을 얻는다. 따라서 언타이드의 이윤의 합은 20달러가 된다.

　iv. 두 항공사는 두 주에 걸쳐 모두 높은 가격을 선택하게 되고 언타이드는 두 주에 걸쳐 40달러씩의 이윤을 얻게 된다. 따라서 언타이드의 이윤의 합은 80달러가 된다.

7. a. i. 펩시콜라는 0.2달러의 가격에 400만 캔을 판매하게 되기 때문에 총수입은 $0.20 \times$ 400만$=\$800,000$가 된다. 그리고 고정비용만 10만 달러만큼 발생하기 때문에 이윤은 $\$800,000-\$100,000=\$700,000$가 된다.

　ii. 소비자들이 펩시콜라와 코카콜라를 동일한 상품으로 인식하고 있기 때문에 만약 펩시콜라가 가격을 올린다면 펩시콜라는 고객을 모두 잃을 것이다. 따라서 펩시콜라의 총수입은 영이며 고정비용인 10만 달러만큼의 손실을 보게 된다.

b. 이제 펩시콜라가 가격을 0.3달러까지 올리더라도 모든 고객을 다 잃지는 않는다. 펩시콜라는 이 가격에 300만 캔을 판매하게 될 것이며 총수입은 0.30×300만$=$$900,000$가 된다. 고정비용이 10만 달러이므로 이 경우 펩시콜라의 이윤은 80만 달러가 된다.

c. 펩시콜라는 광고를 통해 자신의 이윤을 10만 달러만큼 상승시킬 수 있었다. 따라서 펩시콜라는 광고에 대해 최대한 10만 달러까지 지불할 용의가 있을 것이다.

8. **a.** 아래 그림은 두 기업 간의 보상행렬을 나타내고 있다.

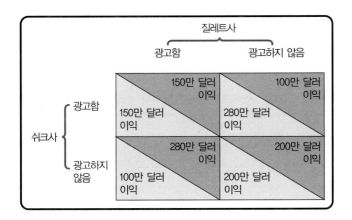

b. 구속력 있는 협약을 체결할 수 있다면 두 기업은 모두 광고를 하지 않아야 한다. 이 경우에 이윤의 합계를 극대화할 수 있으며 각 기업은 200만 달러씩의 이윤을 얻게 된다.

c. 각 기업은 상대의 행동에 따른 최적행동을 고려해야 한다. 만약 질레트사가 광고를 한다면 쉬크사는 광고를 하는 경우의 이윤인 150만 달러가 광고를 하지 않는 경우의 이윤인 100만 달러보다 크기 때문에 광고를 해야 한다. 만약 질레트사가 광고를 하지 않는다면 쉬크사는 광고를 하는 경우의 이윤인 280만 달러가 광고를 하지 않는 경우의 이윤인 200만 달러보다 크기 때문에 광고를 해야 한다. 즉 질레트사가 어떤 선택을 하든지 쉬크사는 광고를 하는 것이 최적선택이 된다. 동일한 논리로 질레트사도 광고를 하는 것이 항상 최적선택이 된다. 결과적으로 두 기업은 모두 광고를 하고 각 기업은 150만 달러의 이윤을 얻게 되는데 이는 문제 b번에서 각 기업이 얻는 이윤보다 작다. 이 상황은 수감자의 딜레마와 같은 상황이다.

9. **a.** OPEC 비회원국들에 의해 유전이 발견됨에 따라 원유 시장에서의 경쟁은 보다 심화된다. 이는 원유 가격을 하락시키고 카르텔을 유지하기 어렵게 만들 것이다.

b. OPEC 국가들이 수출하는 상품은 차별화되고 복합적인 상품들이다. 이 때문에 각국이 수출하는 원유에 대해 부과할 가격을 결정하기 어려워지며, 카르텔을 실효성 있게 유지하기 힘들어진다. 실제로 OPEC 국가 내 갈등의 상당 부분은 고급과 저급의 원유에 대해 어떤 가격을 설정할 것인지의 문제에서 비롯한다.

c. 수소연료차량의 개발은 카르텔을 유지하기 더욱 어렵게 한다. 카르텔은 본질적으로 독점기업과 동일하게 행동한다. 그리고 새로운 기업이 진입하거나 대체재가 발명되는 경우 카르텔(또는 독점기업)의 시장지배력은 감소하게 된다.

10. **a.** 이 사례에서는 반독점 조사가 정당화된다. 만약 동일 인물들이 두 회사의 이사회에 함께 속해 있다면 이는 카르텔과 같이 행동하는 것을 쉽게 만들 것이기 때문이다.

b. 이 사례에서는 반독점 조사가 정당화되지 않는다. 강한 광고 공세나 은행 지점의 확대는 은행 간에 강한 비가격경쟁이 이루어지고 있다는 것을 의미한다.

c. 이 사례에서는 반독점 조사가 정당화된다. 동일한 파이프라인을 사용하는 경우 각 회사는 상대의 생산량을 정확하게 파악할 수 있게 되며 이는 카르텔과 같이 행동하는 것을 용이하게 할 것이다.

d. 이 사례에서는 반독점 조사가 정당화되지 않는다. 현재 이 두 회사는 그들의 자회사를 설립함으로써 매우 강하게 경쟁하고 있는 셈이다.

e. 이 사례에서는 반독점 조사가 정당화된다. 이 두 회사는 다른 경쟁자를 쫓아내기 위해 함께 행동하고 있다.

11. a. 합병 전 HHI는 다음과 같다.
$$21^2+10^2+9^2+6^2+6^2+4^2+3^2+3^2+2^2+2^2=441+100+81+36+36+16+9+9+4+4=736$$

합병 후 HHI는 다음과 같다.
$$29^2+11^2+6^2+6^2+4^2+4^2+3^2+2^2+2^2=841+121+36+36+16+16+9+4+4=1,083$$

b. 합병 전후의 세계 맥주 산업 HHI는 1,500 미만이며, 이는 시장이 집중도가 낮고 경쟁이 치열하다는 것을 의미한다. 합병으로 인해 HHI가 736에서 1,083으로 증가함으로써 시장은 어느 정도 경쟁적인 산업이 되었다. 이는 합병 전보다 경쟁이 다소 덜 치열해졌음을 의미한다.

12. a. 합병 전 HHI는 다음과 같다. $34^2+32^2+17^2+10^2=1,156+1,024+289+100=2,569$
합병 후 HHI는 다음과 같다. $34^2+42^2+17^2=1,156+1,764+289=3,209$

b. 합병 전 HHI는 다음과 같다. $29^2+40^2+13^2+16^2=841+1,600+169+256=2,866$
합병 후 HHI는 다음과 같다. $29^2+40^2+29^2=841+1,600+841=3,282$

c. 두 건의 합병이 제안되기 전에도 무선 전화 산업은 고도로 집중된 산업으로 간주될 수 있다. 법무성이 AT&T의 T-모바일 인수 제안을 거부한 것을 감안할 때 스프린트의 T-모바일 인수 제안에 대해서도 같은 결정을 내릴 것으로 예상하는 것이 합리적이지만, 이 책을 쓴 시점 기준으로는 합병이 승인될 것으로 보인다.

독점적 경쟁과 제품차별화

1. 독점적 경쟁시장의 세 가지 특징은 (1) 다수의 기업, (2) 차별화된 제품, (3) 자유로운 진입과 퇴출이다.

   a. 결혼식이나 연회에서 연주할 수 있는 악단은 매우 많다. 그리고 이 시장에 진입하고 퇴출하는 데 별다른 진입장벽이 존재하지 않는다. 그리고 상품은 품질에 있어서나(어떤 밴드들은 실력이 뛰어나거나 좋은 장비를 가지고 있다) 스타일 면에 있어서 차이가 난다(밴드들은 서로 다른 스타일의 음악을 연주한다). 이 시장은 위 세 가지 조건이 모두 만족되므로 독점적 경쟁시장이 될 것이다.

   b. 개인용 주스는 몇 개의 큰 기업에 의해 지배되고 있다(미국의 경우 미닛메이드, 웰치스, 쿨 에이드 등). 그리고 이 시장에 진입하여 일정 점유율을 얻기 위해서는 광고비 등 큰 고정비용이 필요하기 때문에 상당한 진입장벽이 있는 셈이다. 그리고 제품들은 (소비자들의 느낌뿐일지는 모르겠으나) 어느 정도 차별화되어 있다. 이 시장은 소수의 공급자만이 존재하기 때문에 과점에 가깝다고 볼 수 있다.

   c. 지역별로 세탁소는 매우 많은 편이다. 그리고 개별 생산자들은 서로 입지의 측면에서 차별화되어 있다(아마도 소비자들은 자기 집이나 직장에서 가장 가까운 세탁소를 찾아갈 것이다). 그리고 이 시장에는 별다른 진입장벽도 존재하지 않는다. 따라서 이 시장은 독점적 경쟁시장에 가깝다.

   d. 콩을 생산하는 농부는 매우 많다. 그리고 이 시장에 진입과 퇴출은 자유롭다. 또 콩은 거의 표준화된 상품이기 때문에 거의 차별화가 이루어지지 않는다. 따라서 어떤 농부도 시장지배력을 갖지 못하게 되어 이 시장은 완전경쟁시장이 될 것이다.

2. 상품을 차별화하는 데는 세 가지 방법이 있다. 유형을 차별화하는 방법, 입지를 차별화하는 방법, 품질을 차별화하는 방법이 그것이다.

   비록 당신이 스타벅스의 스타일을 따르고(예 : 실내장식이나 서비스 방식을 따라 할 수 있다) 품질을 따라 하더라도(예 : 동일한 원두를 사용하고 동일한 방법으로 커피를 뽑을 수 있다) 여전히 입지의 차원에서는 차별화될 수 있다. 일부 사람들은 당신의 커피전문점이 가장 가까울 것이며 그들에 대해서 당신은 약간의 시장지배력을 가질 수 있다.

   물론 당신은 스타일에 있어서나(예 : 커피를 고급 도자기잔에 담아 웨이터가 직접 테이블에 가져다줄 수 있다) 품질에 있어서(예 : 유기농 그늘재배 방식*의 커피를 제공할 수 있다) 이러한 모든 것이 제품을 차별화하고 당신으로 하여금 시장지배력을 가져서 높은 가격을 부과할 수 있게 한다. 물론 당신은 가격 인상분을 통해 웨이터의 급여나 고품질의 커피비용을 메울 수 있는지 충분히 고려해야 할 것이다.

3. a. 이와 관련하여 해당 명제는 잘못되었다. 소비자에게 부과되는 가격은 독점적 경쟁의 경우가 완전경쟁의 경우보다 높다. 독점적 경쟁시장에서 기업이 부과하는 가격은 한계비용보다 높으며 평균총비용곡선의 최저점보다도 높다. 반면 완전경쟁시장에서 기업이 부과하는 가격은 한계비용과 일치하며 평균비용곡선의 최저점과 일치한다.

b. 이와 관련하여 해당 명제는 잘못되었다. 평균총비용 역시 독점적 경쟁의 경우가 완전경쟁의 경우보다 높다. 완전경쟁시장에서 기업은 평균총비용곡선의 최저점에서 생산하기 때문에 더 이상 평균총비용을 낮출 방법이 없다. 반면 독점적 경쟁시장에서의 기업은 초과설비를 가지고 있으며 생산을 늘림으로써 평균총비용을 낮출 수 있다. (그러나 이 경우 기업은 이윤의 감소 또는 결손을 감수해야 한다.)

c. 이와 관련하여 해당 명제의 옳고 그름이 불분명하다. 완전경쟁시장에서의 자원배분은 명백히 효율적이다. 이 시장에서 가격이 한계비용과 일치하기 때문에 어떤 기업도 소비자들이 지불하려는 가격 수준에서 더 생산하려 하지 않는다. 즉 서로에게 이익이 되는 모든 거래가 실현되어 더 이상의 개선이 불가능하다. 반면 독점적 경쟁시장의 효율성은 불분명하다. 물론 이 시장에서는 가격이 한계비용보다 높기 때문에 서로에게 이익이 되는 거래의 가능성이 남아 있다는 점에서 비효율적이다. 그러나 독점적 경쟁시장에서는 완전경쟁과 달리 차별화된 제품을 공급하기 때문에 소비자들 입장에서는 다양한 제품을 소비하는 이익을 얻을 수 있다. 따라서 시장이 독점적 경쟁적인 경우에는 자원배분이 효율적인지의 여부가 불분명하다.

d. 이와 관련하여 해당 명제는 옳다. 장기이윤의 측면에서 완전경쟁시장과 독점적 경쟁시장은 동일하다. 장기에는 진입과 퇴출이 완전히 자유롭기 때문에 완전경쟁시장이나 독점적 경쟁시장 모두 장기에 영의 이윤을 얻게 된다.

4. 단기에 독점기업은 양의 이윤을 얻는다.[*] 반면 독점적 경쟁시장의 기업이 이윤을 얻는지는 시장에 얼마나 많은 기업이 있는지에 따라 다를 수 있다. 만약 장기균형상태보다 적은 기업이 존재한다면 기업은 이윤을 얻을 것이지만, 장기균형상태보다 많은 기업이 존재한다면 기업은 손실을 입게 될 것이다.

독점기업은 장기적으로도 양의 이윤을 얻을 수 있다. 그러나 독점적 경쟁시장의 기업은 영의 이윤을 얻게 된다. 이는 독점적 경쟁시장에서는 장기적으로는 진입과 퇴출이 자유롭기 때문에 결국 수요곡선과 장기총비용곡선이 접하는 점에서 균형이 성립하기 때

---

[*] 역자 주 : 커피를 재배할 때 바나나무나 아보카도나무(일명 shade tree)와 같이 잎이 넓고 큰 나무를 함께 심어서 직사광선이나 서리, 강한 바람으로부터 커피나무를 보호하는 재배방법을 말한다.

[*] 역자 주 : 물론 수요가 급감하는 변화가 발생한다면 독점기업이라도 단기적으로 손실을 입을 수도 있다. 그러나 독점기업이 손실을 입는 경우는 상대적으로 드문 일이라 평가할 수 있다.

문이다.

5. **a.** 독점적 경쟁시장에서 기업들은 무엇보다도 자신이 판매하는 상품의 유형을 통해 자신을 차별화하려고 한다. 소비자의 입장에서는 상품이 다양해지는 것은 바람직하다. 많은 소비자들은 자신이 주변 사람들과 다른 옷을 입는다는 것에 가치를 둔다. 그러나 만약 기업의 수가 감소한다면 소비자들이 소비할 수 있는 상품의 다양성은 감소할 것이다.

   b. 독점적 경쟁시장의 기업은 자신들이 제공하는 서비스의 질을 통해 자신들을 차별화하기도 한다. 손님들에게 옷을 추천하기 전에 치수를 재어 봐 주기도 하고, 큰 테이블에 옷을 산더미같이 쌓아 놓고 맘대로 입어 볼 수 있도록 해 주는 옷가게들이 있다. 그러나 만약 기업의 수가 감소한다면 서비스의 다양성이 감소할 것이고 소비자들은 자신의 취향에 맞는 서비스를 제공하는 가게를 찾기가 힘들어질 것이다.

   c. 만약 기업의 수가 감소한다면 개별 기업이 생산하는 양은 증가할 것이며 기업들의 평균총비용은 하락할 것이다. 결과적으로 가격은 하락하게 될 것이다. 이러한 측면에서는 기업의 수가 적은 것이 더 좋을 수도 있다.

6. **a.** 이 광고는 직접적으로 정보를 전하지는 않는다. 왜냐하면 어떤 자동차 제조업체라 하더라도 자신의 차가 다른 차보다 낫다고 주장할 수 있기 때문이다. 사실 이러한 주장은 소비자들이 직접 차를 타 보기 전에는 판단하기 힘든 것이다. 그럼에도 페이튼 매닝은 굉장히 높은 광고수입을 얻었을 것이다. 따라서 실제로 이러한 광고가 전달한 신호는 다음과 같은 내용이다. "우리는 페이튼 매닝에게 광고비를 지급할 능력이 있습니다. 우리는 그만큼 좋은 상품을 가지고 있기 때문이죠."

   b. 이 광고는 상품에 대한 직접적인 정보를 전달하고 있다. 이 광고는 매우 구체적인 정보들을 언급하고 있다(이러한 내용들은 실제 차를 검사해 보면 구입 이전에 쉽게 확인해 볼 수 있다). 이러한 정보는 쉽게 확인할 수 있는 것이기 때문에 사실일 가능성이 크다.

   c. 이러한 유형의 광고는 맥도날드 상품의 품질에 대한 간접적인 신호를 제공하고 있다. 맥도날드는 광고에 매우 큰 금액을 지불함으로써 자신들은 일단 소비자들이 자신의 상품을 먹게 되면 앞으로 계속 먹게 될 것이며, 자신들은 미래에 큰돈을 벌 것으로 확신하고 있다는 신호를 보내는 셈이다.

   d. 이 유형의 광고는 쉽게 확인될 수 있는 구체적인 정보를 담고 있다. 따라서 이는 직접적으로 정보를 전하는 유형의 광고이다. 만약 이러한 광고가 거짓이라면 쉽게 발각될 뿐만 아니라 신뢰를 잃게 될 것이므로 이러한 광고의 주장은 사실일 가능성이 크다.

7. **a.** 이 사례에서는 구직자가 잠재적인 판매자이다. 그리고 잠재적인 구매자인 고용자는

구직자가 얼마나 믿음직하고 근면한지 등에 대한 정보가 없는 상태이다. 만약 구직자가 이전 직장에서의 훌륭한 추천서를 제출할 수 있다면 구직자는 자신이 얼마나 좋은 노동자인지를 알리는 신호를 제공하는 셈이다. 결과적으로 잠재적 고용자는 훌륭한 추천서를 제출할 수 있는 사람일수록 우선해서 채용하려 할 것이다.

b. 이 사례에서 잠재적 구매자는 구매하고자 하는 상품이 얼마나 좋은 것인지를 모른다. 그러나 제품에 대해 1년간의 무조건적인 무상보증을 제공할 수 있다면 이는 판매자의 상품이 좋은 품질을 가졌다는 신호가 된다. 결과적으로 잠재적인 구매자는 보증을 제공해 주는 상품을 우선해서 구매하려 할 것이다.

c. 이 사례에서 잠재적 구매자는 중고차의 품질이 얼마나 좋은지를 모른다. 그러나 수리 및 정비에 대한 모든 자료를 제시할 수 있다는 것은 자신이 좋은 중고차를 가지고 있다는 것에 대한 신호가 된다. 결과적으로 잠재적인 구매자는 이러한 정보를 제공할 수 있다는 사람의 차를 우선해서 구매하려 할 것이다.

8. a. 제14장에서 본 법무부의 지침에 의하면, HHI가 1,000보다 낮으면 경쟁이 심한 시장이고, HHI가 1,000과 1,800 사이이면 어느 정도 경쟁적인 시장이고, HHI가 1,800 이상이면 과점이라는 사실을 되새겨 보자. 따라서 독점적 경쟁산업은 HHI가 1,000보다 낮아야 하며, 과점산업은 HHI가 1,800보다 높아야 한다. 따라서 문제의 네 가지 산업은 다음과 같다.

음식점 : HHI가 1,000보다 낮음—독점적 경쟁
시리얼 : HHI가 1,800보다 높음—과점
영화 제작 : HHI가 1,000보다 낮음—독점적 경쟁
세제 : HHI가 1,800보다 높음—과점

b. 각각의 네 산업의 시장구조와 광고비 지출은 아래와 같이 관련이 있다.

음식점 : 독점적 경쟁, 높은 광고비 지출
시리얼 : 과점, 중간 정도의 광고비 지출
영화 제작 : 독점적 경쟁, 높은 광고비 지출
세제 : 과점, 낮은 광고비 지출

독점적 경쟁산업인 음식점과 영화 제작은 광고에 많은 지출을 한다. 독점적 경쟁시장의 기업은 광고를 통해 제품 차별화를 함으로써 단기이윤을 얻을 수 있기 때문이다. 독점적 경쟁시장에는 진입장벽이 없기 때문에 기업들은 단기이윤을 얻기 위해 광고를 하고 제품 차별화를 해야만 한다. 반면 과점산업인 시리얼과 세제는 상대적으로 광고에 적은 지출을 한다. 과점산업은 진입장벽이 있으므로 진입을 막기 위한 제품 차별화에 의존할 필요가 없다.

9. 패스트푸드업계는 독점적 경쟁시장이며 개별 기업들은 자신의 상품을 다른 기업의 상품과 차별화하기 위해 노력한다. 맥도날드는 남들과 다른 자신의 브랜드를 만들고 지키는 데 상당한 금액을 투자한다. 이처럼 유명상표를 구축하고 지키는 데 사용하는 금액은 직접적으로는 상품에 대해 아무런 정보도 전달하지 않는다. 그러나 간접적으로는 맥도날드가 이 시장에 장기적인 전망을 가지고 있기 때문에 자신의 평판을 지키려 하고 소비자들과의 관계를 일시적인 것이 아닌 지속적으로 유지하려 한다는 정보를 전한다. 이러한 의미에서 유명상표를 구축하고 지키는 데 사용된 금액은 맥도날드가 변함없는 품질의 상품을 제공할 것이라는 신호로 작용하게 된다.

10. 다양한 음식 배달 업체가 등장하기 전에는 대부분의 학생들이 야식을 주문할 때 선택할 수 있는 음식이 배달피자 하나밖에 없었다. 피자 업계는 독점적 지위를 가지고 있었기 때문에 더 높은 가격을 책정하고 경제적 이윤을 남길 수 있었다. 음식 배달 업체들이 시장에 진입하면서 피자 업계는 서서히 독과점 체제에서 경쟁 체제로 전환되었다. 이제 학생들은 더 많은 음식 옵션을 선택할 수 있게 되어 피자에 대한 수요가 줄었다. 수요 감소로 인해 가격과 수량이 감소하게 된다(그림 15-2a 참조). 장기적으로 심야 음식 배달 업계는 고객을 유치하기 위해 더 많은 식당이 경쟁하게 될 것이며 각 식당의 경제적 이윤은 0에 근접해 갈 것이다. 배달 피자가 계속 학생들의 옵션으로 남을지는 알 수 없다.

11. 단기적으로는 많은 온라인 경쟁업체가 문을 열었기 때문에 각 업체가 평균 총비용 이상으로 매트리스를 판매하여 이윤을 얻고 있었다고 추측할 수 있다. 이처럼 오프라인 매장이 계속 이윤을 내는 상황이 온라인 경쟁업체가 업계에 진입할 유인을 제공했다. 그리고 더 많은 온라인 경쟁업체가 업계에 진입함에 따라 오프라인 매트리스에 대한 수요가 감소하여 많은 업체들이 폐업하게 되었다.

외부효과

1. a. 이는 긍정적 외부효과의 예이다. 다른 사람들이 차우 씨의 꽃을 보면서 즐거워하기 때문에 꽃을 보는 것에 대한 사회적 한계편익은 차우 씨가 꽃을 보는 것에 대한 한계편익보다 더 크다. 그 결과 사회적으로 바람직한 수준보다 더 적은 꽃이 심어질 것이다.

    b. 이는 부정적 외부효과의 예이다. 이웃의 모닥불에서 발생하는 불똥에 의해 집에 불이 날 위험인 외부비용은 당신이 지게 된다. 즉 사회적 한계비용이 이웃에 의해 발생하는 한계비용보다 더 크다. 이웃은 이런 외부비용을 고려하지 않기 때문에 이웃은 모닥불을 사회적 최적수준보다 더 많이 피우게 될 것이다.

    c. 이는 긍정적 외부효과의 예이다. 벌은 이웃의 사과나무가 열매를 맺도록 하여 사과농장 소유주에게 외부편익을 발생시키기 때문에 사회적 한계편익이 메이자의 한계편익보다 더 커진다. 메이자는 외부편익을 고려하지 않기 때문에 그녀는 사회적으로 바람직한 수준보다 더 적은 수량의 벌을 기르게 된다.

    d. 이는 부정적 외부효과의 예이다. 휘발유는 연소되며 매연을 발생시키기 때문에 다른 사람들에게 외부비용을 발생시킨다. 따라서 사회적 한계비용이 저스틴에게 발생하는 한계비용보다 더 커진다. 그 결과 사회적으로 바람직한 상태보다 더 많은 사람들이 SUV를 구입할 것이다.

2. a. 새로운 기술이 없었다면 낙농업자들은 사회적 한계편익이 영이 될 때까지 메탄가스를 방출할 것이다. 새로운 기술로 메탄가스를 전기로 변환시키는 유리한 대안이 있기 때문에 메탄가스를 방출하게 되면 낙농업자들에게 기회비용이 발생하게 된다. 낙농업자들이 메탄가스를 방출할 때 금전적인 보상이 없어지는 것은 메탄가스 방출에 대한 피구세와 유사하게 작용한다. 메탄가스 오염 한 단위에 대한 한계외부비용과 동일하게 적절한 수준에서 금전적 보상을 해 준다면 낙농업자들은 효율적인 양만큼 메탄가스 오염물질을 배출할 것이다.

    b. 메탄가스를 모으는 데 비용이 적게 드는 낙농업자들은 비용이 많이 드는 낙농업자들보다 더 많은 이윤을 얻게 된다. 그러므로 적은 비용이 드는 낙농업자들은 비용이 크게 드는 낙농업자들에 비해서 더 많은 단위의 메탄가스를 전기로 변환시킬 것이다. 결과적으로 낙농업자들 사이에서 감소될 방출량이 효율적으로 배분될 것이다.

3. **a.** 아래 그림은 공장 A의 한계편익곡선 MB_A와 공장 B의 한계편익곡선 MB_B를 보여 준다. 정부개입이 없다면 두 공장은 Q_{MKT} 수준의 오염물질을 발생시킨다.

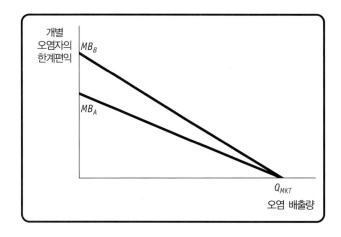

b. 프로그램이 시작되기 이전의 총 오염물질 배출량은 오염이 부정적 외부효과를 발생시키기 때문에 최적수준보다 더 많다. 부정적 외부효과가 내부화되거나 규제되지 않는다면, 최적수준보다 더 많은 오염이 배출된다.

c. 아래 그림은 1995년의 목표 수준인 Q_{1995}를 보여 준다. 두 기업은 모두 오염 배출을 같은 양만큼 줄여야 했으나 이는 효율적이지 않았다. 즉 Q_{1995} 수준에서 공장 B는 더 높은 한계편익을 갖는데, 공장 B가 오염물질을 좀 더 배출하고 공장 A가 배출을 좀 더 줄임으로써 보다 효율성을 높일 수 있다.

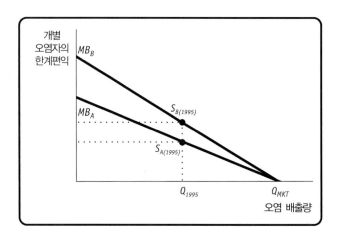

d. 33/50 프로그램은 환경기준을 설정하는 방식에 가깝다. 이와 같은 정책 유형의 단점은 유연성이 떨어져 오염 절감에 필요 이상의 많은 비용이 든다는 점이다. 양도 가능한 배출허가권이나 배출세는 환경기준보다 더 유연한 정책이다. 이런 정책들은 가능한 가장 낮은 비용으로 배출량을 감소시키도록 한다.

4. 피구 보조금이 적합하다면 외부성은 긍정적인 것이 된다. 이는 대학교육의 사회적 한계
편익이 개인적 한계편익보다 더 크다는 것을 의미한다(반면 대학교육에 대한 사회적 한
계비용과 개인적 한계비용은 별반 다르지 않을 것이다). 대학교육에 대한 사회적 한계편
익이 개인적 한계편익보다 큰 이유는 그들의 인적 자본이 증가하면 경제 전체적인 생산
성이 향상하여 비록 대학교육을 받지 않은 사람들까지도 생산성이 좋아지기 때문이다.
또한 대학교육을 받은 사람들은 문화적 또는 사회적인 업적을 통해 사회 전체에 이익이
되는 일을 할 수도 있다.

5. a. 도로에 가깝게 심어진 나무는 외부편익을 유발한다. 나무는 그늘을 제공하는데 이는
인도를 시원하게 하여 보행자나 자전거를 타는 시민들에게 쾌적한 환경을 제공한다.
뿐만 아니라 나무는 동네를 아름답게 하여 부동산의 재산가치를 상승시킨다. 또한 야
생동물들의 서식지를 제공하여 동물 다양성을 유지하는 데도 도움이 된다. 보조금이
없다면 시장균형수준은 사회적 최적수준에 미치지 못할 것이다. 적절한 피구보조금이
지급된다면 집주인들은 사회적으로 최적수준의 나무를 심게 될 것이다.

b. 아래 그림은 사회적 한계편익(MSB)과 사회적 한계비용(MSC)을 나타내고 있다. 사
회적 한계편익은 체감하는데 이는 먼저 심는 나무일수록 더 필요한 위치에 심어질
것이라는 가정에 의한 것이다. 사회적 한계비용은 체증하는데 이는 나무에 대한 수요
가 늘어날수록 나무를 손봐 주는 사람들이 요구하는 비용이 상승할 것이라는 가정을
반영한 것이다. 아래 그림에는 시장균형수량인 Q_{MKT}, 사회적 최적수량인 Q_{OPT}와 함
께 최적 피구 보조금 수준이 나타나 있다.

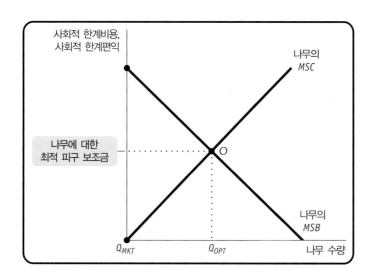

6. 어부 개개인은 자신의 한계편익과 한계비용에 기초하여 얼마나 많은 물고기를 잡을 것
인지를 결정하게 된다. 그러나 어업에서 발생한 사회적 한계비용은 개개인의 어부들이
느끼는 한계비용보다 크다. 왜냐하면 물고기를 잡게 되면 번식을 통해 다른 어부에게

돌아갈 수 있었던 물고기의 수가 줄어듦에 따라 다른 어부에게 외부비용을 발생시키기 때문이다. 개별적인 어부는 얼마나 많은 고기를 잡을 것인가를 결정할 때 외부비용을 고려하지 않기 때문에 사회적으로 최적인 수준에 비해 더 많은 물고기를 잡는다. 만약 사회적으로 최적인 어획량에 상응하게끔 조업 허가권을 배분한다면 이 계획은 효율적 자원배분을 달성하게 될 것이다. 먼저 조업 허가권을 통해 총어획량을 사회적으로 최적인 양으로 제한할 수 있다. 또한 이 허가권은 양도 가능하기 때문에 더 낮은 비용으로 조업할 수 있는 더 효율적인 어부들은 덜 효율적인 어부들에게 허가권을 구입할 것이며, 결과적으로 낮은 비용으로 조업을 할 수 있는 효율적인 어부들만이 조업을 하게 될 것이다.

7. a. 대학세탁소는 오염물을 130단위 줄이는 데 130×$5＝$650의 비용이 든다. 빅그린세탁소는 오염물을 20단위 줄이는 데 20×$2＝$40의 비용이 든다. 따라서 오염물을 총 200단위로 줄이는 데 드는 비용은 합계 690달러이다.

b. 오염물 한 단위에 대한 허가권이 대학세탁소에게는 5달러의 가치를, 빅그린세탁소에게는 2달러의 가치를 갖는다. 예를 들어 대학세탁소가 오염물질을 한 단위 더 배출할 수 있는 허가권을 하나 더 획득하게 되면, 대학세탁소는 오염물을 한 단위 더 줄이기 위해 발생하는 비용인 5달러를 절약할 수 있다.

c. 각 허가권은 빅그린세탁소보다 대학세탁소에게 더 큰 가치가 있다. 그래서 빅그린세탁소는 100개의 허가권 모두를 대학세탁소에게 판매할 것이며 이때의 가격은 2달러와 5달러 사이에서 결정될 것이다.

d. 빅그린세탁소는 오염물 배출량을 영으로 줄일 것이다. 그때 비용이 120×$2＝$240가 든다. 대학세탁소는 지금 200개의 허가권을 갖고 있다. 그리고 오염물질을 전보다 30단위가 줄어든 200단위를 방출할 수 있다. 이로써 대학세탁소는 30×$5＝$150의 비용을 지불하면 된다. 따라서 이 제도하에서 오염물을 통제하는 데 드는 비용은 합계 $240＋$150＝$390가 된다(허가권을 거래할 때 대학세탁소에 의해서 지불되는 가격과 빅그린세탁소가 받는 가격은 서로 상계되기 때문에 이를 비용으로 계산할 필요가 없다는 점에 유의하기 바란다).

8. a. 인터넷 경매 사이트는 네트워크 외부효과라는 특징을 갖고 있다. 판매자는 가능한 많은 구매자가 방문하는 사이트에 물품을 올리기를 원하고, 구매자는 가능한 많은 판매자가 물품을 올린 사이트를 방문하려 할 것이다. 따라서 E옥션에게는 처음 판매하는 판매자에게 수수료를 면제해 주는 것이 좋은 전략이 된다. 그 결과, 더 많은 판매자가 E옥션을 E마켓보다 찾을 것이고 이는 더 많은 구매자가 E옥션에 오도록 만들 것이다.

b. E마켓이 옳다. 네트워크 외부효과 때문에 E옥션의 전략은 경쟁을 저해하여 결국 E마켓을 망하게 할 것이다. 독점이익을 얻기 위해 취해진 행동은 불법이기 때문에 법무부는 개입하여 E옥션이 새로운 판매자에게 수수료를 면제해 주는 전략을 중단하도록

해야 한다.

c. 아니다. 법무부는 개입하지 말아야 한다. 네트워크 외부효과 때문에 인터넷 경매 산업은 자연적으로 독점이 된다. 즉 판매자와 구매자는 작은 두 개의 사이트보다 큰 경매 사이트 한 개가 있을 때 모두 더 이득이 된다. E옥션은 독점이익을 얻기 위해 반경쟁적인 행동을 취하지 않고 더 좋은 서비스를 제공함으로써 독점기업이 되었기 때문에 법을 어기지 않았다.

d. 그렇다. 법무부는 개입해야 한다. 마이크로스프트의 경우와 같이, E옥션은 인터넷 결제산업에서 독점적 지위를 차지하기 위해 인터넷 경매산업에서의 독점적 지위를 이용하고 있다. 법무부는 E옥션이 이 사이트의 이용자에게 페이포잇을 사용하도록 요구하는 것을 중지시켜야 한다.

9. a. 이 선택은 네트워크 외부효과의 특징을 갖는다. 당신은 가능한 다른 사람들이 많이 사용하는 표준을 사용하기 원할 것이다. 따라서 어떤 전기 표준이 더 많이 사용될 때, 그 전기 표준을 사용하는 전자제품이 더 유용하게 사용되는 것이다.

b. 이 선택은 네트워크 외부효과의 특징을 갖지 않는다. 그 이유는 이미 도로에는 수많은 포드 자동차와 토요타 자동차가 있기 때문이다. 따라서 당신은 당신이 원하면 언제든지 토요타나 포드 수리소를 쉽게 찾을 것이다. 수리소를 찾을 것이라는 확신이 들지 않는 차를 새로 구입하는 선택에서는 네트워크 외부효과가 존재할 것이다.

c. 이 선택은 네트워크 외부효과의 특징을 갖는다. 그 이유는 당신이 미래에 당신의 프린터에 맞는 카트리지를 찾는 것을 보장받고 싶어 하기 때문이다. 만약 적은 사람이 당신이 갖고 있는 프린터 유형을 사용한다면, 당신은 카트리지를 찾는 것이 불가능할 것이다. 만약 많은 사람이 그 프린터를 사용한다면, 당신은 프린터에 맞는 카트리지를 보다 쉽게 찾을 것이다.

d. 이 선택은 네트워크 외부효과의 특징을 갖지 않는다. 그 이유는 아이팟 에어와 아이팟 미니는 같은 운영체제를 사용하기 때문이다. 아이팟 에어를 사용해 다운로드한 노래는 아이팟 미니를 이용해서도 역시 다운받을 수 있다. 아이팟 에어를 수리하는 A/S 센터는 아이팟 미니 역시 수리할 수 있다.

공공재와 공유자원

1. **a.** 도로 표지판은 소비에 있어서 경합성이 없고(내가 도로 표지판을 이용한다고 해서 그 것이 여러분이 표지판을 이용할 수 있는 기회를 감소시키지 않을 것이다) 배제성도 없다. 즉 어떠한 사람도 다른 사람이 도로 표지판을 이용하는 것을 막을 수 없다. 따 라서 도로 표지판은 공공재이다. 무임승차의 문제 때문에 도로 표지판이 사적으로 공 급된다면 비효율적으로 적게 공급될 것이다.

b. 철도 서비스는 소비에 있어서 경합성이 있고(내가 좌석을 차지하게 되면 여러분은 이 용할 수가 없다) 배제성도 있다(여러분이 표를 갖고 있지 않다면 여러분은 기차를 이 용할 수 없다). 따라서 철도 서비스는 사유재이다. 비록 철도 서비스는 사유재이지만 철도의 이용은 도로와 항공 교통혼잡을 줄일 수 있는 형태로 긍정적인 외부성을 발생 시킨다. 따라서 철도 서비스의 사용량은 사회적으로 바람직한 수준에 비해 적을 것이 다. 그러므로 철도 회사를 지원하는 것에 대해 정부개입은 정당성을 갖는다.

c. 공해 규제는 소비에 있어서 경합성이 없고(다른 사람이 이 규제로부터 편익을 누렸다 고 나의 편익이 줄어들지는 않는다) 배제성도 없다(이 규제로부터 편익을 얻는 것에 대하여 사람들을 선별적으로 배제할 수 없다. 즉 깨끗한 공기를 호흡하고 깨끗한 물 을 마시 것으로부터 배제할 수 없다). 따라서 이 규제는 공공재이다. 무임승차의 문제 때문에 이 규제가 사적으로 공급된다면 비효율적으로 적게 공급될 것이다.

d. 통행료가 없는 지역 간 고속도로는 소비에 있어서 경합성이 발생하나(내가 고속도로 를 이용한다면 나는 다른 사람에게 혼잡이라는 부정적인 외부성을 일으키게 된다. 즉 나로 인하여 고속도로를 이용하는 다른 사람들의 편익이 줄어든다) 배제가 불가능하 다(운전자들은 이용에 대하여 어떤 대가도 지불하지 않고 고속도로를 이용할 수 있기 때문이다). 그래서 이러한 고속도로는 공유자원에 속한다. 배제불가능성으로 인한 무 임승차 문제 때문에 이러한 고속도로가 사적으로 공급된다면 비효율적으로 적게 공급 될 것이다.

e. 등대는 소비에 있어서 경합성이 없고(내가 바위를 피해서 배를 조종하기 위해서 등대 를 사용하더라도 다른 사람들도 얼마든지 똑같은 등대를 사용할 수 있다) 배제성도 없다(대가를 지불하는 배들에게 선별적으로 등대 서비스를 제공할 수 없기 때문이 다). 그래서 등대는 공공재이다. 무임승차의 문제 때문에 등대가 사적으로 공급된다 면 비효율적으로 적게 공급될 것이다.

2. **a.** 박물관이 한적할 때는 소비 경합성이 없다. 방문객이 추가적으로 1명 늘어나더라도 다른 방문객이 박물관을 관람하여 얻는 즐거움이 감소하지는 않는다. 그러나 박물관은 배제성을 갖고 있다(여러분은 입장료를 내지 않으면 입장을 할 수가 없다). 따라서 한적한 박물관은 인위적으로 희소한 재화라 볼 수 있다. 박물관은 근무할 직원과 조명, 난방, 냉방 등의 설비가 이미 구비되어 있기 때문에 방문객을 1명 더 입장시키더라도 한계비용은 영이다. 그래서 효율적인 입장료는 0원이다.

    b. 박물관이 혼잡할 때는 소비 경합적이다. 박물관에 방문객이 추가적으로 1명 늘어나면 혼잡이 발생하게 되고 그것 때문에 다른 방문객이 박물관을 관람하여 얻는 즐거움이 감소하게 된다. 박물관은 여전히 배제성을 갖고 있다(여러분은 입장료를 지불하지 않으면 입장을 할 수가 없다). 따라서 혼잡한 박물관은 사유재에 가깝다. 방문객이 1명 더 입장하게 되면 박물관은 더 혼잡해지고 그것 때문에 다른 방문객들에게 비용이 발생하는데 이를 사회적 한계비용이 발생했다고 볼 수 있다. 그래서 효율적인 입장료는 효율적인 방문객의 인원 수준에서 발생하는 사회적 한계비용과 일치해야 한다.

3. 효율성을 판단의 기준으로 삼기로 하자. 이 경우 규제를 통해 부족한 공공재가 공급되거나 공유자원을 보존할 수 있다면 이러한 규제는 정당화될 수 있다. 주택의 구조 제한으로 인한 조화로운 건축물로부터 얻을 수 있는 즐거움이나 보행로의 눈을 청소하는 것은 공공재의 예가 된다. 마을회관은 공유자원이다. 마을회관은 소비에 있어서 배제가 불가능하지만 경합성이 있다. 따라서 공동체의 이러한 측면들에 대한 적절한 규제는 효율성을 증가시킬 것이다. 그러나 뒷마당에 있는 수영장과 같은 일들은 규제되어야 하는 것인지 아닌지 의문점이 있다. 왜냐하면 누군가의 뒷마당에 풀장이 있다는 것은 이웃들에게 편익이 되지도 않고 피해를 주지도 않는다. 즉 수영장은 소비에 있어서 경합성을 갖고 있다. 또 수영장을 이용하는 것을 배제할 수 있기 때문에 수영장 소유주인 집주인만이 편익을 얻게 된다. 그러므로 수영장은 사유재이고 주택소유자 공동체에 의해 영향받는 것이 바람직하지 않다. 일반적으로 사적인 재화에 대한 규제는 정당화되기 어렵다.

4. **a.** 타니샤 혼자서 거리청소 비용을 부담해야 한다면 그녀는 한 번의 거리청소를 선택할 것이다. 첫 번째 청소에 대한 그녀 개인의 한계편익은 10달러로 한계비용 9달러를 초과하지만 그 이후에는 그렇지 않다.

    b. 아래 표에는 거리청소에 대한 사회적 한계편익이 나타나 있다. 거리청소의 최적 횟수는 2회이다. 왜냐하면 두 번째 청소의 사회적 한계편익은 10달러로서 한계비용 9달러를 초과하지만 그 이후로는 그렇지 않기 때문이다. 세 번째 청소는 사회적 한계편익이 3달러로, 9달러인 한계비용보다 낮기 때문에 비효율적이다.

월간 거리청소 횟수	타니샤의 개별 한계편익	아리의 개별 한계편익	사회적 한계편익
0			
	$10	$8	$18
1			
	6	4	10
2			
	2	1	3
3			

c. 타니샤는 두 번째 청소에 대하여 그녀 개인의 한계편익인 6달러까지만을 지불하려고 할 것이다. 아리는 두 번째 청소에 대하여 그 개인의 한계편익인 4달러까지만을 지불하려 할 것이다. 따라서 만약 혼자서 비용을 모두 부담해야 한다면 두 사람 모두 두 번째 청소에 대해 동의하지 않을 것이다.

5. a. 공영라디오는 배제가 불가능하다. 라디오 수신기를 갖고 있는 어느 누구라도 라디오 전파를 잡을 수 있다. 공영라디오는 경합적이지도 않다. 내가 공영라디오를 청취한다고 해서 그것이 여러분이 라디오를 청취할 수 있는 기회를 감소시키지 않는다. 따라서 공영라디오는 공공재이다.

b. 다른 공공재의 경우와 마찬가지로 사유재 시장에서는 라디오 방송 역시 비효율적인 양이 공급된다. 공영라디오 프로그램에 대한 개인의 한계편익은 사회의 한계편익보다 낮다. 결과적으로 개인들은 공영라디오 프로그램에 대해 효율적인 수준만큼 지불하려 하지 않고, 시장에서 라디오 프로그램은 효율적인 수준보다 적게 공급된다. 이러한 이유로 정부의 공영라디오에 대한 지원이 정당화될 수 있다.

c. 서비스에 요금이 부과되는 위성라디오에만 전파를 보내는 것은 공영라디오 청취를 배제할 수 있게 만든다. 그래서 공영라디오는 이제 인위적으로 희소한 재화가 된다. 위성라디오 신호를 수신하는 것에 대한 한계비용이 영이기 때문에 효율적인 가격 역시 영이 된다. 그러나 양(+)의 가격이 부과되기 때문에 소비자들은 한계편익이 가격보다 더 크든지 아니면 동일한 경우에만 그 재화를 구입할 것이다. 결과적으로 개인의 한계편익이 한계비용보다는 크지만 가격보다는 낮기 때문에 공영라디오에 접근하기 힘들어진 사람들이 많이 나타나게 된다. 따라서 라디오 청취 수준은 효율적인 수준보다 낮아진다.

6. 익명으로 평가가 이루어지지 않는다면 구성원들이 받게 되는 점수는 개인들의 기여가 아닌 프로젝트 전체에 의해서만 결정된다. 구성원들 모두 이를 알기 때문에 각자는 다른 사람들의 노력에 무임승차하려는 문제가 발생한다. 그 결과 구성원이 모두 최선을 다하지 않는 결과가 나타날 가능성이 크다. 그러나 구성원 서로가 다른 구성원이 기여한 정도를 익명으로 평가하도록 한다면 게으름을 피운 구성원은 낮은 점수를 받게 될 것이므

로 무임승차를 줄일 수 있다.

7. **a.** 공유지는 배제가 불가능하다. 왜냐하면 각 마을 주민은 자신의 소를 합법적으로 자유롭게 방목할 수 있기 때문이다. 반면 소비에 있어서는 경합적이다. 한 주민의 소가 풀을 먹으면 다른 주민의 소가 먹을 풀이 줄어들기 때문이다. 따라서 공유지는 공유자원이다.

b. 다음 그림은 마을 사람이 소를 방목하는 사적 한계비용인 MPC를 포함하고 있다. 이 곡선은 방목되는 소의 공급곡선이기도 하다. MPC는 사회적 한계비용곡선인 MSC보다 아래에 있다. MSC가 MPC보다 위에 있는 이유는 한 사람이 추가적으로 방목을 할 때 다른 사람의 방목비용을 상승시키기 때문이다. 사적 한계편익을 나타내는 MPB는 우하향한다. 이는 소의 숫자가 늘어남에 따라 마을 사람들이 방목으로부터 얻는 한계편익이 감소한다는 것을 반영한 것이다.

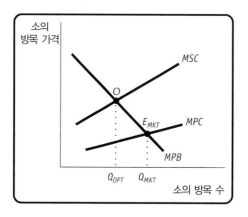

정부의 개입이 없을 때 발생하는 결과가 Q_{MKT}로 나타나 있다. 이것은 효율적인 방목량인 Q_{OPT}보다 크다. 즉 마을 주민들은 공유지에 너무 많은 소를 방목하고 있는 것이다. 이 문제는 '공유지의 비극'[G. 하딘의 "공유지의 비극", *Science*, pp. 1243-1248, 1968년]으로 잘 알려져 있다.

c. 소의 방목에 대해 피구세를 부과하면 주민들이 느끼는 한계비용이 증가하고 MPC가 효율적인 수급량 Q_{OPT}에서 MPB와 교차할 때까지 위쪽으로 이동하게 된다. MPC가 새로운 위치의 MPC_1로 이동하는 과정을 아래 그림에 나타내었다. 이러한 경우 주민들은 사회적으로 최적이며 효율적인 결정을 하게 된다. 다른 방도로는 공유지에 대한 소유권을 한 사람에게 줄 수 있다. 이 사람은 공유지를 배타적으로 사용할 것이고, 공유지 사용에 대해 요금을 부과할 것이며, 효율적인 양과 동일한 방목 수요량에 상응하는 가격을 설정할 것이다. 마지막으로 주민들은 이용권 1장당 소 1마리를 방목할 수 있는 양도 가능한 이용권 제도를 만들 수 있다. 단 발행된 이용권의 수는 효율적인 방목의 양과 동일해야 한다.

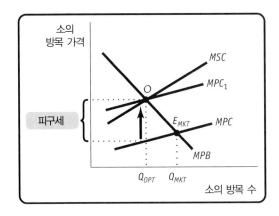

8. **a.** 재화를 1명의 소비자에게 추가적으로 제공하는 데 드는 한계비용이 영이기 때문에 효율적인 가격은 영이다.

b. 6명의 소비자 개개인은 모두 영보다 큰 한계편익을 갖고 있기 때문에 6명 모두 MP3 파일을 내려받을 것이다. 아드리아나의 개별 소비자잉여는 2달러이다. 바게쉬의 소비자잉여는 15달러이고, 치주코의 소비자잉여는 1달러, 덴젤의 소비자잉여는 10달러이고, 엠마의 소비자잉여는 5달러이고, 프랭크의 소비자잉여는 4달러이다. 따라서 소비자잉여의 총합은 $2+$15+$1+$10+$5+$4=$37가 된다.

c. 4.99달러의 가격에서 바게쉬, 덴젤, 엠마만이 MP3 파일을 내려받을 것이다. 바게쉬의 개별 소비자잉여는 10.01달러가 되고, 덴젤의 개별 소비자잉여는 5.01달러가 되고, 엠마의 개별 소비자잉여는 0.01달러가 된다. 따라서 소비자잉여의 총합은 $10.01+$5.01+$0.01=$15.03가 된다. 생산자잉여는 3×$4.99=$14.97이다. 그래서 총잉여는 $15.03+$14.97=$30가 된다. 이것은 문제 b에서보다 7달러가 작은 값이다. 따라서 이 경우 재화를 인위적으로 희소하게 만듦에 따라 7달러의 자중손실이 발생하였다.

9. **a.** 원칙적으로, 소스코드가 공개된 소프트웨어의 개발자는 엄격하게 감독받지 않는다. 일부 개발자들은 다른 개발자들이 그들의 실수를 수정해 줄 것이라는 희망으로 업무를 태만히 하고 잘못된 코드를 쓰기도 한다. 즉 개인 개발자들은 제품의 질을 저하시키는 코드에 대해 책임을 지지 않기 때문에 무임승차 문제가 발생한다. 그러나 마이크로소프트와 어도비는 그들의 소프트웨어 품질에 대해 책임이 있다. 그들은 자신들이 생산하는 제품의 품질이 표준보다 떨어질 경우 이윤과 사업을 잃을 위험을 진다. 따라서 회사 경영자들은 무임승차자 문제를 줄일 수 있는 품질관리 방안들을 사용한다.

b. 다음 그림은 수요곡선(D)과 그 값이 영으로 일정한 한계비용곡선(MC)을 보여 준다. 균형은 E_{MKT}에서 결정되며 이때의 수량 Q_{MKT}은 효율적인 생산량 Q_{OPT}보다 적다.

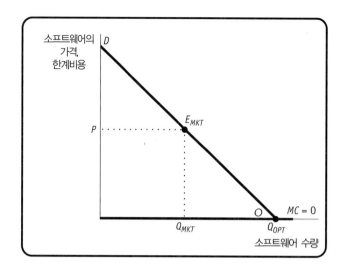

10. a. 사회적 한계편익에는 회사가 얻는 사적 이윤도 포함된다. 회사는 고추를 수확하고 더 많은 스리라차를 판매함으로써 이윤을 얻는다.

b. 오염의 사회적 최적수준은 오염의 사회적 한계편익과 오염의 사회적 한계비용과 일치하는 지점이다. 이는 아래 그림에서 사회적 한계비용곡선과 사회적 한계편익 곡선의 교차하는 O점의 위치에 해당한다. O점에서 최적의 냄새 배출량은 5,000이며, 냄새 배출의 사회적 한계편익(냄새 배출의 사회적 한계비용과 동일)은 냄새 단위당 $40이다.

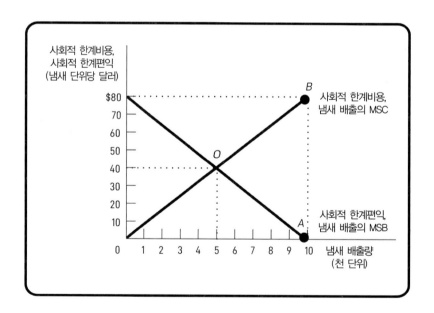

c. 시장에서 결정된 냄새의 수준은 오염자의 사적인 한계편익이 0이 되는 지점이 될 것이다. 오염자가 스스로 실현한 비용절감 이외의 오염절감에 대한 사회적 한계편익이 없기 때문에, 시장에서 결정된 수량은 오염의 사회적 한계편익이 0이 되는 지점이 될 것이다. 이는 그림의 A점에서 냄새 배출량이 10,000단위일 때에 해당한다.

d. 시장에서 결정된 수준인 1만 단위의 냄새수준에서 오염을 유발하는 사회적 한계비용이 사회적 한계편익보다 80달러만큼 높다. 즉 오염량을 한 단위 줄이면 약 80달러−0달러=80달러의 사회적 이득이 발생한다.

복지국가의 경제학

1. a. 빈곤선은 1983~2019년 사이에 $\frac{\$13,064}{\$5,180}=2.5$의 비율로 증가했다. 즉 빈곤선은 대략 두 배가 되었다.

b. CPI는 1983년부터 2019년까지 $\frac{255.7}{99.6}=2.6$의 비율로 증가했다. 즉 CPI는 대략 두 배가 되었다. 이는 당연한 결과로서 매년 빈곤선이 물가수준이 상승한 만큼 정확히 조정되기 때문이다.

c. 1인당 GDP는 1983년부터 2019년까지 $\frac{\$65,212}{\$15,525}=4.2$의 비율만큼 증가했다. 즉 대략 네 배가 되었다.

d. 생활수준이 빈곤선보다 급격하게 증가해 왔으므로, 공식적으로 '가난'하다고 분류된 사람들의 생활수준은 다른 미국 시민들에 비해 상대적으로 점점 악화되었다. 만약 오늘 당신이 '가난'하다고 분류되었다면(즉 빈곤선 아래에 있다면) 당신은 1983년에 '가난'하다고 분류된 사람보다 상대적으로 더 많이 가난한 셈이다.

2. a. 각 5분위수는 100/5=20명의 시민을 포함하고 있다. 모든 시민을 포함한 도시의 총소득은 (20×0)+(20×200)+(20×400)+(20×300)+(20×100)=20,000메트로가 된다. 가장 낮은 5분위수에 속하는 시민들은 10세이고 개별적으로 소득이 0메트로이며, 5분위수 전체의 소득도 0메트로이고 이는 총소득의 0%이다. 두 번째 5분위수에 속하는 시민들은 70세이고 개별적으로 소득이 100메트로이고, 5분위수 전체의 소득은 20×100=2,000메트로가 되고 이는 총소득의 2,000/20,000=10%가 된다. 세 번째 5분위수에 속하는 시민들은 20세이고 개별적으로 소득이 200메트로이고, 5분위수 전체의 소득은 20×200=4,000메트로가 되고 이는 총소득의 4,000/20,000=20%가 된다. 네 번째 5분위수에 속하는 시민들은 60세이고 개별적으로 소득이 300메트로이고, 5분위수 전체의 소득은 20×300=6,000메트로가 되고 이는 총소득의 6,000/20,000=30%이다. 최고 높은 5분위수에 속하는 시민들은 40세이고 개별적으로 소득이 400메트로이고, 5분위수 전체의 소득은 20×400=8,000메트로가 되고 이는 총소득의 8,000/20,000 =40%가 된다. 다음의 표는 이상의 소득 분배를 정리한 것이다. 이 표를 통해 현재 연령 간 소득 분배가 상당히 불공평하게 이루어졌음을 알 수 있다.

5분위수	총소득 분배
최하위	0%
제2분위	10
제3분위	20
제4분위	30
최상위	40

b. 40세의 모든 시민은 동일한 소득 400메트로를 갖고 있다. 각 5분위수는 20/5＝4명의 시민을 포함하고 있다. 다시 말하면 최하위 분위수의 시민들, 즉 가장 낮은 소득자 4명은 400메트로의 소득을 갖고 있다. 두 번째 5분위수의 시민들, 즉 다음으로 높은 소득자 4명도 역시 400메트로의 소득을 갖고 있고 계속 그와 같이 된다. 40세의 모든 시민의 총소득은 20×400＝8,000메트로이기 때문에 최하위 5분위수에 속해 있는 시민들의 총소득에 대한 분배 비율은 (4×400)/8,000＝20%이다. 이것은 모든 5분위수에서 동일하다. 각 5분위수에 속해 있는 시민들의 총소득에 대한 분배 비율이 정확히 일치하기 때문에 소득 분배는 완전히 공평하게 이루어져 있다.

c. 이 예들을 통해서 사회 전체적으로 소득 분배를 살펴본다는 것이 불공평성의 정확한 수준을 꽤나 과장한다는 것을 알 수 있다. 소득은 생애주기에 따라 변화하는 경향이 있기 때문에 모든 시민에 대하여 소득 분배를 조사할 때가 동일한 나이의 시민들에 대하여 소득 분배를 조사할 때보다 불평등이 더 심한 것으로 나타나게 되어 있다.

3. a. 소득의 중간값은 1,513달러만큼 소폭으로 증가했으며, 이는 백분율로 계산하면 $1,513/$40,102＝3.7% 증가한 것이다. 반면 그러나 소득의 평균은 $14,699만큼 증가했으며, 이는 백분율로 계산하면 $14,699/$46,481＝31.6% 증가한 것이다.

b. 소득의 중간값은 소폭 증가했지만 소득의 평균이 훨씬 더 크게 증가했다는 사실은 소득증가의 대부분이 소득분포의 최상위 계층에서 이루어졌다는 것을 의미한다. 최고 소득자의 소득이 증가하면 소득의 평균은 증가하지만 소득의 중간값은 변하지 않는다. 따라서 1972년부터 2018년까지 소득분포는 더욱 불평등해졌다.

4. a. 소득의 중간값은 가계들을 소득의 크기순으로 나열했을 때 정확히 가운데에 있는 가계의 소득이다. 100가구의 정확한 중간은 49번째와 50번째 가구 사이다. 그러나 두 가계 모두 소득이 1만 달러이기 때문에 우리는 소득의 중간값이 정확히 1만 달러라고 할 수 있다. 반면 소득의 평균은 모든 가구의 총소득을 가계의 숫자로 나눈 것이다. 따라서 이퀄러에서 소득의 평균은 $\frac{(99 \times \$10,000 + \$1,010,000)}{100} = \$20,000$이다.

b. 이러한 재분배 이후 모든 가계는 이제 2만 달러의 소득을 갖는다. 따라서 소득의 중간값은 2만 달러다. 소득의 평균은 $\frac{(100 \times \$20,000)}{100} = \$20,000$이다. 소득의 중간값이

증가했음에도 불구하고 소득의 평균은 불변이라는 사실을 주의하라. 이러한 이유로 경제학자들은 전형적인 가계의 소득을 대표하는 지표로서 소득의 평균보다 소득의 중간값이 더 낫다고 생각한다. 재분배의 결과, 전형적인 가계가 더 잘살게 된 것은 명백하며 이는 소득의 중간값이 증가한 것에 반영되어 있다. 그러나 소득의 평균은 전혀 증가하지 않았으므로 이러한 사정을 반영하지 못하고 있다.

5. 모든 시민이 100%의 평균세율로 세금을 낸다면 이는 시민의 소득이 모조리 세금으로 나가게 된다는 것을 의미한다. 반면 개별 시민들은 총조세수입으로부터 동일한 이전소득을 받게 된다. 그러므로 시민 개인적인 측면에서 일을 하기 위한 유인이 하나도 없고 세금도 내지 않으려 할 것이다. 그럼에도 개인들은 여전히 다른 모든 시민으로부터 만들어진 소득, 즉 조세수입으로부터 동일한 이전소득을 받게 된다. 모든 사람이 이러한 유인에 직면한다면 누구도 일을 하지 않을 것이고 세전소득이 없어서 조세수입도 없을 것이다. 결과적으로 각 시민들의 세후소득은 영이 될 것이다. 이같이 완벽하게 공평성을 달성하는 조세구조는 소득을 벌려는 유인을 완전히 훼손시키며 현실적으로 실현 불가능한 제도라 생각된다.

6. a. 1. 첫 1만 달러에 대한 소득세는 −40%이고, 로와니의 소득은 1만 달러 이하이므로 그녀의 소득세는 $-0.4 \times \$8,000 = -\$3,200$가 된다. 즉 그녀는 정부로부터 3,200달러를 받게 되며 그녀의 세후소득은 $\$8,000 + \$3,200 = \$11,200$가 된다.

   2. 첫 1만 달러에 대한 소득세는 −40%이므로, 그 소득에 대해 미드램은 $-0.4 \times \$10,000 = -\$4,000$를 지불한다. 즉 4,000달러를 받게 된다. 다음 3만 달러 소득에 대해 미드램은 10%의 세금을 지불하므로 그 부분에 대한 소득세는 $0.10 \times \$30,000 = \$3,000$이다. 종합하여, 미드램은 $-\$4,000 + \$3,000 = -\$1,000$의 세금을 낸다. 즉 그는 여전히 정부로부터 1,000달러를 받게 되며 그의 세후소득은 $\$40,000 + \$1,000 = \$41,000$가 된다.

   3. 첫 1만 달러에 대한 소득세는 −40%이므로, 그 소득에 대해 하이완은 $-0.4 \times \$10,000 = -\$4,000$를 지불한다. 즉 4,000달러를 받게 된다. 다음 9만 달러 소득에 대해 하이완은 10%의 세금을 지불하므로 그 부분에 대한 소득세는 $0.10 \times \$90,000 = \$9,000$이다. 종합하여, 하이완은 $-\$4,000 + \$9,000 = \$5,000$의 세금을 내게 되며 그의 세후소득은 $\$100,000 - \$5,000 = \$95,000$가 된다.

b. 이 조세 체계에는 세전소득이 증가할수록 세후소득이 감소하는 경우는 없다. 세전소득이 증가할수록 세후소득 역시 증가한다. 1만 달러 이하에서 추가로 벌어들이는 돈에 대해, 세후소득은 실제로 1.40달러만큼 증가한다. 1만 달러 이상에서 추가로 벌어들이는 돈에 대해, 세후소득은 0.90달러만큼 증가한다. 따라서 세전소득이 증가함에 따라 세후소득이 감소하는 상황은 발생하지 않는다.

7. a. 실업자는 날마다 50달러의 소득을 얻는다. 하루에 4시간 일을 하는 사람은 매일 40달러의 소득을 벌게 된다. 노칭험에서는 실업상태일 때 벌게 되는 것과 동일한 소득을 벌기 위해서는 5시간을 일해야 한다.

b. 사람들은 일하는 것보다는 여가를 좋아하기 때문에 어느 누구도 하루에 5시간보다 덜 일해야 하는 일자리에 취직하려 하지 않을 것이다. 그러한 일자리는 실업수당보다 더 적은 소득을 주고 여가시간을 포기해야 하기 때문이다.

c. 이제 1달러를 벌 때 실업수당 중 0.5달러가 삭감된다고 할 때 하루에 4시간을 일하고 40달러의 소득을 번다면 실업수당은 $40 \times \$0.5 = \$20$만큼 삭감된다. 다시 말해서 하루에 4시간을 일하는 사람은 총소득이 $\$40 + \$50 - \$20 = \$70$가 된다(소득에 실업수당을 더하고 삭감된 실업수당을 빼 주어야 한다). 새로운 제도하에서는 4시간을 일하는 것이 실업상태로 있는 것보다 20달러를 더 벌 수 있기 때문에 이제 하루에 4시간을 일하려는 유인이 생기게 되었다(물론 사람에 따라서는 여전히 일을 하지 않을 수도 있다).

8. 아래 표는 보험혜택을 받지 못하는 사람의 비율과 보험혜택을 받지 못하는 가난한 어린이들의 비율을 계산한 것이다.

연도	보험 미가입 인구	보험 미가입 빈곤층 어린이
2005	15.2%	62.0%
2007	15.3	60.9
2009	16.7	48.4
2011	15.7	43.5
2013	13.4	34.2
2015	9.1	31.0
2017	8.8	29.7

미국의 전체 무보험자 비율은 2011년까지 비교적 안정적이었다. 그러나 2014년에 건강보험개혁법(Affordable Care Act : ACA)이 시행되면서 보험에 가입하지 않은 미국인의 수가 2천만 명 이상 감소했다. 전체 무보험자 비율은 2009년 16.7%로 최고치를 기록했던 것이 2017년에는 9% 미만으로 떨어졌다.

ACA가 시행되기 전인 2009년에 전체 무보험자 비율이 증가했음에도 불구하고 무보험 빈곤층 아동의 비율은 급격히 감소했다. ACA는 무보험 아동의 비율을 더욱 낮춰 현재 300만 명 이상의 아동이 ACA 덕분에 보험에 가입했다.

9. 정당들 간의 강령이 다르다고 인식된다는 것은 투표자들이 점점 미국 정치에서 당파심의 정도가 증가해 왔다고 느끼고 있다는 것을 의미한다. 여론조사에서 2016년은 가장

큰 합의를 이루었다.

10. a. 이 보험 정책은 실현 가능할 것 같지 않다. 왜냐하면 비싼 치료를 덜 필요로 하는 사람들은 일반적으로 그들이 건강보험을 덜 필요로 할 것을 알기 때문이다. 그리고 보험료가 평균적인 사람의 의료비용에 기초하기 때문에, 치료가 별로 필요하지 않은 건강한 사람은 이 정책을 매우 비싸게 생각할 것이다. 따라서 이런 많은 사람들이 이 정책을 구입하지 않는다. 그러나 비싼 치료를 많이 필요로 하는 사람에게는 이 정책이 유리할 것이고 이러한 보험을 많이 구입하려고 할 것이다. 따라서 보험자는 위험이 높은 사람들과 거래해야 하는 **역선택**에 직면할 것이고 이러한 보험을 팔아서 손해를 보지 않으려면 보험료를 올려야만 할 것이다. 이것이 '역선택으로 인한 악순환'이라고 불리는 첫 번째 단계이다.

b. 보험사는 일반적으로 가입자들에 비해 치료의 필요성에 대한 정보가 부족하기 때문에 두 개의 다른 보험 정책을 제시하는 방식은 성공하기 힘들 것이다. 모든 사람은 보험료가 낮은 정책을 구입하기 원할 것이다. 만약 보험사가 높은 위험을 갖는 개인이 그들을 위한 것이 아닌 보험을 구입하는지 여부를 구별하기 힘들다면 손실을 보게 될 것이며 보험료를 올려야 할 것이다. 다시, 이것은 '역선택으로 인한 악순환'의 첫 번째 단계이다.

c. 이 장에서 공부했듯이, 영국 의료보험제도는 영국에 있는 모든 사람에게 건강관리를 제공하는 정부기관이다.(당신이 영국에서 휴가 중이어도 여기에 포함된다!) 그리고 일반적인 조세로부터 그 비용을 충당한다. 즉 아무도 정부에 의해 제공되는 건강보험 비용을 부담하는 것을 거부할 수 없다.

생산요소시장과 소득분배

1. a. 1억 5,200만 명의 노동자들이 평균 7만 5,138달러를 받고 있기 때문에 피용자 보수의 총합은 1억 5,200만×$75,138=11조 4,210억 달러가 된다.

   b. 18조 1,552억 달러의 총소득 중에 노동자들이 11조 4,210억 달러를 받아 가기 때문에 백분율로 나타낼 경우, 피용자 보수의 비율은 $11조 4,210/$18조 1,552억×100= 62.9%가 된다.

   c. 이러한 변화는 총소득 중 노동자들에게 돌아가는 몫(피용자 보수)의 비율을 줄이고 기업가(사용자) 측에 돌아가는 몫(사용자 보수)의 비율을 증가시킨다.

   d. 노동공급이 증가함에 따라 균형임금은 하락하지만 균형고용량은 증가하게 된다. 따라서 피용자 보수의 비율이 증가할지 감소할지는 분명하지 않다.

2. a. 아래의 표는 각 노동자의 한계생산(MPL)과 한계생산가치($VMPL$)를 보여 주고 있다. $VMPL=P×MPL$이므로 $VMPL=\$2×MPL$이 성립함에 유의하라.

노동 투입량 (사람 수)	얼린 요구르트 양 (컵)	MPL (노동자 1명당 컵 수)	VMPL (노동자 1명당)
0	0		
		110	$220
1	110		
		90	180
2	200		
		70	140
3	270		
		30	60
4	300		
		20	40
5	320		
		10	20
6	330		

   b. 마티는 3명의 노동자를 고용해야 한다. 세 번째 노동자의 한계생산가치(140달러)는 임금률(80달러)보다 높다. 따라서 마티는 3명째 노동자를 고용해야 한다. 그러나 네 번째 노동자의 한계생산가치는 60달러밖에 안 된다. 이는 임금률보다 작기 때문에 마티는 네 번째 노동자를 고용하지 말아야 한다.

3. 다음 그림은 한계생산가치가 10달러인 경우와 15달러인 경우를 나타내고 있다. 따라서 임금률이 10달러에서 15달러로 상승함에 따라 패티의 노동자에 대한 수요는 2명에서 1명으로 감소한다. 즉 임금이 상승함에 따라 패티는 노동자의 고용을 감소시켜야 한다.

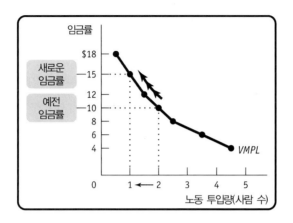

4. 아래 표는 노동의 한계생산(MPL)과 노동의 한계생산가치($VMPL$)를 나타내고 있다.

노동 투입량 (강사 수)	운전강좌 수량 (시간)	MPL (강사 1명당 시간)	$VMPL$ (강사 1명당)
0	0		
		8	$280
1	8		
		7	245
2	15		
		6	210
3	21		
		5	175
4	26		
		4	140
5	30		
		3	105
6	33		

만약 운전교습강사의 하루 일당이 160달러라면 자멜은 4명의 강사를 고용해야 한다. 4명째 강사의 한계생산가치는 175달러이며 이는 임금률보다 높다. 그러나 5명째 강사의 한계생산가치는 140달러밖에 되지 않으며 이는 임금률보다 낮다. 비슷한 논리를 통해 자멜의 노동에 대한 수요는 아래 표와 같이 나타낼 수 있다.

일일 임금률	노동 수요량(강사 수)
$160	4
180	3
200	3
220	2
240	2
260	1

5. 데일의 주장은 잘못되었다. 기업의 소유주는 마지막 노동자의 한계생산가치가 시장임금인 9.5달러와 같아질 때까지 노동자를 고용한다. 이는 시장에서 마지막으로 고용된 노동자를 제외한 모든 노동자의 한계생산가치는 9.5달러보다 높지만 똑같이 9.5달러를 지급받는다는 것을 의미한다. 이를 약간 달리 접근한다면 순서가 어떻게 되었든 데일과 다나 중 주유소를 여는 일을 한 사람의 한계생산가치가 편의점에 물건을 갖다 놓은 사람의 생산성보다 높게 되어 있기 때문이다.

6. **a.** 우리는 노동의 한계생산가치가 임금과 일치하는 지점까지 노동자들이 고용된다는 사실을 알고 있다. 즉 $VMPL = P \times MPL = W$이다. 따라서 현재 멕시코에서 $P \times MPL_{Mexico} = \$11$이고 캘리포니아에서 $P \times MPL_{California} = \$9$이다. 멕시코와 캘리포니아에서 가격은 동일하기 때문에 이러한 조건이 성립하기 위해서는 멕시코에서 노동의 한계생산이 캘리포니아에서보다 높아야 한다. 주어진 임금률에서 노동공급량이 멕시코에 거주하는 노동자와 캘리포니아의 멕시코 이주 노동자가 같다는 것은 두 그룹이 동일한 공급곡선을 갖는다는 점을 뜻한다. 따라서 공급곡선은 하나만 그리면 된다. 이 경우 두 그룹의 노동자가 다른 임금을 받는 것은 노동의 수요곡선이 다르기 때문이다. 멕시코 노동자들은 더 높은 노동의 한계생산을 갖기 때문에 그들의 노동에 대한 수요곡선은 캘리포니아 노동자보다 우상향에 그려진다.

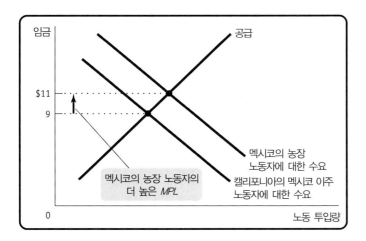

b. 멕시코에서의 농장일이 더 힘들고 위험하기 때문에, 이제는 더 이상 멕시코의 농장 노동자에게 지급되는 더 높은 임금이 그들의 높은 생산성 때문이라고 볼 수 없다. 대신에 임금 격차는 멕시코의 농장 노동자가 직면하는 위험과 어려운 일을 보상하는 보상적 격차라고 볼 수 있다.

c. 주어진 어떤 임금에서도 노동의 수요량이 두 그룹에서 같다는 가정은 두 시장에서의 수요곡선이 동일하다는 것을 의미한다. 캘리포니아 노동자에 비해 멕시코 노동자가 요구하는 보상적 격차는 아래 그림에서 그들의 공급곡선에 의해 나타내질 수 있다. 아래 그림에서 멕시코 노동자들의 공급곡선은 캘리포니아 노동자에 비해 왼쪽 위에

위치한다.

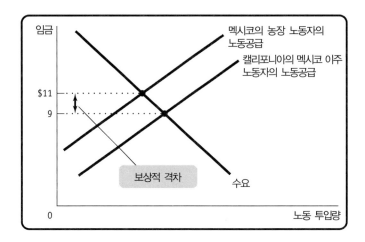

7. **a.** 세 가지 조건은 다음과 같다. (1) 켄드라의 현재 토지의 한계생산가치는 r_L^*이다. 이 경우에만 켄드라는 그녀가 사용한 토지의 양을 불변으로 유지한다. (2) 켄드라의 현재 노동의 한계생산가치가 w^*보다 작다. 이 경우에만 켄드라는 그녀가 고용한 노동의 양을 줄인다. (3) 켄드라의 현재 자본의 한계생산가치가 r_K^*보다 크다. 이 경우에만 켄드라는 그녀가 사용한 자본의 양을 늘린다.

b. 세 가지 조건은 다음과 같다. (1) 켄드라의 현재 토지의 한계생산가치가 r_L^*보다 크다. 이 경우에만 켄드라는 그녀가 사용한 토지의 양을 늘린다. (2) 켄드라의 현재 노동의 한계생산가치가 w^*보다 크다. 켄드라가 토지를 더 사용한다면 켄드라는 노동을 더 고용해야만 한다. 따라서 이 경우에만 켄드라는 그녀가 고용한 노동의 양을 토지와 함께 증가시킨다. (3) 켄드라의 현재 자본의 한계생산가치가 r_K^*보다 크다. 켄드라가 토지를 더 사용하면 자본을 더 사용해야만 한다. 따라서 이 경우에만 켄드라는 그녀가 사용하는 자본의 양을 토지의 양과 함께 증가시킨다.

8. **a.** 이것은 아마 신형 제트 항공기의 조종사가 되는 것이 일반 비행기 조종사가 되는 것보다 훨씬 위험하기 때문일 것이다. 따라서 이러한 격차는 아마도 보상적 임금격차일 것으로 판단된다.

b. 이것은 아마도 인적 자본의 차이에서 비롯한 것으로 보인다. 교육을 많이 받게 되면 인적 자본을 많이 축적하게 된다. 그리고 인적 자본은 높은 수입으로 이어지게 된다.

c. 이 역시 인적 자본의 차이에서 비롯한 것으로 판단된다. 정교수는 조교수보다 강의에 대한 경험이 많다. 그들은 풍부한 현장경험을 통해 인적 자본을 축적하고 있으며 이로 인해 높은 수입을 얻게 된다.

d. 노동조합은 조합원들의 이익을 위해 임금협상에 있어 상당한 협상력을 행사한다. 이로 인해 높은 임금이 설정되게 되고 임금격차가 발생하게 되는데 이는 한계생산성이

론만으로는 설명하기 어려운 현상이다.

9. 이에 대한 그럴듯한 하나의 답은 이것이 작업현장에서의 차별로 비롯된 것이라는 주장이다. 알다시피 차별이란 한계생산성이론과 상충되는 현상이다. 이에 대한 또 하나의 답은 이러한 소득의 불일치가 과거 차별의 결과라는 것인데 이는 한계생산성이론과 상충되지 않는다. 과거에는 공공연한 차별로 인해 아프리카계 미국인들의 교육기회가 심하게 제한되었다. 이때의 어린이들이 지금의 근로자가 되었고 그들이 교육을 잘 받지 못했기 때문에 그들이 인적 자본을 갖추지 못하였고 이로 인해 낮은 임금을 받게 되는 것이다. 따라서 지금의 임금격차가 차별로부터 비롯한 것은 사실이지만 이것이 한계생산성이론과 상충하는 것은 아니다. 그러나 이것이 사실이라고 하더라도 한계생산성이론이 현재 소득 분배 상태를 도덕적으로 정당화시킬 수 있는 것은 아니라는 점에 유의하기 바란다.

10. 그레타의 시간당 자문료가 하락함에 따라 여가의 기회비용도 하락한다. 따라서 대체효과는 그레타가 정원일을 하는 시간을 늘리고 자문을 하는 시간을 줄이는 방향으로 작용한다. 그러나 자문료의 하락은 그레타를 가난하게 만드는 셈이기 때문에 소득효과는 정상재인 여가의 소비시간을 줄이고 근로시간을 증가시키는 방향으로 작동하게 된다. 만약 전반적으로 그레타가 적게 일하기로 결정했다면 이는 대체효과가 소득효과를 능가한 경우임이 분명하다.

11. a. 이 정책이 노동공급에 미치는 효과는 불명확하다. 소득세율을 낮추는 것은 노동자들의 임금률을 실질적으로 상승시키는 효과가 있다. 이때 대체효과는 사람들이 일을 더 많이 하는 쪽으로 작용할 것이지만 소득효과는 일을 더 적게 하는 쪽으로 작용하게 될 것이다. 따라서 이 정책은 대체효과가 소득효과보다 더 강력한 경우에만 원하는 효과를 거둘 수 있다.

  b. 이 정책이 노동공급에 미치는 효과는 불명확하다. 소득세율을 높이는 것은 노동자들의 임금률을 실질적으로 하락시키는 효과가 있다. 이때 대체효과는 사람들이 일을 더 적게 하는 쪽으로 작용할 것이지만 소득효과는 일을 더 많이 하는 쪽으로 작용하게 될 것이다. 따라서 이 정책은 소득효과가 대체효과보다 더 강력한 경우에만 원하는 효과를 거둘 수 있다.

  c. 이 정책은 분명히 사람들의 노동공급을 증가시킬 것이다. 재산세의 증가는 사람들을 더 가난하게 느끼게 만들 것이며 그 결과 사람들은 모든 정상재의 소비를 감소시킬 것이다. 여가도 정상재이기 때문에 사람들은 여가의 소비를 줄이고 더 많은 시간을 일하게 된다. 이 정책은 오직 소득효과를 통해서만 노동공급에 영향을 미친다. 이 경우에 여가의 기회비용이 변한 바가 없기 때문에 대체효과는 작용하지 않는다.

chapter:
19A

노동공급의 무차별곡선 분석

1. a. 만약 레안드로가 16시간을 모두 여가로 사용한다면 아무런 소득도 얻지 못할 것이다. 반면 16시간을 모두 일한다면 그는 16×$20=$320의 총소득을 얻을 것이다. 이를 요약하면 아래 그림의 BL_1의 예산선이 된다. 이때 여가의 기회비용은 예산선의 기울기의 절댓값에 해당하는 20이 된다. 이는 레안드로가 1시간의 여가를 누릴 때마다 20달러를 포기해야 한다는 것을 의미한다. 그가 8시간을 여가로 보내고 8시간을 근무하고 있기 때문에 그의 무차별곡선 I_2는 A점에서 그의 예산선과 접하게 된다.

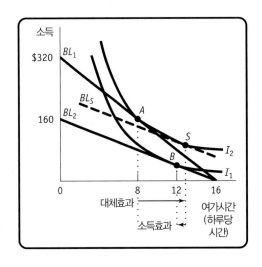

b. 만약 레안드로가 16시간을 모두 일한다면 그는 16×$10=$160의 총소득을 얻을 것이다. 이를 요약하면 위 그림의 BL_2의 예산선이 된다. 이때 여가의 기회비용은 예산선의 기울기의 절댓값 10에 해당하는 $10가 된다.

c. 만약 레안드로가 4시간을 일한다면 이는 12시간의 여가를 소비한다는 것을 의미한다. 즉 그의 무차별곡선 I_1은 이 그림의 B점에서 예산선과 접하게 된다.

d. 대체효과는 위 그림에서 레안드로의 선택을 A에서 S로 이동시킨다. 이는 레안드로의 효용을 일정하게 유지하면서, 즉 그가 원래 있던 I_2의 무차별곡선 상에서 여가의 기회비용을 20달러에서 10달러로 변화시킴으로써 구한 값이다. 이것이 점선으로 나타낸 BL_S의 예산선에 해당한다. 기회비용이 하락하였기 때문에 레안드로는 대체효과에 의해 더 많은 여가를 소비하게 된다. 소득효과로 인한 여가 소비의 변화는 S점에서 B점으로의 변화로 나타나 있다. 임금 하락으로 인해 레안드로는 예전보다 가난하게 느끼게 되었으며 이로 인해 정상재인 여가의 소비를 줄이게 된다. 위 예에서 전반적으로

여가의 소비는 8시간에서 12시간으로 증가하였기 때문에 대체효과가 소득효과보다 더 크게 작용했다고 볼 수 있다.

2. a. 만약 플로렌스가 16시간을 모두 여가로 보낸다면 그녀는 아무런 소득을 얻지 못할 것이다. 그러나 만약 16시간을 모두 일한다면 그녀는 1,600달러를 벌게 될 것이다. 이를 그림으로 나타내면 아래 그림의 BL_1에 해당하는 예산선이 된다. 그녀는 12시간을 일하고 있기 때문에 여가 소비는 4시간이 될 것이다. 즉 그녀의 무차별곡선 I_1은 A점에서 예산선에 접하게 된다.

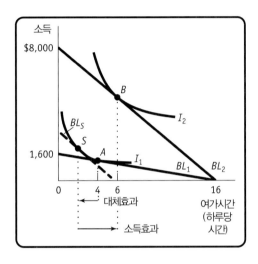

b. 이제 플로렌스가 16시간을 모두 일한다면 그녀의 소득은 8,000달러가 될 것이다. 이를 그림으로 나타내면 위 그림의 BL_2에 해당하는 예산선이 된다. 그녀는 10시간을 일하고 있기 때문에 여가 소비는 6시간이 될 것이다. 즉 그녀는 현재 B점을 선택한 것이다.

c. A에서 S까지의 플로렌스의 변화는 대체효과를 나타내고 있다. 이는 그녀의 효용을 일정하게 유지하면서, 즉 그녀가 원래 있던 I_1의 무차별곡선 상에서 여가의 기회비용을 변화시킴으로써 구한 값이다. 이것이 점선으로 나타낸 BL_S의 예산선에 해당한다. 이때 여가의 기회비용이 상승했기 때문에 플로렌스는 여가의 소비를 감소시키게 될 것이다. 반면 소득효과는 그녀가 더 많은 여가를 소비하게 한다. 즉 컨설팅 비용이 상승함에 따라 플로렌스는 예전보다 부유하게 느끼게 되고 정상재인 여가를 더 많이 소비하게 되는 것이다. 이 경우는 결과적으로 여가의 소비가 증가했으므로 소득효과가 대체효과보다 강하게 작용한 경우로 볼 수 있다.

3. **a.** 웬디의 개별노동공급곡선은 아래 그림처럼 후방굴절하는 형태가 된다.

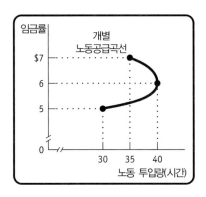

b. 웬디의 행동에 대해서는 완벽하게 합리적인 설명이 가능하다. 임금률이 상승함에 따라 여가의 기회비용이 상승한다. 따라서 대체효과는 여가를 적게 소비하고 노동공급을 늘리는 방향으로 작용한다. 동시에 임금률이 상승하면 웬디는 보다 부유해지게 되는데 이는 정상재인 여가의 소비를 늘리고 노동공급을 감소시키는 방향으로 작용한다. 즉 소득효과와 대체효과는 반대 방향으로 작용한다. 웬디의 경우 임금률이 5달러에서 6달러로 상승할 때는 대체효과가 소득효과보다 더 크게 작용하였으며, 6달러에서 7달러로 상승할 때는 소득효과가 대체효과보다 더 크게 작용한 것으로 볼 수 있다.

4. **a.** 임금률이 상승함에 따라, 여가가 상대적으로 비싸지기 때문에 대체효과는 여가를 덜 소비하도록 만든다. 그러나 임금률의 상승은 소비자를 더 부유하게 하고 여가는 정상재이기 때문에 소득효과는 소비자로 하여금 여가를 더 소비하도록 만든다. 임금 상승의 결과 여가시간이 증가했으므로 소득효과가 대체효과보다 더 크게 작용했을 것이다.

b. 임금률이 상승함에 따라 소득효과와 대체효과는 a번과 같은 방식으로 작동한다. 그러나 여성 노동자의 참여가 증가했으므로 새로운 여성 노동자에게는 대체효과가 더 강했을 것이다. (왜 그런가? 노동시장에 참여하지 않은 개인에게, 임금률 상승은 오직 대체효과만 갖는다. 여가의 기회비용이 증가하기 때문에 그들이 여가를 덜 소비하도록 이끈다. 즉 여성 노동자들이 더 일하도록 만드는 것이다. 새로운 여성 노동자들은 소득을 벌고 있지 않기 때문에 임금률의 상승은 소득효과가 없다.[*])

c. 다음 〈그림 (a)〉는 모든 노동자의 노동공급곡선을 보여 주고, 〈그림 (b)〉는 새로운 여성 노동자의 노동공급곡선을 보여 준다.

---

* 역자 주 : 이 경우 소득효과가 없다는 것은 실질소득을 정의하는 두 가지 기준인 슬러츠키의 기준과 힉스의 기준 중 슬러츠키의 기준에 의한 것이다. 슬러츠키는 구매력을 기준으로 실질소득에 근거하여 정의하였고, 힉스는 효용을 기준으로 실질소득을 정의하였다. 이 경우 힉스의 기준에 의하면 소득효과는 노동공급을 줄이는 방향으로 작용한다.

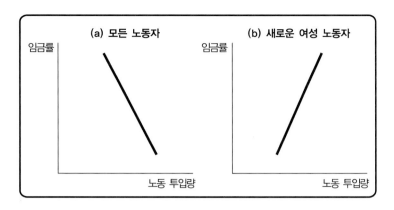

불확실성, 위험 및 사적 정보

1. **a.** 타니샤가 보유한 주가의 기댓값은 $(0.5 \times \$100) + (0.5 \times \$70) = \$50 + \$35 = \$85$이다.

b. 샤론의 당첨금에 대한 기댓값은 $(0.7 \times \$0) + (0.2 \times \$10) + (0.1 \times \$50) = \$0 + \$2 + \$5 = \$7$이다.

c. 아론의 이윤에 대한 기댓값은 $(0.9 \times \$100) + (0.1 \times (-\$20)) = \$90 + (-\$2) = \$88$이다.

2. **a.** 아래 표는 소득에 대한 비키의 한계효용을 나타내고 있다. 그녀의 한계효용이 감소하기 때문에 그녀는 위험기피적인 행동을 할 것이다.

소득	총효용(유틸)	한계효용(유틸)
$0	0	
		50
1,000	50	
		35
2,000	85	
		30
3,000	115	
		25
4,000	140	
		23
5,000	163	
		20
6,000	183	
		17
7,000	200	
		15
8,000	215	
		14
9,000	229	
		12
10,000	241	

b. 회사가 성공하게 되면 비키는 그녀가 투자하지 않은 2,000달러와 회사가 그녀에게 지불하는 8,000달러를 합해서 1만 달러의 소득을 갖게 될 것이다. 만약 회사가 실패하게 되면 그녀는 그녀가 투자하지 않은 2,000달러만을 소득으로 갖게 될 것이다. 따라서 비키의 소득의 기댓값은 $(0.5 \times \$10,000) + (0.5 \times \$2,000) = \$5,000 + \$1,000 = \$6,000$가 된다.

c. 비키가 투자를 한 경우의 기대효용은 $(0.5 \times 85) + (0.5 \times 241) = 42.5 + 120.5 = 163$이다.

d. 비키가 투자를 하지 않았다면 그녀의 효용은 4,000달러의 소득을 갖고 있을 때의 효용인 140유틸이 된다. 투자를 했을 때의 기대효용이 투자를 하지 않았을 때의 효용보

다 크기 때문에 그녀는 회사에 투자를 할 것이다.

3. 회사가 성공한다면 비키는 1만 달러의 소득을 갖게 된다. 반면 회사가 실패하면 비키는 그녀가 투자했던 전액을 잃어버리게 되어 소득이 0달러가 된다. 투자에 대한 비키의 기대효용은 $(0.5 \times 241) + (0.5 \times 0) = 120.5$이다. 이것은 그녀가 투자하지 않았을 때의 효용 140유틸보다 작기 때문에 그녀는 회사에 투자하지 않을 것이다.

4. **a.** 포드 주식에 투자하여 벌게 되는 기대수입은 $(0.2 \times \$1,500) + (0.4 \times \$1,100) + (0.4 \times \$900)$ $-\$1,000 = \$300 + \$440 + \$360 - \$1,000 = \$100$이다.

b. 당신은 당신의 돈을 은행에 예금해서 확실한 1,100달러를 갖고 있을 것인지 아니면 포드 주식에 투자하여 평균적으로 1,100달러를 가질 것인지를 선택해야 한다. 두 가지 투자 모두 **평균적으로** 같은 보수를 주지만 포드 주식에 투자하는 것은 위험이 따른다. 당신이 위험을 싫어한다면 확실한 1,100달러를 갖는 것을 더 선호할 것이다. 따라서 당신은 분명히 당신의 돈을 은행에 예금할 것이라 예상할 수 있다.

5. **a.** 윌버의 소득의 기댓값은 $(0.6 \times \$60,000) + (0.4 \times \$10,000) = \$36,000 + \$4,000 = \$40,000$이다.

b. 윌버의 기대효용은 $(0.6 \times 210) + (0.4 \times 60) = 126 + 24 = 150$유틸이다.

c. 이러한 보험에 가입하게 되면 윌버의 소득은 확실한 2만 달러가 되는데 이 경우 그의 효용은 110유틸이 된다. 이 값은 보험에 들지 않았을 때의 기대효용보다 낮다. 그래서 그는 이 보험에 가입하지 않을 것이다.

d. 만약 윌버가 보험가입 이후 3만 달러를 확실히 얻을 수 있다면 그의 효용은 150유틸이 되는데 이는 보험이 없을 때의 효용과 일치한다. 그런데 어떤 보험회사가 완전한 보험(즉 그가 비행 의료증명서를 받지 못했을 때 그에게 소득 상실분인 5만 달러를 보상하는)을 제공하는 대신 3만 달러의 보험료를 부과한다면 윌버는 3만 달러의 확실한 소득을 얻게 된다. 따라서 3만 달러가 그가 완전한 보험에 대해 지불하고자 하는 가장 높은 보험료이다.

6. **a.** 공정한 보험의 보험료는 베스가 청구하게 될 금액(보험금)의 기댓값과 같다. 베스의 차가 도난당할 확률이 $\frac{1}{379} = 0.003$이므로 베스의 보험청구액의 기댓값은 $0.003 \times \$20,000 = \$60$이다.

b. 이 보험의 보험료는 $0.006 \times \$20,000 = \$120$이다.

c. 이때의 보험료는 공정한 보험의 경우보다 크다. 따라서 그녀는 보험에 가입하지 않을 것이다.

d. 베스가 차 도난으로부터 완전히 보장된다면, 그녀는 조심할 유인이 없다. 즉 그녀는

차를 안전한 차고에 주차하지 않고 어두운 길거리에 주차하거나 문을 잠그지 않고 다닐지 모른다.

7. **a.** 아래의 표는 휴의 한계효용을 나타내고 있다. 그의 한계효용이 감소하기 때문에 그는 위험을 기피한다.

소득	총효용(유틸)	한계효용(유틸)
$0	0	
		100
1,000	100	
		40
2,000	140	
		26
3,000	166	
		19
4,000	185	
		15
5,000	200	
		12
6,000	212	
		10
7,000	222	
		8
8,000	230	
		6
9,000	236	
		4
10,000	240	

b. 휴는 0.5의 확률로 2,000달러의 소득을 벌고, 0.5의 확률로 10,000달러의 소득을 번다. 그의 소득의 기댓값은 $(0.5 \times \$2,000) + (0.5 \times \$10,000) = \$1,000 + \$5,000 = \$6,000$이다. 그의 기대효용은 $(0.5 \times 140) + (0.5 \times 240) = 70 + 120 = 190$유틸이다. 도박을 하지 않았을 때의 효용은 확실하게 5,000달러를 벌게 되는 경우의 효용과 같고 그 값은 200유틸이다. 그러므로 그는 도박을 하지 않는다.

c. 휴는 0.5의 확률로 4,000달러의 소득을 벌고, 0.5의 확률로 8,000달러의 소득을 번다. 소득의 기댓값은 $(0.5 \times \$4,000) + (0.5 \times \$8,000) = \$2,000 + \$4,000 = \$6,000$이다. 이 도박은 문제 a번에서와 같은 기댓값을 갖는다. 그러나 휴의 기대효용은 $(0.5 \times 185) + (0.5 \times 230) = 92.5 + 115 = 207.5$유틸이다. 이 도박은 위험이 줄었기 때문에 문제 b번에서보다 그에게 더 좋은 결과를 가져다준다. 그리고 이제 충분히 위험이 낮아졌으며 도박을 하는 경우의 기대효용이 더 높아졌으므로 휴는 도박에 참가할 것이다. 이 경우 그가 얻는 기대효용은 5,000달러를 가지고 있을 때 얻을 수 있는 효용인 200유틸보다 크다.

8. 에바가 인터넷 회사에 투자를 한다면 그녀는 0.5의 확률로 $\$50,000 - \$30,000 = \$20,000$의 가치가 있는 주식을 갖게 되고, 0.5의 확률로 그녀는 $\$50,000 + \$50,000 = \$100,000$의 가치가 있는 주식을 갖게 된다. 따라서 그녀가 인터넷 회사에 투자를 했을 경우 에바가

보유한 주식의 기댓값은 $(0.5 \times \$20,000) + (0.5 \times \$100,000) = \$10,000 + \$50,000 = \$60,000$ 이다. 이와 유사하게 그녀가 IBM 회사 주식에 투자를 했을 경우 그녀의 주식의 기댓값은 $(0.5 \times \$40,000) + (0.5 \times \$80,000) = \$20,000 + \$40,000 = \$60,000$이다. 에바는 두 가지 투자를 통해서 똑같은 기댓값을 갖게 된다. 그러나 IBM 회사에 투자하는 것이 위험이 적다. 그러므로 그녀는 IBM 회사 주식에 투자하는 것을 더 선호할 것이다.

9. a. 당신이 테드와 래리의 아이스크림 주식에 모든 돈을 투자한다면 당신은 10주의 주식을 구매할 수 있다. 10주의 주식은 날씨가 따뜻하다면 1,500달러의 가치를 가지며 날씨가 추울 경우에 600달러의 가치를 가진다. 날씨가 춥거나 따뜻할 가능성이 같기 때문에 주식 가치의 기댓값은 $(0.5 \times \$1,500) + (0.5 \times \$600) = \$750 + \$300 = \$1,050$이다. 이는 당신이 모든 돈을 에텔의 코코아 하우스의 주식에 투자한다면 받을 수 있는 주식 가치의 기댓값과 동일하다.

b. 각 회사에 500달러씩을 투자한다면 당신은 최초에 각 주식을 5주씩 갖게 된다. 날씨가 따뜻하고 쾌청하다고 가정하자. 테드와 래리 주식 5주는 750달러의 가치를 가질 것이며 에텔 주식 5주는 300달러의 가치를 가질 것이다. 그래서 당신의 총 주식 가치는 1,050달러가 될 것이다. 날씨가 춥다면 어떻게 될까? 테드와 래리 주식 5주는 300달러의 가치를 가질 것이고 에텔 주식 5주는 750달러의 가치를 가질 것이기 때문에 총 주식 가치는 1,050달러가 될 것이다. 이는 분산투자의 중요성을 설명한다.

c. 당신이 모든 돈을 테드와 래리의 아이스크림 주식에 투자한다면 당신은 평균적으로 1,050달러를 얻게 될 것이며 위험을 감수해야 한다. 당신이 두 주식에 투자를 한다면 당신은 날씨가 따뜻하든 춥든 같은 보수를 얻게 된다. 즉 주식 가치의 기댓값 1,050달러를 아무런 위험 없이 얻게 된다. 이 예에서 분산투자를 통해 모든 위험을 제거할 수 있다.

10. a. 위험중립적 투자자는 오직 수익의 기댓값에 근거하여 의사결정을 내린다. '에너지'의 기대수익률(12.66%)이 '평생전략 보수적 성장'의 기대수익률(5.88%)보다 크기 때문에 위험중립적인 투자자는 '에너지'를 더 선호할 것이다.

b. 위험기피자인 후안이 기대수익률이 더 낮은 '평생전략 보수적 성장'에 투자했으므로 이 금융자산의 위험성은 '에너지'의 위험성보다 상당히 낮을 것이라 추정된다. a에서 보았듯이 위험중립적 투자자는 포트폴리오의 위험에 관계없이 항상 '에너지'를 선택한다.

c. 분산보유된 포트폴리오의 수익의 기댓값은 $(0.5 \times 0.0588\%) + (0.5 \times 0.1266\%) \times 100 = (0.0296 + 0.0633) \times 100 = 9.27\%$이다. 만약 두 포트폴리오가 연관성이 없다면(두 포트폴리오가 통계적으로 독립적이라면) 분산보유된 포트폴리오의 평균적인 위험은 감소한다. 그러나 만약 두 포트폴리오 사이에 양의 상관관계가 있다면, 분산보유된 포트

폴리오의 위험은 '평생전략 보수적 성장' 포트폴리오의 위험보다 더 클 수도 있다.

11. a. 당신이 우량품의 가치를 1만 달러로 평가한다면 당신은 그것을 사는 데 1만 달러까지 지불할 용의가 있을 것이다. 판매자가 우량품의 가치를 8,000달러로 평가한다면 그는 8,000달러 이상이 제안될 경우 판매하려고 할 것이다. 따라서 현재 8,000달러와 1만 달러 사이의 가격이 설정된다면 사려는 사람과 팔려는 사람은 모두 거래에 만족할 것이며 거래가 성사될 수 있을 것이다.

b. 당신에게 제공된 자동차는 0.5의 확률로 1만 달러의 가치를 가지고 0.5의 확률로 4,000달러의 가치를 지닌다. 따라서 차량의 기대가치는 $(0.5 \times \$10,000) + (0.5 \times \$4,000) = \$5,000 + \$2,000 = \$7,000$가 된다.

c. 당신이 자동차의 품질을 알지 못할 때 자동차를 사기 위해서 지불할 의사가 있는 최대금액은 7,000달러이다. 좋은 재화를 갖고 있다는 것을 알고 있는 판매자는 8,000달러 이상이 되는 가격에서 자동차를 팔려고 할 것이다. 그래서 서로에게 이득이 됨에도 불구하고 우량품에 대한 거래는 이루어지지 않을 것이다.

12. a. 당신이 추가적으로 1명을 더 고용할 때 0.5의 확률로 작업속도가 빠른 노동자를 고용할 것이고 0.5의 확률로 작업속도가 느린 노동자를 고용할 것으로 기대된다. 그래서 당신의 추가적인 수입의 기댓값은 $(0.5 \times \$100) + (0.5 \times \$50) = \$50 + \$25 = \$75$이다.

b. 당신이 75달러를 제시한다면 오직 실비아만을 고용할 수 있다. 프레드는 그 임금 수준에서 일하기를 원치 않기 때문이다. 결국 당신은 오로지 작업속도가 느린 노동자만을 채용하게 되는 역선택에 직면하게 된다.

c. 당신은 작업속도가 빠른 노동자를 고용하는 것을 선호한다. 작업속도가 빠른 노동자를 고용하면 당신은 하루에 $\$100 - \$80 = \$20$를 얻는다. 그러나 작업속도가 느린 노동자를 고용하면 하루에 단지 $\$50 - \$40 = \$10$를 얻는다. 만약 당신이 의자가 10개 이상 생산되면 노동자에게 하루당 80달러를 지불하고, 의자가 10개보다 적게 생산되면 하루 40달러 미만을 지급하는 보상체계를 설계한다면 오직 작업속도가 빠른 노동자만 당신을 위해 일하는 것을 선택하도록 보장할 것이다.

13. a. 이는 역선택의 상황이다. 판매자는 자신이 팔려고 하는 자동차가 어떤 유형인지 알고 있지만 당신은 알지 못한다. 만약 당신이 우량품을 갖게 될 것이라는 것을 안다면 당신은 상대가 받기 원하는 충분한 가격을 지불할 것이다. 그러나 현재 당신에게 제시된 자동차의 품질을 알지 못하기 때문에 당신은 불량품과 우량품의 평균적인 가치만을 지불하려고 할 것이다. 이 경우 우량품을 갖고 있는 판매자는 충분한 가격을 받을 수 없으므로 서로에게 이득이 되는 거래가 이루어지지 않기 때문에 이 상황은 비효율적이다. 판매자는 보증서를 제공함으로써 당신에게 자신이 우량품을 갖고 있다는 신

호를 보낼 수 있다. 보증서를 제공한다는 것이 불량품을 판매하려는 자에게는 많은 비용을 발생시키기 때문에 오로지 우량품을 판매하려는 자만이 보증서를 제공할 여력이 있기 때문이다. 그래서 보증서가 첨부된 자동차를 보게 된다면 그것은 틀림없이 좋은 재화라는 것을 알게 되고 당신은 기꺼이 그것에 대하여 더 많은 대가를 지불할 것이다.

b. 이는 도덕적 해이의 상황이다. 보험회사는 당신이 옳은 일을 하고 있는지, 즉 정말로 아플 때만 진료를 받고 있는지 여부를 알 수가 없다. 보험회사가 당신의 병원비를 전부 보상해 준다면 당신은 아주 작은 두통만 있어도 병원을 방문할 것이고 아주 높은 보험금을 청구하게 될 것이다. 그러나 만약 본인부담금이 있게 되면 당신은 그 부담금을 지불할 용의가 있을 정도로 아플 경우에만 병원을 방문하게 될 것이므로 비효율성은 감소될 것이다(그러나 이 경우 보험이 보장해 주는 범위가 감소함에 따라 당신은 기꺼이 비용을 지불하고서라도 회피하고 싶어 하는 위험을 직접 부담할 수밖에 없으며 이로 인한 비효율성이 여전히 남아 있게 된다).

c. 이는 역선택의 상황이다. 구매자는 그가 사업상 여행을 하는지 아니면 여가로서 여행을 하는지 알고 있지만 항공사는 그 사실을 알지 못한다. 항공사가 모든 좌석을 같은 가격에 일률적으로 판매한다면 항공사는 사업상 여행을 하는 사람으로부터 얻을 수 있는 잠재적인 수입 감소와 여가로 여행하는 사람 중 운임이 너무 비싸 여행을 포기하는 사람으로부터의 수입 감소가 발생할 수 있다. 차별화된 표가 제공된다면 여행 계획이 유동적인 사업상 여행자는 높은 가격을 지급하고서라도 일정에 융통성이 있는 표를 살 것이며, 여가로 여행을 하는 사람은 일정 변경이 힘들더라도 낮은 가격의 표를 사려고 할 것이다. 이러한 과정을 통해 비효율성을 감소시킬 수 있다.

d. 이는 도덕적 해이의 상황이다. 회사는 노동자가 얼마나 많은 노력을 하는지에 대하여 알 수 없다. 생산량에 비례하는 임금을 지불하게 되면 노동자들은 자신이 얼마나 노력하느냐에 따라서 임금을 받게 되기 때문에 도덕적 해이의 문제를 감소시킬 수 있다. 그러나 이 상황에서는 위험배분의 비효율성이 발생한다. 노동자들은 위험기피적이기 때문에 불확실한 봉급보다는 확실한 봉급을 더 선호한다. 그러나 성과급이 지급되면 노동자들은 봉급의 불확실성을 받아들여야 한다.

e. 이는 역선택의 상황이다. 고용주들은 당신이 생산적인지 비생산적인지 유형을 알 수 없다. 고용주들은 비생산적인 노동자와 생산적인 노동자가 받는 임금의 평균값을 임금으로 제시할 것이기 때문에 이 상황은 비효율적이다. 당신이 생산적인 노동자라면 그 임금은 당신에게 충분히 보상을 해 주지 못하기 때문에 당신은 일하지 않을 것이다. 이에 대해 생산적인 노동자들은 이전 고용주들로부터 받은 추천서를 제시하는 것이 해결방법이 될 수 있다. 비생산적인 노동자들은 좋은 추천서를 제시할 수 없어서 추천서 제출을 건너뛰려 할 것이다. 추천서를 갖고 있다는 것은 당신이 생산적인 노동자라는 좋은 신호가 될 수 있기 때문에 회사는 기꺼이 당신에게 더 높은 급료를

지불하려 할 것이다.

14. a. 공정보험의 조건은 보험료, 즉 보험의 가격이 보험청구액의 기댓값과 동일한 것이다. 이 문제에서 코리의 보험청구권의 기댓값은 $(0.02 \times \$300,000) + (0.98 \times \$0) = \$6,000$ 이다.

    b. 코리는 분명히 이 보험에 가입한다. 그녀의 보험금의 기댓값은 6,000달러인데 그녀는 보험료로 단지 1,500달러만을 지불하므로 이것은 유리한 보험이다. 이 보험에 가입하는 것은 코리의 기대소득을 증가시키게 된다. 그녀가 위험을 싫어하기 때문에 그녀는 확실히 이 보험에 가입할 것이다.

    c. 코리는 분명히 이 보험에 가입할 것이다. 그녀의 보험금의 기댓값이 6,000달러이고 보험료가 역시 6,000달러이기 때문에 이것은 공정한 보험이다. 이 보험에 가입함으로써 코리의 기대소득은 변하지 않게 된다. 그러나 그녀가 위험을 싫어하기 때문에 그녀는 확실히 이 보험에 가입할 것이다.

    d. 코리가 이 보험에 가입할지 여부는 명확히 말할 수 없다. 그녀의 보험금에 대한 기댓값은 6,000달러이나 그녀는 보험료로 9,000달러를 지불해야 하므로 이는 불리한 보험이다. 이 보험에 가입하게 되면 코리의 기대소득이 감소하게 된다. 하지만 그녀가 위험을 매우 싫어한다면 그녀는 이 보험에 가입할 것이다. 그러나 그녀가 얼마나 위험을 싫어하는지에 대한 정보가 없기 때문에 가입 여부를 확실하게 말할 수가 없다.

거시경제학의 개관

1. a. 이것은 미시경제학의 문제이다. 왜냐하면 이것은 한 기업의 행동(공장이 문을 닫는 것)이 한 개인(종업원)에게 미치는 영향을 언급하고 있기 때문이다.

b. 이것은 거시경제학의 문제이다. 왜냐하면 전반적인 소비지출은 전반적인 경제상태에 의해 영향을 받기 때문이다.

c. 이것은 미시경제학의 문제이다. 왜냐하면 최근 서리가 개별 시장(오렌지 시장)에 어떻게 영향을 미쳤는지를 살펴보기 때문이다.

d. 이것은 미시경제학의 문제이다. 기업의 노동자들이 조합을 결성할 때 특정 공장에서 임금이 어떻게 변할지에 대해서 언급하고 있기 때문이다.

e. 이것은 거시경제학의 문제이다. 왜냐하면 대외적인 화폐가치(환율)가 변하면서 전반적인 수출 수준에 미치는 변화를 설명하는 문제이기 때문이다.

f. 이것은 거시경제학의 문제이다. 왜냐하면 인플레이션과 실업이라는 두 경제총량 간의 관계를 언급하고 있기 때문이다.

2. 이 문제는 '절약의 역설'을 언급하고 있다. 개인적인 측면에서 저축이 더 좋다는 것이 사실이지만 경제 전체로 보았을 때 항상 그렇지만은 않다. 한 개인이 저축을 하면 그의 부가 증가되고 미래에 더 많은 소비를 할 수 있게 된다. 그러나 모든 사람이 저축을 증가시키려 하면 기업들은 충분히 판매를 하지 못하게 되고 노동자들을 해고하게 될 것이다. 결과적으로 개인들의 소득이 줄어들게 된다. 결과적으로 이들은 저축을 늘리지도 못하면서 오늘의 소비만 감소시키게 될 가능성이 있다.

3. a. 경제는 대체로 자율조정적이라는 관점은 재정정책과 화폐정책을 통해 경제를 관리하는 것이 정부의 책임이라는 케인즈학파의 경제학과 상충한다.

b. 대공황은 경제는 대체로 자율조정적이라는 사회적 통념을 정부가 경제를 관리하기 위해 개입해야 한다는 케인즈학파의 견해로 변화시켰다.

c. 2007~2009년의 정책결정자들은 경기를 부양하기 위해 재정정책과 통화정책을 활발하게 사용했다. 만약 그들이 대공황 당시 정책결정자들이 한 것처럼 아무것도 하지 않았다면, 2007~2009년의 경기후퇴는 훨씬 길고 심했을 것이다.

4. 미국에서 경제학자들은 경기후퇴가 언제 시작하고 언제 끝나는지 결정하는 미국국립경제연구소(NBER)에서 경기후퇴를 진단하는 업무를 맡고 있다. 그들은 경제지표 중 특히 고용과 생산에 초점을 맞추어 살펴봄으로써 경기후퇴를 결정한다. 다른 많은 나라에서, 상당수의 국가들은 최소한 2개 이상의 사분기 연속으로 총생산이 감소하는 것을 경기후퇴의 판단기준으로 삼고 있다.

5. a. 경기순환에 따라 함께 움직이는 경향이 있는 지표로 (1) 실질 국내총생산이라 불리는 산업생산, (2) 고용, (3) 인플레이션을 들 수 있다. 이 세 지표는 모두 경기상승기에 상승하고 경기하강기에 하락하는 경향이 있다.

   b. 경기후퇴기간 동안 많은 사람이 실직하고, 실직되지 않은 사람들의 임금이 감소하기 때문에 노동자와 그의 가족들은 큰 고통을 경험한다. 그 결과, 생활수준이 하락하고 빈곤한 사람의 수가 증가한다. 기업도 경기후퇴 동안 이윤이 감소한다.

   c. 대공황 중에 발간된 케인즈의 저서는 경기후퇴의 효과를 완화시키기 위해 통화정책과 재정정책을 사용할 것을 제안했으며 오늘날까지 정부들은 경기후퇴가 발생하면 케인즈학파의 정책을 시행했다. 나중에 또 한 명의 위대한 거시경제학자인 프리드먼의 저서는 경기후퇴뿐만 아니라 팽창도 조절하는 것이 중요하다는 점에 대한 합의를 이끌었다. 이에 따라 오늘날의 정책담당자들은 경기순환을 '평탄하게' 만들려고 노력한다.

6. 장기 경제성장은 장기에 걸쳐 총생산이 지속적으로 증가하는 추세를 보이는 것을 의미한다. 1인당 장기성장의 핵심은 임금의 상승과 생활수준의 지속적인 향상이다. 경기순환의 확장은 단기(수개월이나 몇 년의 기간)에서 실질 GDP를 증가시킨다. 그러나 장기성장은 장기(수십 년의 기간)에 걸쳐 1인당 실질 GDP를 증가시킨다. 우리가 인구증가율에 대비한 실질 국내총생산의 장기성장률의 상대적인 크기에 많은 관심을 가지는 이유는 인구증가율에 대비한 실질 국내총생산의 장기성장률이 국민들의 생활수준을 결정하는 가장 중요한 요인이기 때문이다.

7. 맬서스는 인류의 삶이 이전 800년 또는 그 이전 동안에 그래 왔던 것과 유사하게 지속될 것이라고 생각했다. 그는 기술의 발전이 생산성에 커다란 변화를 가져오고, 총생산의 장기성장이 인구증가를 능가할 것이라는 것을 알지 못했다. 이 장에서 배운 것처럼 현대적 기준으로 볼 때 1800년 이전에는 경제가 매우 느린 속도로 성장했으며 인구도 거의 비슷한 속도로 증가하였다. 그 결과 1인당 소득은 거의 증가하지 않았다. 그러나 1800년 이후에는 장기 경제성장이 이어졌으며 그 결과 생활수준은 크게 상승하였다.

8. a. 2007년에 빅맥은 미국 달러화로 환산할 때 일본에서 가장 저렴했다.

   b. 2019년에 빅맥은 미국 달러화로 환산할 때 아르헨티나에서 가장 저렴했다.

c. 먼저 2007년과 2019년 사이의 기간에 대하여 빅맥에 대한 각국 화폐 가격의 변화율을 계산하면 된다.

아르헨티나의 가격변화율＝(peso120.0－peso8.25)/peso8.25×100＝1,354.5%

캐나다의 가격변화율＝(C\$6.77－C\$3.63)/C\$3.63×100＝86.5%

유로지역의 가격변화율＝(€4.08－€2.94)/€2.94×100＝38.8%

일본의 가격변화율＝(¥390－¥280)/¥280×100＝39.3%

미국의 가격변화율＝(US\$5.74－US\$3.22)/US\$3.22×100＝78.3%

가장 극심한 인플레이션을 겪은 국가는 1,354.5%의 가격 변화를 겪은 아르헨티나이다. 모든 국가의 물가수준이 상승하였으므로 디플레이션을 겪은 나라는 없다.

9. 평균적인 학생이 대학등록금을 내는 것이 더 어려워졌는지 여부를 알기 위해서는 등록금 상승률과 개인세후소득 상승률을 비교해야 한다. 공립대학의 등록금 상승률은 개인세후소득 상승률에 비해 약 60%[＝(485%－302%)/302%]가 더 높다. 또한 사립학교 등록금 상승률은 개인세후소득 상승률에 비해 약 43%[＝(433%－302%)/302%]가 더 높다. 따라서 평균적인 학생이 대학등록금을 내는 것은 어느 경우에나 더 어려워졌다.

GDP와 CPI : 거시경제의 측정

1. a. 국내에서 생산된 재화와 서비스에 대한 모든 지출을 합산해서 마이크로니아에 대한 GDP를 추정할 수 있다. 지출은 소비지출, 정부의 재화와 서비스 구매, 수출에서 수입을 차감한 순수출로 구성되어 있고 합계는 750달러이다($650+$100+$20−$20).

   b. 순수출은 수출에서 수입을 뺀 것이다. 마이크로니아에서 순수출은 0이다($20−$20).

   c. 가처분소득은 가계의 소득에서 세금을 빼고 정부이전지출을 더한 소득이다. 마이크로니아에서 가처분소득은 650달러이다($750−$100).

   d. 그렇다. 소비지출에 세금을 더하면 750달러이고 이것은 가계가 임금과 이윤과 이자 그리고 임대료로 받은 것과 동일하다.

   e. 정부는 조세를 징수하여 재화와 서비스를 구입하기 위한 자금을 조달한다.

2. a. 국내에서 생산된 재화와 서비스에 대한 모든 지출을 합산해서 매크로니아에 대한 GDP를 추정할 수 있다. 지출은 소비지출, 투자지출, 정부의 재화 및 서비스 구매, 수출에서 수입을 차감한 순수출로 구성되어 있고 합계는 800달러이다($510+$110+$150+$50−$20).

   b. 순수출은 수출에서 수입을 뺀 것이다. 매크로니아에서 순수출은 30달러이다($50−$20).

   c. 가처분소득은 가계의 소득에서 세금을 빼고 정부이전지출을 더한 소득이다. 매크로니아에서 가처분소득은 710달러이다($800−$100+$10).

   d. 그렇다. 소비지출에 세금을 더하고 민간저축을 더하면 810달러가 되고 이것은 가계가 임금과 이윤과 이자와 임대료 그리고 정부이전지출로 받은 것과 동일하다.

   e. 매크로니아에서 정부지출을 위해 160달러의 재정수입이 필요하다(재화와 서비스를 구매하는 데 드는 150달러와 정부이전지출에 드는 10달러). 정부는 조세수입으로 100달러의 자금을 조달하고 나머지 60달러는 금융시장에서 빌려서 자금을 조달한다.

3. 아래 설명에서 단위는 10억 달러이다.

   a. 2018년 소비지출은 $1,475.1+$2,889.2+$9,663.9=$13,998.2이다.

   b. 2018년 민간투자지출은 $3,573.6+$54.7=$3,628.3이다.

   c. 2018년 순수출은 $2,510.3−$3,148.5=−$638.2이다.

   d. 2018년 정부의 재화와 서비스 구매 및 투자지출은 $1,347.3+$2,244.2=$3,591.5이다.

e. 2018년 국내총생산은 $13,998.2+$3,628.3+$3,591.5-$638.2=$20,579.8이다.

f. 2018년 총소비지출에서 서비스 소비지출이 차지하는 퍼센트는 $\frac{\$9,633.9}{\$13,998.2}\times100=68.8\%$ 이다.

g. 2018년 수출은 수입의 $\frac{\$2,510.3}{\$3,148.5}\times100=79.7\%$이다.

h. 2018년 연방정부의 재화와 서비스 구매 중 국방에 대한 지출은 $\frac{\$793.6}{\$1,347.3}\times100=58.9\%$ 이다.

4. a. 생산에서 발생한 부가가치로 GDP를 계산하기 위해서는 각 회사의 모든 부가가치(산출물의 가치에서 투입물의 가치를 뺀 것)를 더해야만 한다. 빵 회사의 부가가치는 50달러이고, 치즈 회사의 부가가치는 35달러, 피자 회사의 부가가치는 115달러($200−$50−$35)이다. 따라서 부가가치의 총합은 200달러($50+$35+$115)이다.

b. 최종생산물에 대한 지출로 GDP를 계산하기 위해서는 단지 피자의 가치만 산정하면 된다. 왜냐하면 생산된 모든 빵과 치즈가 피자 생산에 사용된 중간재이기 때문이다. 따라서 최종생산물에 대한 지출은 200달러이다.

c. 요소소득으로 GDP를 계산하기 위해서는 각 회사의 요소소득(임금과 이윤)을 합산해야 한다. 빵 회사의 요소소득은 임금이 15달러이고 이윤이 35달러이므로 50달러이다. 치즈 회사의 요소소득은 임금이 20달러이고 이윤이 15달러이므로 35달러이다. 피자 회사의 요소소득은 임금이 75달러이고 이윤이 40달러($200−$75−$50−$35)이므로 115달러이다. 따라서 요소소득의 총합은 200달러($50+$35+$115)이다.

5. a. 생산에서 발생한 부가가치로 GDP를 계산하기 위해서는 각 회사의 모든 부가가치(산출물의 가치에서 투입물의 가치를 뺀 것)를 더해야만 한다. 빵 회사의 부가가치는 100달러이고, 치즈 회사의 부가가치는 60달러이고, 피자 회사의 부가가치는 115달러($200−$50−$35)이다. 따라서 부가가치의 총합은 275($100+$60+$115)달러이다.

b. 최종생산물에 대한 지출로 GDP를 계산하기 위해서는 최종재로 팔린 피자와 치즈와 빵의 가치를 더해야 한다. 빵 회사가 최종재로서 50달러($100−$50)를 팔았고, 치즈 회사는 최종재로서 25달러($60−$35)를 팔았고, 피자는 200달러 모두 최종재이기 때문에 GDP는 275달러($50+$25+$200)이다.

c. 요소소득으로 GDP를 계산하기 위해서는 각 회사의 요소소득(임금과 이윤)을 합산해야 한다. 빵 회사의 요소소득은 임금이 25달러이고 이윤이 75달러이므로 100달러이고, 치즈 회사의 요소소득은 임금이 30달러이고 이윤이 30달러이므로 60달러이다. 피자 회사의 요소소득은 임금이 75달러이고 이윤이 40달러($200−$75−$50−$35)이므로 115달러이다. 따라서 요소소득의 총합 역시 275달러($100+$60+$115)이다.

6. a. 코카콜라가 새로운 공장을 짓는다면 이것은 투자지출로서 GDP에 포함된다.

b. 델타 항공사가 그들이 사용하던 비행기 중에 1대를 대한항공에 팔면 이 거래는 GDP에 포함되지 않는다. 왜냐하면 이 거래는 해당 기간에 생산된 것이 아니기 때문이다. 이 비행기는 이미 그것이 생산되었을 때 GDP에 포함되었다. 이 거래는 단지 중고품의 판매에 불과하다.

c. 주식을 사고파는 거래는 GDP에 포함되지 않는다. 왜냐하면 이것은 직접적으로 생산과 관련되지 않기 때문이다.

d. 캘리포니아 와인업자가 샤도네이를 몬트리올에 있는 소비자에게 팔았다면 그것은 미국이 수출을 한 것이고 미국의 GDP에 순수출로서 합산된다.

e. 미국 사람이 프랑스의 향수를 구입한다면 그것은 GDP에 추산되는 소비지출이 된다. 그러나 이것은 미국에서 생산된 것이 아니기 때문에 수입으로 GDP에 차감된다. 결국 거래의 순효과는 미국의 GDP에 아무런 변화를 일으키지 않는다.

f. 출판사가 너무 많은 책을 인쇄해서 그 책들이 생산된 해에 팔리지 못했다면 출판사는 남는 책들을 재고에 합산하게 된다. 이 책들은 투자지출로 고려되고 GDP에 더해진다. 이는 출판사가 직접 자사의 책을 구입한 것으로 이해할 수 있다.

7. a. 실질 국내총생산은 해당 연도의 생산량에 기준연도의 물가를 곱한 것이다. 2012년이 기준연도이고 물가가 지속적으로 상승하였다면 1968년, 1978년, 1988년, 1998년, 2008년까지의 실질 국내총생산을 구할 때는 각 연도별 물가보다 더 높은 물가를 곱한다. 따라서 명목 국내총생산보다 실질 국내총생산이 더 크게 구해진다. 반면 2010년의 경우에는 실질 국내총생산을 구할 때 2018년의 물가보다 더 낮은 물가를 곱하기 때문에 명목 국내총생산보다 실질 국내총생산이 더 낮게 구해진다. 학생들은 기준연도인 2012년의 경우에는 명목 국내총생산과 실질 국내총생산이 동일할 것이라는 점을 어렵지 않게 알 수 있을 것이다.

b. 아래의 표는 각 해당 기간별 실질 국내총생산의 성장률을 보여 주고 있다. 이에 따르면 1968~1978년의 성장률이 가장 높았다.

연도	실질 GDP (10억 달러, 2012년 기준)	실질 GDP 변화율
1968	$4,792	
1978	6,569	37.1%
1988	8,866	35.0%
1998	12,038	35.8%
2008	15,605	29.6%
2018	18,638	19.4%

c.

연도	1인당 실질 GDP (2012년 달러 기준)
1968	$23,871
1978	29,506
1988	36,179
1998	43,592
2008	51,241
2018	56,921

d. 아래의 표는 각 해당 기간별 1인당 실질 국내총생산의 성장률을 보여 주고 있다. 이에 따르면 1968~1978년의 1인당 성장률이 가장 높았다.

연도	1인당 실질 GDP 변화율
1968~1978	23.6%
1978~1988	22.6%
1988~1998	20.5%
1998~2008	17.5%
2008~2018	11.1%

e. 주어진 모든 기간에 있어서 실질 국내총생산 성장률이 1인당 실질 국내총생산 성장률보다 높다. 이는 해당기간 중 인구가 꾸준하게 성장했기 때문이며 우리의 예측과 일치한다.

8.　**a.** 2018년부터 2020년까지 영어 교과서 가격의 변화율은 14%[(($114−$100)/$100)×100]이다.

　　b. 2018년부터 2020년까지 수학 교과서 가격의 변화율은 5.7%[(($148−$140)/$140)×100]이다.

　　c. 2018년부터 2020년까지 경제학 교과서 가격의 변화율은 25%[(($200−$160)/$160)×100]이다.

　　d. 교과서 물가지수를 만들기 위해서 여러분은 먼저 시장바구니(3권의 영어 교과서, 2권의 수학 교과서, 4권의 경제학 교과서)의 비용을 3개년 각각에 대하여 계산해야 한다. 그리고 기준이 되는 연도의 시장바구니 비용으로 해당 연도의 시장바구니 비용을 나눔으로써 각 값들을 표준화할 수 있다. 그리고 여기에 100을 곱하여 물가지수를 구할 수 있다(기준이 되는 연도인 2019년의 물가는 100이 된다).

　　　　2018년도 교과서 비용=(3×$100)+(2×$140)+(4×$160)=$1,220

　　　　2019년도 교과서 비용=(3×$110)+(2×$144)+(4×$180)=$1,338

2020년도 교과서 비용＝(3×$114)＋(2×$148)＋(4×$200)＝$1,438

2018년도 물가지수＝($1,220/$1,338)×100＝91.2

2019년도 물가지수＝($1,338/$1,338)×100＝100

2020년도 물가지수＝($1,438/$1,338)×100＝107.5

e. 2018년부터 2020년까지 교과서에 대한 물가지수의 변화율은 17.9%[((107.5−91.2)/ 91.2)×100]이다.

9. 퇴직자의 소비자물가지수는

항목	비중	2019년 8월 CPI	CPI 기여분
주거비	0.10	169.5	16.95
식료품비	0.15	162.2	24.33
교통비	0.05	146.4	7.32
의료비	0.60	210.8	126.48
교육비	0.00	266.8	0
여가비	0.10	120.4	12.04
총 CPI			187.12

대학생의 소비자물가지수는

항목	비중	2019년 8월 CPI	CPI 기여분
주거비	0.05	169.5	8.48
식료품비	0.15	162.2	24.33
교통비	0.20	146.4	29.28
의료비	0.00	210.8	0
교육비	0.40	266.8	106.72
여가비	0.20	120.4	24.08
총 CPI			192.89

퇴직자와 대학생의 소비자물가지수(CPI)를 계산하기 위해서 주어진 가중치로 각 구성 요인을 가중평균하면 된다. 그 결과 퇴직자의 CPI는 187.12가 되며, 대학생의 CPI는 192.89가 된다. 2019년 8월 평균적인 소비자들의 CPI가 158.4이기 때문에 평균적인 물가지수는 퇴직자와 대학생의 생계비용보다 낮다.

10. a. GDP 디플레이터는 실질 GDP에 대한 명목 GDP의 비율에 100을 곱한 것이다. 다음 표에 수치가 구해져 있다.

	2012	2013	2014	2015	2016	2017	2018
• 실질 GDP(2012년 기준, 10억 달러)	16,197	16,495	16,912	17,404	17,689	18,108	18,638
• 명목 GDP (10억 달러)	16,197	16,785	17,527	18,225	18,715	19,519	20,580
• GDP 디플레이터	100.0	101.8	103.6	104.7	105.8	107.8	110.4

b. GDP 디플레이터를 이용해 구해진 인플레이션율은 다음 공식에 의해 구해진다.

$$\frac{(\text{현재 GDP 디플레이터} - \text{과거 GDP 디플레이터})}{\text{과거 GDP 디플레이터}} \times 100$$

아래 표에 수치가 구해져 있다.

	2012	2013	2014	2015	2016	2017	2018
GDP 디플레이터	100.0	101.8	103.6	104.7	105.8	107.8	110.4
인플레이션		1.8%	1.8%	1.1%	1.1%	1.9%	2.4%

12. 아래의 표는 GDP 디플레이터에 기초한 인플레이션율과 소비자물가지수에 기초한 인플레이션율에 대한 계산 결과를 보여 주고 있다.

연도	GDP 디플레이터	인플레이션율 (GDP 디플레이터에 기초)	CPI	인플레이션율 (CPI에 기초)
2016	106,551		241,432	
2017	108,713	2.03%	246,524	2.11%
2018	111,256	2.34%	251,233	1.91%

실업과 인플레이션

1. 일반적으로 실업률은 실질 GDP의 성장률과 반대 방향으로 움직인다. 경기가 회복되면 우리는 실업률이 빠르게 떨어질 것이라고 예상한다. 그러나 심한 경기침체가 몇 번 반복된 후에는 실업자들이 낙담하게 되고 구직활동을 포기하게 된다. 실업자의 정의는 구직활동을 하는 사람만을 포함하기 때문에 노동자들이 낙담하여 구직활동을 포기하게 되면 실업률이 줄어들게 된다. 반면 강력한 경기확장 국면이 몇 번 반복된 이후에 공식적인 실업률이 증가하는 현상이 나타나기도 한다. 왜냐하면 새로운 근로자를 유인하기 위해 임금이 인상되면, 이에 고무된 취업자들이 새로운 일자리를 찾기 위해 지금의 일을 관두기도 하고 실망실업자들도 다시 일자리를 찾기 시작하기 때문이다.

2. a. 멜라니는 더 높은 임금을 제시하는 직장을 찾기 위해 낮은 임금을 제시하는 직장에 취직할 수 있는 기회를 스스로 거절했기 때문에 마찰적 실업상태에 있다.

 b. 멜라니는 그녀가 일하는 산업에서의 현행 균형임금보다 더 높은 임금을 요구하고 있기 때문에 구조적 실업상태에 있다. 이 경우는 다른 나라에 하청을 줌으로써 균형임금이 낮아진 경우이다.

 c. 멜라니는 경기변동과 관계된 일시적인 실업을 경험하고 있기 때문에 경기적 실업상태에 있다. 경기가 좋아지면 그녀는 다시 고용될 것이다.

3. 이 문제에 대한 답은 언제의 자료를 근거로 하는지에 따라 달라질 수 있다.

 a. 2014년 7월에 258만 7,000명의 노동자들이 지속기간이 5주 미만인 실업상태에 있었다. 그들은 전체 실업자 중 27.0%를 차지했다. 지속기간이 5주 미만인 노동자들의 수는 2014년 6월보다 증가하였다. 2014년 6월에는 241만 명의 노동자들이 지속기간이 5주 미만인 실업상태에 있었다. 그들은 전체 실업자 중 25.7%를 차지했다.

 b. 2014년 7월에 315만 5,000명의 노동자들이 지속기간이 27주 이상인 실업상태에 있었다. 그들은 전체 실업자 중 32.9%를 차지했다. 지속기간이 27주 이상인 노동자들의 수는 2014년 6월보다 증가하였다. 2014년 6월에는 308만 1,000명의 노동자들이 지속기간이 27주 이상인 실업상태에 있었다. 그들은 전체 실업자 중 32.8%를 차지했다.

 c. 2014년 7월에 노동자들은 평균적으로 32.4주 동안 실업상태에 있었는데, 이는 2014년 6월의 33.5주보다 낮아진 값이다.

 d. 장기실업의 문제가 개선되고 있는 것 같다. 왜냐하면 2014년 7월의 수치가 2014년

6월보다 더 개선된 것이기 때문이다.

4. **a.** 아래 표에서 알 수 있듯이, 고용자 수는 경제활동인구에서 실업자 수를 뺀 것과 같다.

지역	고용자 수(천 명)		변화 (천 명)
	2018년 12월	2019년 12월	
북동부	27,453	27,649	196
남부	57,929	58,835	906
중서부	33,696	33,819	123
서부	37,096	37,677	581

b. 아래 표는 2013년 4월에서 2014년 4월 동안 경제활동인구의 변화를 보여 준다.

지역	경제활동인구 증가 (천 명)
북동부	193
남부	797
중서부	92
서부	462

c. 실업률은 아래 표에서와 같이 $\dfrac{\text{실업자}}{\text{경제활동인구}} \times 100$으로 계산된다.

지역	실업률	
	2018년 12월	2019년 12월
북동부	3.8%	3.8%
남부	3.6	3.4
중서부	3.6	3.5
서부	4.2	3.8

d. 4개 지역 모두에서 일자리 수와 일자리를 구하는 사람 수가 모두 증가했다. 그러나 일자리를 구하는 사람 수보다 일자리 수가 더 많이 증가해 실업률이 낮아졌다.

5. **a.** 제인과 그녀의 상사가 아이스크림을 판매하는 팀으로 일을 한다면 제인은 그녀의 상사가 자신이 일을 잘하고 있음을 확인하기를 원할 것이다. 이처럼 그녀의 작업을 직접 관찰할 수 있는 경우라면 그녀에게 효율임금을 지불하지 않더라도 그녀의 작업성과가 좋을 것이라 예상할 수 있다.

b. 제인이 어떤 직접적인 감독 없이 아이스크림을 판매하게 된다면 상사는 제인이 아이

스크림을 판매하기 위하여 최선을 다하고 있는지를 확신할 수 없다. 상사는 그녀가 더 열심히 일할 수 있도록 고무시키기 위해서 그녀에게 효율임금을 지불하려 할 것이다.

c. 제인의 상사는 그녀에게 효율임금을 지불할 것이다. 왜냐하면 쉽게 대체가 불가능한 기술인 한국어를 할 수 있는 근로자를 놓치고 싶지 않을 것이기 때문이다.

6. a. 정부가 실업상태의 노동자들이 실업수당을 받을 수 있는 기간을 줄인다면 노동자들은 직장을 탐색하는 데 시간을 들이기를 꺼릴 것이다. 이것은 마찰적 실업의 규모를 줄일 것이고 따라서 자연실업률도 낮아질 것이다.

b. 10대들의 마찰적 실업률이 더 높기 때문에 10대 노동자들이 구직을 연기한다면 마찰적 실업의 규모를 줄일 것이고 따라서 자연실업률도 낮아질 것이다.

c. 인터넷에 대한 접근성이 커질수록 구직이 더 용이해지기 때문에 마찰적 실업이 줄어들 것이고 따라서 자연실업률도 낮아질 것이다.

d. 강력한 노동조합은 균형보다 높은 임금으로 협상을 할 것이기 때문에 그들은 구조적 실업을 발생시키는 원인이 된다. 노동조합 가입자가 줄어들게 되면 구조적 실업이 감소하게 되고 더불어 자연실업률도 낮아질 것이다.

7. a. 일본의 평생직장 시스템은 마찰적 실업을 매우 낮은 수준으로 유지시켜 준다. 이러한 사회에서는 오직 노동자들이 처음으로 경제활동에 참가할 때만 직장 탐색이 이루어진다. 이처럼 마찰적 실업이 낮은 국가에서는 자연실업률도 낮다. 그러나 1989년의 주식시장 충격과 1990년대 경제성장이 둔화되면서 일본은 평생직장 시스템을 포기하고 있다. 일본 회사들이 평생직장이라는 생각을 갖고 있던 노동자들을 해고했고 해고당한 많은 사람들이 새로운 직장을 찾는 것은 어려웠다. 결론적으로 일본에서 마찰적 실업이 증가하였고 자연실업률도 증가하였다.

b. 실질 GDP 성장률의 가속화는 실업률의 감소로 이어져야 한다. 실제로 실업률은 2003년의 5.3%에서 2007년의 3.9%로 감소하였다. 이는 경기적 실업률의 감소 때문인 것으로 보인다. 실질 GDP 성장률의 가속화는 이 기간 동안 일본 경제가 확장되었다는 것을 의미한다.

8. a. 이것은 인플레이션이 구두창 비용이라는 경제적 순비용을 초래하는 예이다. 노동자들은 더 자주 은행을 가게 되어 가치 있는 시간과 자원을 소비하게 될 것이고, 기업들도 더 빈번히 노동자들에게 임금을 지불해야 하기 때문에 가치 있는 자원(경리직원의 시간 등)을 소비하게 된다.

b. 이것은 인플레이션이 계산단위 비용이라는 경제적 순비용을 초래하는 예이다. 랜웨이가 업무와 관련된 비용을 지불할 때 쓴 1달러는 회사로부터 오랜 시간 후에 환급받게

되는 1달러보다 더 가치가 있다. 그녀가 업무를 위해서 여행하는 것을 주저하게 됨에 따라 감소된 생산을 경제적 순비용으로 볼 수 있다.

c. 이것은 인플레이션이 승자와 패자를 만들어 내는 예이다. 예상치 못한 높은 인플레이션이 발생한다면 헥터가 주택담보 대출 회사에 지불해야 하는 자금의 실질 가치가 떨어지게 된다. 따라서 헥터는 인플레이션율이 증가하게 되면 이득을 보게 되고 주택을 담보로 대출을 해 준 대부자는 손해를 보게 된다. 현재 헥터의 주택담보 대출의 실질이자율은 6%−7%=−1%이기 때문에 마이너스 값이 된다. 따라서 현재 그는 주택구입자금을 사실상 아무런 비용 없이 조달하고 있는 셈이다.

d. 이것은 인플레이션이 메뉴 비용이라는 경제적 순비용을 초래하는 예이다. 케이프 코드의 별장 운영자는 예상치 못했던 높은 인플레이션 때문에 임대 가격을 올려야 하기 때문에 값비싼 전단지를 다시 인쇄해서 다시 발송해야 하며, 이는 다른 용도로 사용될 수 있었던 자원이 사용되지 못하게 한다.

9. 알버니아의 가계 주택담보 대출이 특히 매력적으로 느껴진 것은 2009년부터 2014년까지의 기간일 것이다. 이 기간에 인플레이션율이 주택담보 대출 이자율보다 더 높았기 때문에 이때의 실질이자율은 마이너스 값이 되었다. 명목이자율이 인플레이션율보다 낮을 때는 차입자가 이득을 보고 대부자가 손해를 보게 된다.

10. a. 평균 인플레이션율이 높은 나라일수록 메뉴 비용이 높을 것이다. 따라서 메뉴 비용이 높은 국가는 튀르키예, 인도네시아, 브라질, 중국, 미국, 프랑스, 일본 순서이다.

b. 평균인플레이션율(2006~2019년)과 2005년의 인플레이션율의 차이가 큰 나라일수록 10년 만기 대출을 받은 사람의 이익이 크다. 2006~2019년의 평균 인플레이션율에서 2005년의 인플레이션율을 뺀 값이 클수록 차입자가 유리하다. 두 값의 차이가 클수록 채무의 실질가치가 크게 하락하여 빚을 쉽게 갚을 수 있게 되기 때문이다. 따라서 차입자에게 가장 유리한 나라는 튀르키예이며 이후 중국, 일본, 프랑스, 브라질, 미국, 인도네시아 순이다.

c. 이 기간 일본의 평균 인플레이션율인 0.35%가 2005년의 인플레이션율인 −0.28%보다 더 크다. 따라서 일본에서 차입자는 이득을 얻고 대여자는 손해를 보았을 것이다.

11. a. 1980~1985년 사이에 발생한 디스인플레이션 때문에 실업률이 상승했을 것으로 예상할 수 있다. 실제로 실업률은 1980년의 6.5%에서 1985년의 11.4%로 상승했다.

b. 5% 인플레이션이 경제에 큰 해를 미친다는 증거는 많지 않다. 그러나 일단 높은 인플레이션율이 자리 잡고 나면 디스인플레이션이 큰 고통을 유발한다는 과거의 경험 때문에, 영국의 정책담당자들은 인플레이션율이 2% 수준보다 올라갈 때마다 인플레이션율을 2%로 되돌려 놓고 있다.

장기 경제성장

1. a. 아래 표에서 70의 법칙에 따라서 각 국가의 10년 동안의 1인당 실질 GDP의 연평균 성장률을 사용하여 1인당 실질 GDP가 두 배가 되는 기간을 확인할 수 있다. 마이너스 성장률을 기록한 해에 대한 평가는 계산하지 않은 채로 놔두었다. 왜냐하면 70의 법칙은 마이너스 성장률에는 적용할 수 없기 때문이다.

| | 70의 법칙에 따른 1인당 실질 GDP의 연평균 성장률 | | |
연도	아르헨티나	가나	한국
1968~1978	57.9	—	7.8
1978~1988	—	—	9.4
1988~1998	32.8	46.5	12.5
1998~2008	46.0	25.8	13.7
2008~2018	—	17.0	27.4

b. 각 국가가 2008년부터 2018년까지 성장했던 것처럼 계속 성장한다면, 1인당 실질 GDP는 가나에서는 2035년에 두 배가 되고, 한국에서는 2045년에 두 배가 되며, 아르헨티나는 평균 마이너스 성장을 기록하여 70의 법칙이 적용되지 않는다.

2. a. I. 2018년도 고소득 국가에 대한 중소득 국가 비율 : 11.8%

　ii. 2018년도 고소득 국가에 대한 저소득 국가 비율 : 1.7%

　iii. 2018년도 중소득 국가에 대한 저소득 국가 비율 : 14.4%

b. 중소득 국가들은 1인당 GDP를 두 배 증가시키는 데 $\frac{70}{3.6}=19.4$년(대략 19년)이 걸릴 것으로 예상된다. 그리고 저소득 국가들은 $\frac{70}{2.1}=33.3$년(대략 33년)이 걸릴 것으로 예상된다.

c. 고소득 국가의 1인당 GDP 성장률이 1.0%이므로 1인당 GDP가 두 배가 되는 데 70/1 =70년이 걸릴 것이며 그 결과 1인당 GDP는 87,118달러가 될 것이다. 같은 기간 동안 중소득 국가의 경우 70/19=3.7번에 걸쳐 소득이 두 배씩 될 것이다. 따라서 중소득 국가의 1인당 GDP는 $5,149×2×2×2×2=$82,384가 될 것이다. 2088년까지 저소득 국가의 경우 70/33=2.1번에 걸쳐 소득이 두 배씩 될 것이다. 따라서 저소득 국가의 1인당 GDP는 $740×2×2=$2,960가 될 것으로 예상된다.

d. i. 고소득 국가에 대한 중소득 국가 비율 : 94.6%

  ii. 고소득 국가에 대한 저소득 국가 비율 : 3.4%

  iii. 중소득 국가에 대한 저소득 국가 비율 : 3.6%

e. 2018년을 기준으로 정의된 저소득 국가와 중소득 국가는 모두 고소득 국가에 비해 1인당 GDP의 성장률이 높기 때문에 소득분배의 불평등은 완화될 것이다. 그러나 중소득 국가들이 저소득 국가들보다 빨리 성장하기 때문에 두 지역 간 불평등성은 더욱 커질 것이다.

3. 실물자본, 인적 자본, 기술과 자연자원은 1인당 실질 GDP의 장기 성장에 중요한 영향을 미친다. 실물자본이나 인적 자본이 증가하면 주어진 노동력으로 주어진 시간에 더 많이 생산할 수 있다. 경제학적 연구를 통해서 인적 자본과 실물자본 중 인적 자본의 증가가 생산성의 향상을 보다 잘 설명한다는 것이 알려졌지만, 기술진보가 생산성 성장에 더욱 중요한 요인이라고 생각된다. 역사적으로는 자연자원이 생산성을 결정하는 주도적인 역할을 했지만 오늘날 대부분의 나라에서 인적 자본이나 실물자본에 비해 그 중요성이 떨어진다.

4. 미국의 정책과 제도는 경제성장에 크게 공헌했다. 미국은 정치적으로 안정되었고, 법과 제도는 사유재산을 보호한다. 미국 경제는 상당한 규모의 국내저축과 해외저축을 끌어들였는데, 그 저축이 자본량의 성장을 촉진시키고 연구개발 자금을 조달하는 데 사용되는 투자로 연결되었다. 미국 정부는 연구개발뿐만 아니라 공교육을 지원함으로써 경제성장을 직접 지원해 왔다.

5. 그로랜드의 1인당 실질 GDP가 연평균 2%의 비율로 성장한다면 100년 뒤의 1인당 실질 GDP는 14만 4,893달러[$20,000 \times (1+0.02)^{100}$]가 될 것이다. 1인당 실질 GDP의 연평균 성장률이 1.5%라면 슬로랜드의 100년 뒤 1인당 실질 GDP는 8만 8,641달러[$20,000 \times (1+0.015)^{100}$]가 될 것이다. 두 국가가 현재 동일한 1인당 실질 GDP에서 출발한다고 할지라도 성장률이 다르기 때문에, 100년 후 슬로랜드의 생활수준은 그로랜드의 61.2%($88,641/$144,893 \times 100$)밖에 되지 않을 것이다.*

----

* 역자 주 : 이 예는 작은 성장률의 차이라도 이것이 누적되면 매우 큰 생활수준의 차이를 유발할 수 있다는 것을 보여 준다.

6. 아래의 표에 프랑스, 일본, 영국의 1인당 실질 GDP(2005년도 미국 달러 기준)를 미국의 1인당 실질 GDP에 대한 비율로 계산해 놓았다.

국가	1960년		2018년	
	1인당 실질 GDP (2010년 달러)	미국의 1인당 실질 GDP에 대한 비율	1인당 실질 GDP (2010년 달러)	미국의 1인당 실질 GDP에 대한 비율
프랑스	$12,744	72.6%	$43,664	80.0%
일본	8,608	49.0	48,920	89.6
영국	13,934	79.4	43,325	79.4
미국	17,551	100.0	54,579	100.0

  1960년에서 2018년 사이에 이루어진 프랑스와 일본의 성장으로 이들 국가와 미국의 생활수준 격차는 일부 좁혀졌다. 반면 영국의 성장은 미국과 매우 유사했다. 일본의 1인당 실질 GDP는 미국의 49.0%에 불과했지만 89.6%로 성장했고, 프랑스는 72.6%에서 80.0%로 증가했다. 미국 대비 영국의 생활수준은 1960년과 2018년 모두 미국의 79.4%로 동일하게 유지되었다.

7. 아래의 표에 아르헨티나, 가나, 한국의 1인당 실질 GDP(2010년도 미국 달러 기준)를 미국의 1인당 실질 GDP에 대한 비율로 계산해 놓았다.

국가	1960년		2018년	
	1인당 실질 GDP (2010년 달러)	미국의 1인당 실질 GDP에 대한 비율	1인당 실질 GDP (2010년 달러)	미국의 1인당 실질 GDP에 대한 비율
아르헨티나	$5,643	32.2%	$10,404	19.1%
가나	1,056	6.0	1,807	3.3
한국	944	5.4	26,762	49.0
미국	17,551	100.0	54,579	100.0

  아르헨티나의 경우에는 수렴의 증거가 없다. 아르헨티나의 1인당 소득은 미국의 32.2% 수준에서 19.1% 수준으로 하락했다. 가나의 경우에도 수렴의 증거가 없다. 가나의 1인당 소득은 미국의 6.0% 수준에서 3.3% 수준으로 하락했다. 한국의 경우에는 매우 강한 수렴의 증거를 보여 준다. 한국의 1인당 소득은 미국의 5.4% 수준에서 49.0% 수준까지 상승했다.

8. a. 다음 표에서 볼 수 있듯이 1인당 이산화탄소 배출량 증가율이 가장 높은 5개 국가는 중국, 방글라데시, 한국, 러시아, 아르헨티나이다. 1인당 이산화탄소 배출량 증가율이 가장 낮은 5개 국가는 아일랜드, 영국, 나이지리아, 미국, 멕시코이다.

국가	2000~2014년 1인당 CO_2 배출량 연평균 증가율
중국	7.48%
방글라데시	4.47
한국	2.32
러시아	1.35
아르헨티나	1.17
일본	0.11
캐나다	0.01
남아프리카	−0.02
독일	−0.41
멕시코	0.42
미국	−1.27
나이지리아	−1.30
영국	−2.20
아일랜드	−2.56

출처 : Energy Information Administration; World Bank.

b. 다음 표에서 볼 수 있듯이 1인당 실질 GDP 성장률이 가장 높은 5개 국가는 중국, 나이지리아, 방글라데시, 러시아, 한국이다. 1인당 실질 GDP 성장률이 가장 낮은 5개 국가는 멕시코, 일본, 미국, 캐나다, 영국이다.

국가	2000~2018년 1인당 실질 GDP 연평균 증가율
중국	9.24%
나이지리아	5.03
방글라데시	4.33
러시아	4.16
한국	3.51
아르헨티나	1.69
남아프리카	1.64
아일랜드	1.30
독일	1.20
영국	1.02
캐나다	0.96
미국	0.85
일본	0.70
멕시코	0.67

출처 : Energy Information Administration; World Bank.

c. 그렇다. 1인당 이산화탄소 배출량 증가율이 가장 높은 5개국 중 4개국인 중국, 방글라데시, 러시아, 한국은 1인당 실질 GDP 증가율도 가장 높다. 1인당 이산화탄소 배출량 증가율이 가장 낮은 5개국 중 3개국인 미국, 멕시코, 영국은 1인당 실질 GDP 증가율도 가장 낮다.

d. 1인당 GDP 성장률과 1인당 이산화탄소 배출량은 서로 연관되어 있지만, 나이지리아와 아일랜드의 예는 높은 GDP 성장률과 이산화탄소 배출량 감소를 동시에 달성하는 것이 가능하다는 것을 보여준다. 이는 대체 에너지원 사용, 건물과 자동차의 설계 개선 등 다양한 방법으로 달성할 수 있다. 일부 연구에 따르면 이산화탄소를 크게 감축해도 장기적으로 1인당 실질 GDP 성장률에는 약간의 타격만 줄 것으로 예상된다.

저축, 투자지출과 금융시스템

1. 폐쇄경제에서 투자지출은 GDP에서 소비지출과 재화와 서비스에 대한 정부구매를 뺀 것과 동일하다. 따라서 브리태니어에서 투자지출은 5,000만 달러이다.

$$I = GDP - C - G$$

$$I = \$10억 - \$8억\ 5,000만 - \$1억 = \$5,000만$$

민간저축은 가처분소득(소득에서 세금을 제외하고 이전지출을 더한 것)에서 소비지출을 뺀 것과 동일하다. 브리태니어에서 민간저축은 1억 달러이다.

$$민간저축 = GDP - T - C = \$10억 - \$5,000만 - \$8억\ 5,000만 = \$1억$$

재정수지(정부저축)는 세금수입에 재화와 서비스에 대한 정부구매를 뺀 것과 동일하다. 브리태니어에서는 정부가 5,000만 달러의 재정적자를 경험하고 있다.

$$재정수지 = T - G = \$5,000만 - \$1억 = -\$5,000만$$

국민저축은 민간저축과 재정수지(정부저축)의 합이다. 즉 $1억 - $5,000만 = $5,000만이다. 이 결과를 통해 투자지출은 국민저축과 일치함을 확인할 수 있다.

2. 개방경제에서 투자지출은 GDP에서 소비지출과 재화와 서비스에 대한 정부구매를 빼고 자본유입, 즉 수입액에서 수출액을 뺀 값을 더한 것과 일치한다. 레갈리아에서 투자지출은 7,500만 달러이다.

$$I = (GDP - C - G) + (IM - X)$$

$$I = (\$10억 - \$8억\ 5,000만 - \$1억) + (\$1억\ 2,500만 - \$1억)$$

$$I = \$5,000만 + \$2,500만 = \$7,500만$$

민간저축과 재정수지는 개방경제나 폐쇄경제나 동일한 방법으로 구할 수 있다(다시 한 번 더 정부의 이전지출은 없음을 상기하자). 레갈리아에서 민간저축은 1억 달러이고 재정수지는 −5,000만 달러이다. 즉 정부는 5,000만 달러의 재정적자를 운영하고 있다.

$$민간저축 = GDP - T - C = \$10억 - \$5,000만 - \$8억\ 5,000만 = \$1억$$

$$재정수지 = T - G = \$5,000만 - \$1억 = -\$5,000만$$

개방경제에서 수입이 수출을 초과할 때에는 수입과 수출 사이에서 발생하는 차이만큼의 자본유입이 이루어지게 된다. 수출이 수입을 초과할 때에는 수입과 수출 사이에서 발생하는 차이와 일치하는 음의 자본유입이 이루어진다. 레갈리아는 2,500만 달러의 자본유입을 갖고 있다.

자본유입$=IM-X=$1억 2,500만$-$1억$=$2,500만

투자지출은 민간저축과 재정수지와 자본유입의 합과 일치한다. 레갈리아에서 우리는 이 네 가지 사이에 존재하는 관계를 다음과 같이 확인할 수 있다.

$I=$민간저축$+$재정수지$+$자본유입$=$7,500만

3. 두 국가에서 GDP에 대한 투자지출의 퍼센트 비율은 GDP에 대한 민간저축과 재정수지와 자본유입의 합의 퍼센트 비율과 일치한다. 투자지출에서 민간저축과 자본유입을 빼서 재정수지를 계산할 수도 있다.

$I=$민간저축$+$재정수지$+$자본유입
재정수지$=I-$민간저축$-$자본유입

캡스랜드에서 재정수지는 GDP의 5%이다. 즉 정부는 GDP의 5%와 일치하는 재정흑자를 운영하고 있다.

재정수지$=20\%-10\%-5\%$
재정수지$=5\%$

마살리아에서 재정수지는 GDP의 -3%이다. 즉 정부는 GDP의 3%에 해당하는 재정적자를 운영하고 있다.

재정수지$=20\%-25\%-(-2\%)=20\%-25\%+2\%$
재정수지$=-3\%$

4. 개방경제에서 저축과 투자지출이 일치한다는 것에 따라서 다음의 관계가 성립한다.

$$I=\text{민간저축}+\text{재정수지}+(IM-X)$$

우리는 이를 이용해서 각 문제에서 원하는 변수를 구할 수 있다.

a. $3억 5,000만$=$민간저축$-$2억$+($8,000만$-$1억 2,500만)

따라서 민간저축$=$5억 9,500만이다.

b. $I=$2억 5,000만$+$1억$+($1억 3,500만$-$8,500만)

따라서 $I=$4억이다.

c. $3억＝$3억 2,500만＋재정수지＋($9,500만－$6,000만)

따라서 재정수지＝－$6,000만이다.

d. $4억＝$3억 2,500만＋$1,000만＋($IM-X$)

따라서 ($IM-X$)＝$6,500만이다.

5. 정부차입이 2,000억 달러 증가하면 다음 그림에서처럼 대부자금에 대한 수요가 D_1에서 D_2로 증가한다. 이에 따라 균형이자율이 10%에서 12%로 증가하고 대부자금의 균형거래량도 5,000억 달러에서 6,000억 달러로 증가한다. 이자율의 상승은 민간저축을 1,000억 달러 증가시키고 민간투자지출을 4,000억 달러로 1,000억 달러 감소시킨다. 즉 정부차입의 증가는 이자율의 상승을 통해서 민간투자지출을 1,000억 달러 구축한다.

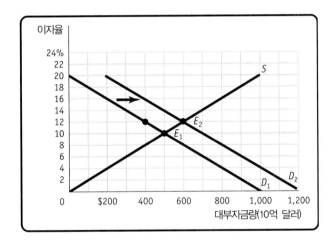

6. **a.** 확장된 유치원 취학 전 프로그램의 비용을 조달하기 위한 정부차입을 제외한 대부가능 자금에 대한 수요와 공급곡선은 아래 그림에 나타나 있다.

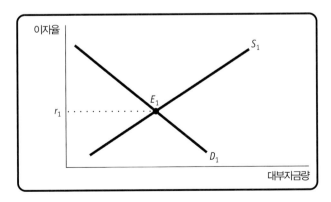

b.

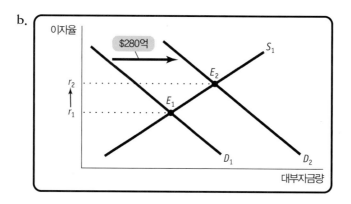

c. 확장된 유치원 취학 전 프로그램의 비용을 조달하기 위한 정부차입은 대부가능 자금의 공급은 변화시키지 않지만 수요를 증가시키기 때문에 균형이자율을 상승시킨다.

7. a. 실제 인플레이션율이 4%라면, 린은 생활이 더 나아지고 보리스는 악화된다. 보리스와 린은 실질이자율 3%를 주고받는 것으로 기대하였다. 그러나 명목이자율이 8%일 때 실제 인플레이션율이 4%이면 실질이자율은 4%(8%−4%=4%)가 된다. 따라서 실질적으로 보리스는 더 많은 이자를 지급하고 린은 더 많은 이자를 받게 된다.

b. 만약 실제 인플레이션율이 7%라면, 보리스는 생활이 더 나아지고 린은 더 악화된다. 보리스와 린은 실질이자율 3%를 주고받는 것으로 기대하였다. 그러나 명목이자율이 8%일 때 실제 인플레이션율이 7%이면 실질이자율은 1%(8%−7%=1%)가 된다. 따라서 실질적으로 보리스는 더 적은 이자를 지급하고 린은 더 적은 이자를 받게 된다.

8. 아래 그림에서 대부자금시장은 초기에 명목이자율이 8%인 E_1에서 균형이다. 피셔효과에 의해 미래 예상 인플레이션율의 2% 감소는 명목이자율을 2% 감소시켜 6%로 만든다. 이를 나타내면 예상 인플레이션의 변화는 공급곡선을 S_1에서 S_2로, 수요곡선을 D_1에서 D_2로 하향 이동시킨다. 그 결과 실질이자율과 대부자금의 균형수량은 변하지 않는다.

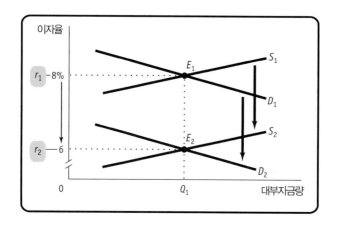

9. 〈그림 25-10〉의 (a)에 나타낸 미국의 경우와 마찬가지로 유로지역의 경우도 상대적으로 인플레이션이 매우 낮다. 그림의 전반부에서 인플레이션에 대한 예상이 낮게 유지됨에 따라 이자율도 매우 낮아지고 있음을 알 수 있다. 인플레이션에 대한 예상이 낮게 유지되고 있었기 때문에 2000년 이후의 이자율 변화는 대부자금에 대한 수요 및 공급의 변화에서 비롯한 것으로 볼 수 있다. 그러나 유로지역의 경우 미국과 달리 주택경기 호황 때 이자율이 급격히 오르지도 않았고, 주택경기 불황 때 이자율이 급격히 내리지도 않았다. 대신 유럽의 이자율은 상대적으로 안정적으로 유지되었는데 이는 주택경기의 부침에도 불구하고 대부자금에 대한 수요 및 공급이 변하지 않았거나 대부자금에 대한 수요 및 공급이 거의 같은 크기로 늘거나 줄었음을 의미한다.

10. a. 루퍼트 머니벅스가 기존의 코카콜라 주식을 100주 샀다면 그는 금융자산에 투자한 것이다. 그는 코카콜라로부터 미래소득에 대한 권리를 주장할 수 있는 권한을 갖고 있다. 이것은 투자지출의 예가 아니다. 왜냐하면 이것은 경제에 실물자본의 양을 늘리지 않기 때문이다.

b. 론다 무비스타가 1970년대에 지어진 주택을 구입하기 위해서 1,000만 달러를 썼다면 그녀는 실물자본에 투자를 한 것이다. 그녀는 그녀가 원할 때 사용하거나 처분할 수 있는 권리를 샀기 때문이다. 그러나 이 역시 투자지출의 예가 될 수 없다. 왜냐하면 주택이 이전에 지어졌기 때문에 경제에 실물자본의 양을 늘리지 않기 때문이다.

c. 로날드 바스켓볼스타는 태평양이 보이는 새로운 주택을 짓기 위해서 1,000만 달러를 지출했다면 투자지출을 한 것이다. 왜냐하면 그는 경제에 주거의 규모(실물자본의 일부임)를 늘렸기 때문이다.

d. 로울링스가 야구글러브를 만들기 위한 새로운 공장을 짓는다면 그는 투자지출을 한 것이다. 왜냐하면 그는 경제의 실물자본의 양을 늘렸기 때문이다.

e. 러시아 정부가 미국 정부채권을 1억 달러 구입한다면 그것은 금융자산에 투자를 한 것이다. 러시아 정부는 미래소득에 대한 권리를 미국에 주장할 수 있다. 이것은 투자지출의 예가 아니다. 왜냐하면 이것은 두 경제에 있어 실물자본의 양을 늘리지 않기 때문이다.

11. 잘 작동하는 금융시스템은 다음 세 가지 이유로 대부가능자금의 공급곡선과 수요곡선을 모두 증가시킨다. (1) 잘 작동하는 금융시스템은 금융 거래의 거래비용을 줄인다. (2) 투자를 하는 데 따른 위험을 줄인다. (3) 금융자산의 유동성을 증가시킴으로써 저축과 금융자산 구입을 더 매력적이도록 만들고, 이는 투자지출을 증가시킨다.

12. a. 채권은 주식에 대한 대체자산이기 때문에 이것은 전반적인 주식의 가격 상승으로 이어진다.

b. 이것은 즉각적으로 그 회사의 주식 가격을 떨어뜨린다. 왜냐하면 이는 그 회사의 부문이 나빠질 것이라는 것을 투자자에게 전달하고 있기 때문이다(또한 이는 예상치 못한 것이기 때문에 발표 이후에야 주가에 반영될 것이다). 그리고 그 회사도 역시 판매가 저조해질 것이고 기대이윤이 더 낮아진다.

c. 이것은 그 회사 주식의 현재 가격에 영향을 미치지 않을 것이다. 왜냐하면 올해 이윤에 대한 세법이 개정된 효과는 세법 개정이 공표되었을 때 주식 가격에 반영되었기 때문이다.

d. 이것은 그 회사 주식의 현재 가격에 영향을 미치지 않을 것이다. 왜냐하면 주식 가격은 미래의 주식 가격에 대한 기대에 기초하고 있고 전년도 이윤의 변화에 영향을 받지 않기 때문이다.

13. a. 개별 대출을 모은 다음 그 합동자산의 지분을 판매하는 과정을 통해 창출된 자산으로 이 과정을 **자산유동화**(securitization)라 한다. 개별 학생들이 대출을 갚지 못할 확률은 서로 독립적이기 때문에 샐리메이 증권은 투자자들에게 보다 잘 분산보유된 투자 기회를 제공한다. 뿐만 아니라 샐리메이 증권도 다른 전형적 채권들과 마찬가지로 거래되므로 상당한 유동성을 제공하기도 한다.

b. 샐리메이 채권 덕분에 투자자들은 더 많은 자금을 학자금 대여에 투자할 의욕을 갖게 된다. 그 결과 학생들은 더 많은 자금을 낮은 이자율에 빌릴 수 있게 된다.

c. 많은 학자금 대출에 부도가 난다면 샐리메이 채권 보유자들은 손실을 보게 될 것이다. 또한 더 이상 학생들 간의 부도 가능성이 독립적이지 않으며 전반적으로 위험이 높아졌다고 느낄 것이다. 따라서 투자자들의 투자의욕이 저해될 것이다. 그 결과 학생들은 더 적은 자금을 더 높은 이자율을 주고 빌려야 하는 일이 발생한다.

소득과 지출

1. 아래 표는 한계소비성향이 더 클수록 승수의 크기가 더 커진다는 것을 분명히 보여 준다. 웨스트랜디아에서 한계소비성향이 0.5이므로 승수는 2이다. 이스트랜디아에서는 한계소비성향이 0.75이므로 승수는 4이다.

웨스트랜디아		
단계	GDP의 증가분	GDP의 총변화
1	$\varDelta C = \$400$억	400억
2	$MPC \times \varDelta C = \$200$억	600억
3	$MPC \times MPC \times \varDelta C = \$100$억	700억
4	$MPC \times MPC \times MPC \times \varDelta C = \$50$억	750억
...	...	...
GDP의 총변화	$(1/(1-MPC)) \times \varDelta C = (1/(1-0.5)) \times \$400$억$= \$800$억	

이스트랜디아		
단계	GDP의 증가분	GDP의 총변화
1	$\varDelta C = \$400$억	400억
2	$MPC \times \varDelta C = \$300$억	700억
3	$MPC \times MPC \times \varDelta C = \$225$억	925억
4	$MPC \times MPC \times MPC \times \varDelta C = \$168$억 8천만	$1,093$억 8천만
...	...	...
GDP의 총변화	$(1/(1-MPC)) \times \varDelta C = (1/(1-0.75)) \times \$400$억$= \$1,600$억	

2. a. 한계소비성향이 $\frac{2}{3}$일 때, 소비지출이 250억 달러 증가하면 GDP는 750억 달러 증가할 것이다.

$$\text{GDP의 총변화} = \frac{1}{(1-MPC)} \times \varDelta C = \frac{1}{\left(1-\frac{2}{3}\right)} \times \$250억 = 3 \times \$250억 = \$750억$$

   b. 기업이 투자지출을 400억 달러만큼 줄이고 한계소비성향이 0.8이라면 GDP는 2,000억 달러만큼 감소할 것이다.

$$\text{GDP의 총변화} = \frac{1}{(1-MPC)} \times \Delta I = \frac{1}{(1-0.8)} \times (-\$400억) = 5 \times (-\$400억)$$

$$= -\$2,000억$$

c. 정부구매가 600억 달러만큼 증가하고 한계소비성향이 0.6이라면, GDP는 1,500억 달러만큼 증가할 것이다.

$$\text{GDP의 총변화} = \frac{1}{(1-MPC)} \times \Delta G = \frac{1}{(1-0.6)} \times \$600억 = 2.5 \times \$600억$$

$$= \$1,500억$$

3. a. 각 거주자들의 독립소비지출(개별 소비함수의 수직절편 값)을 알아내기 위해서는 가처분소득이 영일 때의 개개인의 소비지출을 확인하면 된다. 개별 거주자들의 한계소비성향(개별 소비함수의 기울기)을 계산하기 위해서는 가처분소득이 변할 때 소비지출이 변화하는 것을 계산하면 된다. 예를 들어 앙드레의 한계소비성향은 ($29,000−$15,000)/($40,000−$20,000)=0.70이 된다. 아래의 표는 각 거주자의 소비함수를 구하는 과정을 보여 주고 있다.

	자발적 소비 (a)	한계소비성향 (MPC)	소비함수 (c)
앙드레	$1,000	0.70	$1,000+0.70×$yd$
바바라	2,500	0.50	2,500+0.50×yd
케이시	2,000	0.90	2,000+0.90×yd
데클란	5,000	0.60	5,000+0.60×yd
엘레나	4,000	0.75	4,000+0.75×yd

b. 경제의 총소비함수를 구하기 위해서는 총가처분소득에 대한 총소비지출의 관계를 알아내야 한다.

- 개별 거주자의 가처분소득이 0달러일 때 총소비지출은 1만 4,500달러이다.
- 개별 거주자의 가처분소득이 2만 달러일 때 총가처분소득은 10만 달러이고 총소비지출은 8만 3,500달러이다.
- 개별 거주자의 가처분소득이 4만 달러일 때 총가처분소득은 20만 달러이고 총소비지출은 15만 2,500달러이다.

총독립지출은 1만 4,500달러이고 한계소비성향은 0.69이[=($83,500−$14,500)/($100,000−$0)]이다. 따라서 총소비함수는 다음과 같다.

$$C=\$14,500+0.69 \times YD$$

4. **a.** 다음 그림은 이스트랜디아의 총소비함수를 나타낸 것이다.

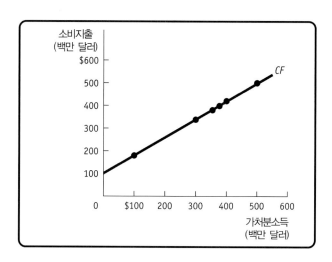

b. 한계소비성향은 0.8이며, 한계저축성향은 0.2이다.

c. 총소비함수의 형태는 $C = A + MPC \times YD$와 같다. $MPC = 0.8$임을 알고 있으므로 A를 구해야 한다. 총소비함수를 재정리하면 $A = C - MPC \times YD$가 되는데 표의 첫 번째 줄에 있는 값을 대입하면 $A = 1억\ 8,000만 - 0.8 \times \$1억 = \$1억$이다. 따라서 총소비함수는 $C = \$1억 + 0.8 \times YD$가 된다.

5. **a.** 소비지출 변화의 결과로 실질 GDP는 $\dfrac{1}{(1 - MPC)} \times \$3,355억 = \dfrac{1}{(1 - 0.50)} \times \$3,355억 = \$6,710억$만큼 증가한다.

b. a에서의 소비지출 변화에 더해 계획되지 않은 재고투자가 1,000억 달러만큼 감소하면 실질 GDP의 변화는 $\dfrac{1}{(1 - 0.50)} \times (\$3,355억 - \$1,000억) = \$4,710억$이다.

c. GDP의 증가율은 $\dfrac{\$4,710}{\$18조\ 6,382억} \times 100 = 2.53\%$이다.

6. 주택가격이 상승함에 따라 주택소유자들이 부동산의 형태로 갖고 있던 재산이 큰 폭으로 증가하였다. 그와 함께 2003년 5월부터 2007년 10월까지의 기간 동안 S&P 500 지수가 거의 두 배가 되면서 주식보유자들이 주식형태로 가지고 있던 재산이 큰 폭으로 증가하였다. 두 가지 현상 모두 소비지출을 극적으로 증가시켰다. 그러나 2006년 초반 최고점에 이르렀던 주택가격이 곤두박질치면서 주택보유자들의 재산이 감소하였고 이는 다른 조건이 일정할 때 소비를 감소시키는 효과로 나타날 수밖에 없었다. 이에 더하여 2007년 10월 고점 대비 2009년 3월 최저점까지 약 60%의 주가하락이 나타남에 따라 주택가격붕괴로 인한 소비자의 재산 감소가 더욱 심각해질 것이라는 심각한 우려가 제기되었다.

7. **a.** 이자율의 하락은 계획된 투자지출을 증가시킨다.

    b. 기업들이 낡은 기계를 공해를 덜 배출하는 새로운 기계로 교체하여야 한다. 따라서 이러한 발표는 계획된 투자지출을 증가시킨다.

    c. 이자율의 상승은 계획된 투자지출을 감소시킨다.

8. **a.** 독립 소비지출이 2,500억 달러이고 한계소비성향이 $\frac{2}{3}$라면 총소비함수는 다음과 같다.

$$C = \$2{,}500억 + \frac{2}{3} \times YD$$

계획된 총지출은 소비지출과 계획된 투자지출을 더하여 구한다.

$$AE_{\text{Planned}} = C + I_{\text{Planned}}$$

$$AE_{\text{Planned}} = (\$2{,}500억 + \frac{2}{3} \times YD) + \$3{,}500억$$

$$AE_{\text{Planned}} = \$6{,}000억 + \frac{2}{3} \times YD$$

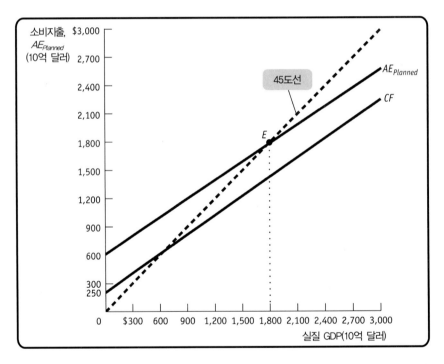

    b. 실질 GDP가 6,000억 달러라면 계획된 총지출은 1조 달러($= \$6{,}000억 + \frac{2}{3} \times \$6{,}000$억)가 된다. 계획되지 않은 재고투자는 실질 GDP에서 계획된 총지출을 뺀 값이므로 −4,000억 달러가 된다.

    c. Y^*는 실질 GDP가 계획된 총지출과 일치할 때 달성된다. 첨부된 그림으로부터 우리는 실질 GDP가 1조 8,000억 달러가 될 때 균형이 달성됨을 알 수 있다.

d. 승수값은 $3\left[=1/\left(1-\frac{2}{3}\right)\right]$ 이다.

e. 계획된 투자지출이 4,500억 달러로 증가하면 계획된 투자지출은 1,000억 달러가 증가한 것이다. 주어진 승수가 3이기 때문에 Y^*는 3,000억 달러 증가해서 2조 1,000억 달러가 된다.

9. a. 열 단계가 지난 후에 실질 GDP의 총변화는 199억 8,000만 달러이다. 승수는 $2[=1/(1-0.5)]$이다. 우리는 Y^*가 투자지출의 변화에 대해 두 배가 변할 것이라고 예측할 수 있다. 계획된 투자지출의 독립적인 변화가 100억 달러이기 때문에 우리는 Y^*가 200억 달러 변화할 것이라고 예측할 수 있다. 이것은 열 단계가 지난 후의 GDP의 변화분(199억 8,000만 달러)과 매우 비슷하다.

단계	계획된 투자지출(I_{Planned}) 또는 소비지출(C)의 변화	실질 GDP의 변화	가처분소득(YD)의 변화
		(10억 달러)	
1	$\varDelta I_{\text{Planned}} = \$10.00$	$10.00	$10.00
2	$\varDelta C =$ 5.00	5.00	5.00
3	$\varDelta C =$ 2.50	2.50	2.50
4	$\varDelta C =$ 1.25	1.25	1.25
5	$\varDelta C =$ 0.63	0.63	0.63
6	$\varDelta C =$ 0.31	0.31	0.31
7	$\varDelta C =$ 0.16	0.16	0.16
8	$\varDelta C =$ 0.08	0.08	0.08
9	$\varDelta C =$ 0.04	0.04	0.04
10	$\varDelta C =$ 0.02	0.02	0.02

b. 이제 열 단계가 지난 후 GDP의 총변화분은 377억 4,000만 달러이다. 승수값은 4이다. 한계소비성향이 증가하게 되면 승수값도 같이 증가하게 된다.

단계	계획된 투자지출(I_{Planned}) 또는 소비지출(C)의 변화	실질 GDP의 변화	가처분소득(YD)의 변화
		(10억 달러)	
1	$\varDelta I_{\text{Planned}} = \$10.00$	$10.00	$10.00
2	$\varDelta C =$ 7.50	7.50	7.50
3	$\varDelta C =$ 5.63	5.63	5.63
4	$\varDelta C =$ 4.22	4.22	4.22
5	$\varDelta C =$ 3.16	3.16	3.16
6	$\varDelta C =$ 2.37	2.37	2.37
7	$\varDelta C =$ 1.78	1.78	1.78
8	$\varDelta C =$ 1.33	1.33	1.33
9	$\varDelta C =$ 1.00	1.00	1.00
10	$\varDelta C =$ 0.75	0.75	0.75

10. 정책입안자들이 더 많은 저축을 장려하는 데 성공한다면 소비지출 또는 계획된 투자지출이 감소할 것이다. C 또는 $I_{Planned}$의 감소는 소득-지출 균형 GDP를 지출 변화분의 몇 배만큼 감소시키는데 이러한 현상을 '절약의 역설'이라 한다. 가계들과 생산자들이 국가의 부채를 줄이기 위해서 지출을 줄인다면 이런 행동은 경제를 불경기로 몰아넣어 결과적으로 가계들과 생산자들은 국가가 큰 부채를 안고 있을 때보다 더 나쁜 상황에 놓일 수도 있다.

11. a. 정부지출은 미국 소비자들의 가처분소득을 증가시킨다. 소비지출에 대한 환급 효과는 MPC를 이용해 계산할 수 있다. $\Delta C = MPC \times \Delta YD = 0.5 \times \$7,000억 = \$3,500억$. 그리고 나서 실질 GDP의 변화는 승수와 소비지출의 변화를 이용하여 계산할 수 있다.

$$\Delta Y = \frac{1}{(1-MPC)} \times \Delta C = \frac{1}{(1-0.5)} \times \$3,500억 = \$7,000억$$

b. 아래 그림에서 보듯이, 이 정책은 계획된 총지출에 자발적인 증가를 가져온다. 이는 실질 GDP의 증가를 가져온다.

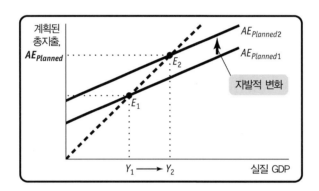

산술적으로 승수 도출하기

1. 승수의 크기는 한계소비성향이 커지면 함께 증가한다.

한계소비성향	승수의 값	지출의 변화	Y^*의 변화
0.50	$2(=1/(1-0.5))$	$\Delta C=+\$5,000만$	$+\$1억$
0.60	$2.5(=1/(1-0.6))$	$\Delta I=-\$1,000만$	$-\$2,500만$
0.75	$4(=1/(1-0.75))$	$\Delta C=-\$2,500만$	$-\$1억$
0.80	$5(=1/(1-0.8))$	$\Delta I=+\$2,000만$	$+\$1억$
0.90	$10(=1/(1-0.9))$	$\Delta C=-\$250만$	$-\$2,500만$

2. **a.** 정부구매가 없는 경제에서 계획된 총지출은 총소비함수와 계획된 투자지출의 합과 같다.

$$AE_{\text{Planned}} = C+I_{\text{Planned}}$$

$$AE_{\text{Planned}} = \$5,000억+0.5\times YD+\$2,500억$$

b. 조세 또는 이전지출이 없는 경제에서 GDP는 가처분소득과 같다. 그 경제는 GDP와 계획된 총지출이 일치할 때 소득-지출 균형일 것이다.

$$Y^* = \$7,500억+0.5\times Y^*$$

$$0.5\times Y^* = \$7,500억$$

$$Y^* = \$1조\ 5,000억$$

c. 승수의 값은 $2\left[=\dfrac{1}{(1-0.5)}\right]$.

d. 독립 소비지출이 4,500억 달러로 감소하면, 독립 소비지출은 500억 달러만큼 감소한 것이다. 승수가 2로 주어져 있을 때 독립 소비지출이 500억 달러만큼 감소하면 Y^*는 1,000억 달러만큼 감소할 것이다. 새로운 Y^*는 1조 4,000억 달러이다.

총수요와 총공급

1. 여러분이 옳다. 다른 통화에 대하여 달러화의 가치가 떨어지면 미국의 최종 재화와 서비스는 외국인들이 그들의 화폐로 환산할 때 더 저렴해진다. 이때 미국의 물가수준에는 변화가 없다는 점에 유의하라. 이것은 총수요곡선의 이동으로 나타난다. 외국인들은 미국 재화에 대한 가격이 그들 자국 화폐로 환산하면 더 싸기 때문에 수요를 증가시킨 것이다. 미국의 시각에서는 주어진 물가수준에서 총산출물에 대한 수요가 증가한 것이다.

2. 물가수준이 P_1에서 P_2로 상승하게 되었을 때 단기에 명목임금은 변하지 않을 것이다. 따라서 단위당 이윤이 증가할 것이고 생산이 Y_1에서 Y_2로 증가하게 될 것이다. 경제는 아래 그림에서처럼 $SRAS_1$를 타고 A점에서 B점으로 이동하게 된다. 그러나 장기에는 Y_2에서의 낮은 실업에 상응하여 명목임금이 상승하는 방향으로 재협상이 이루어질 것이다. 명목임금이 증가하게 되면 단기 총공급곡선이 $SRAS_1$에서 $SRAS_2$로 왼쪽으로 움직일 것이다. $SRAS_2$의 정확한 위치는 총수요곡선의 형태 등 여러 요인에 의해 결정된다.

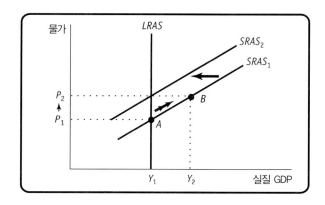

3. 모든 가계가 물가수준이 올라갈 때 자동적으로 그 가치가 증가하는 자산의 형태로 그들의 모든 부를 갖고 있다면 이것은 물가수준에 따른 자산효과를 상쇄한다. 소비자의 구매력은 물가수준이 변해도 바뀌지 않기 때문에 물가 변화에 따른 자산효과는 발생하지 않는다. 그러나 물가수준의 변화에 대한 이자율효과 때문에 총수요곡선은 여전히 우하향한다. 물가수준이 올라가게 되면 가계가 보유하고 있는 화폐의 구매력이 감소하게 되고 그들은 돈을 덜 빌려 주고 더 빌리려고 할 것이다. 이것이 이자를 올릴 것이고 이자율의 상승은 투자지출과 소비지출을 위축시킨다. 물가수준의 변화에 대한 부의 효과가 상쇄

되었기 때문에 총수요곡선의 기울기는 예전에 비해서는 더 가파르게 될 것이다. 그러나 물가가 올라가게 되면 총산출물에 대한 수요량이 물가수준의 변화에 대한 이자율효과에 상응하는 양만큼 감소하기 때문에 여전히 우하향한다.

4. 가장 선호되는 충격은 정의 공급충격이다. 경제는 인플레이션의 위험 없이 더 많은 총생산을 얻을 수 있다. 정부는 정책의 변화로 대응할 필요가 없다. 가장 기피되는 충격은 부의 공급충격이다. 경제는 낮은 총생산과 인플레이션이 동시에 발생하게 되는 스태그플레이션에 빠지게 된다. 부의 공급충격을 해결하기 위한 적절한 정책은 없다. 총생산이 줄어든 것을 해결하기 위한 정책은 인플레이션을 더욱 악화시키고 인플레이션을 해결하기 위한 정책은 총생산을 더욱 줄어들게 한다. 경제정책입안자들이 정의 수요충격과 부의 수요충격을 어떻게 평가할지는 명확하지 않다. 정의 수요충격은 총생산 수준이 더 높아지지만 물가수준도 더 높아진다. 부의 수요충격은 총생산 수준이 더 낮아지지만 물가수준도 더 낮아진다. 정의 충격이든 부의 충격이든 수요충격에 대해서는 정책입안자들이 충격의 효과를 줄이기 위해서 통화정책 또는 재정정책을 적절히 사용할 수 있다.

5. a. 정부가 최저 명목임금을 낮춘다면 이것은 명목임금이 하락하는 것과 유사하다. 이로 인해 총공급이 증가하고 단기 총공급곡선이 오른쪽으로 이동한다.

b. 정부가 생활보호 대상자에 대한 임시 지원(TANF)을 증가시키면 가처분소득이 증가해서 소비지출이 늘어나게 된다. 이로 인해 총수요는 증가하고 총수요곡선은 오른쪽으로 이동한다.

c. 정부가 내년에 가계에 대한 세금을 크게 증가시키겠다고 공표하면 소비지출은 올해부터 떨어지게 될 것이다. 가계는 부분적으로 미래에 대한 기대를 바탕으로 그들의 지출을 결정하기 때문에 예측된 세금의 증가는 올해에 그들의 지출을 줄어들게 한다. 총수요는 줄어들고 총수요곡선은 왼쪽으로 이동하게 된다.

d. 정부가 군비지출을 줄이면 이것은 총수요를 감소시킨다. 주어진 물가수준에서 총산출물에 대한 수요량은 떨어질 것이고 총수요곡선은 왼쪽으로 이동하게 된다.

6. 노동생산성이 증가하게 되면 생산자들의 생산비용이 감소하게 되고 산출물 단위당 이윤이 증가하게 된다. 생산자들은 주어진 물가수준에서 총산출물에 대한 공급량을 증가시킬 것이다. 단기 총공급곡선은 오른쪽으로 이동하게 된다. 아래 그림에서처럼 단기 균형 E_1에서 시작해서 단기 총공급곡선은 $SRAS_1$에서 $SRAS_2$로 이동하게 될 것이다. 단기적으로 물가수준은 떨어지게 되고 실질 GDP는 증가하게 될 것이다.

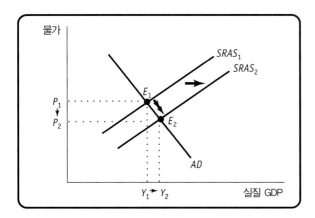

7. a.

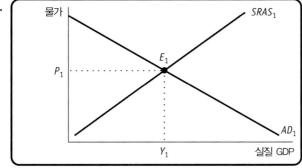

b. 석유가격의 상승은 일반적으로 공급충격을 유발한다. 따라서 단기 총공급($SRAS$)곡선은 $SRAS_1$에서 $SRAS_2$로 좌측 이동한다. 그 결과 물가수준은 P_2로 더 높아지고, 실질 GDP는 Y_2로 더 낮아진 E_2점이 새로운 단기 거시균형이 된다.

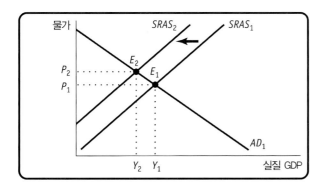

c. 주택가격의 하락은 자산효과로 인해 수요 측 충격이 된다. 총수요(AD)곡선은 AD_1에서 AD_2로 좌측 이동한다. b와 c의 결과 새로운 물가수준 P_3는 P_1보다 높거나 낮거나 같을 수 있다. 새로운 실질 GDP Y_3는 원래의 Y_1보다 낮다.

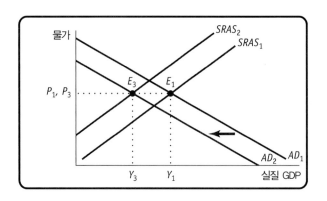

d. 물가수준에 미치는 영향은 불확실하다. c의 그림에서는 부정적인 공급충격과 수요충격이 물가에 미치는 효과를 정확히 상쇄했기 때문에 P_1과 P_3가 일치한다. 그러나 부정적 수요충격과 공급충격이 발생할 때 물가는 오르거나 떨어질 수 있다. 실질 GDP의 감소는 수요충격과 공급충격이 GDP에 미치는 부정적 효과를 강화하기 때문에 확실히 발생한다.

8. a. 주가하락으로 가계의 재산이 감소하게 되면 소비지출이 줄어들게 된다. 이때 다음 그림에서처럼 총수요곡선이 AD_1에서 AD_2로 이동하게 될 것이다. 단기에는 명목임금이 경직적이므로 경제가 단기 거시경제균형 E_2로 이동한다. 물가수준은 E_1 때보다 떨어지게 되고 총생산도 잠재생산량보다 낮아진다. 경제는 경기후퇴 갭에 빠진다. 장기적으로 임금계약이 재협상되고 명목임금이 떨어지면 단기 총공급곡선은 $SRAS_2$까지 이동하여 E_3점에서 새로운 균형을 맞게 된다. E_3점에서 경제는 다시 잠재생산량 수준으로 돌아왔지만 물가수준은 훨씬 낮아졌다.

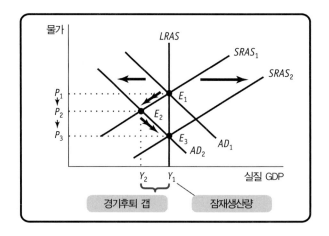

b. 세금감면으로 인한 가처분소득의 증가는 소비지출을 증가시킨다. 주어진 물가수준에서 총수요곡선은 오른쪽으로 이동하게 된다. 아래 그림에서처럼 총수요곡선은 AD_1에서 AD_2로 이동하게 되어 경제는 새로운 단기균형인 E_2로 이동한다. 이때 물가수준은 E_1보다 더 상승하고 총생산도 잠재생산량보다 더 많다. 경제는 인플레이션 갭에 직면

한다. 장기적으로 임금계약이 재협상되고 명목임금이 올라가면 단기 공급곡선은 좌측으로 $SRAS_2$까지 이동하여 E_3점에서 새로운 장기균형을 맞게 된다. E_3점에서 경제는 다시 잠재생산량 수준으로 돌아왔지만 물가수준은 훨씬 높아졌다.

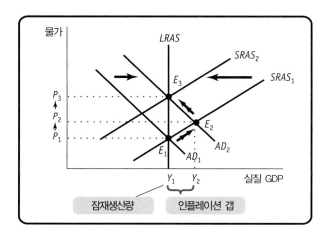

9. **a.** 세금이 증가하면 가계의 소비지출이 줄어들게 된다. 다음 그림에서처럼 E_1점에서 시작하여 총수요곡선은 왼쪽으로 이동하여 AD_1에서 AD_2로 움직일 것이다. 단기에는 명목임금이 경직적이므로 경제는 단기 거시경제균형 E_2로 이동한다. 이때의 물가수준은 E_1보다 낮고 총생산도 잠재생산량보다 낮다. 경제는 경기후퇴 갭에 빠져 있다. 장기적으로는 임금계약이 재협상되고 명목임금이 떨어지고 단기 총공급곡선은 시간이 흘러감에 따라 E_3점에서 AD_2와 교차할 때까지 점진적으로 오른쪽으로 움직인다. E_3점에서 경제는 다시 잠재생산량 수준으로 돌아오고 물가수준은 훨씬 낮아진다.

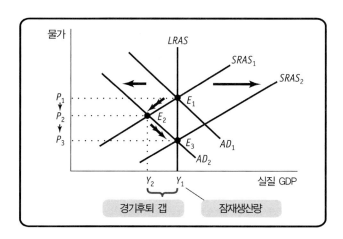

b. 통화량이 증가하게 되면 사람들이 돈을 빌려 주려 할 것이고 이자율이 낮아지고 투자지출과 소비지출은 증가하게 된다. 주어진 물가수준에서 총산출물에 대한 수요량이 더 커진다. 아래 그림에서처럼 장기 거시경제균형 E_1에서 시작해서 총수요곡선은 AD_1에서 AD_2로 이동하게 될 것이다. 단기에서 명목임금은 경직적이므로 경제는 단

기 거시경제균형 E_2점으로 이동한다. 이때의 물가수준은 E_1보다 더 높고 총생산도 잠재생산량보다 더 크다. 경제는 인플레이션 갭에 직면한다. 장기적으로 임금계약이 재협상되고 명목임금이 증가하면 단기 총공급곡선은 시간이 흘러감에 따라 E_3점에서 AD_2와 교차할 때까지 점진적으로 왼쪽으로 움직인다. E_3점에서 경제는 다시 잠재생산량 수준으로 돌아오지만 물가수준은 훨씬 높아진다.

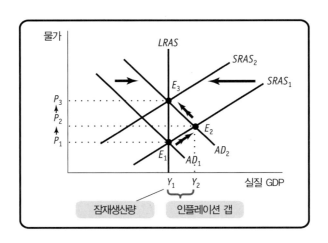

c. 정부구매의 증가는 총수요를 증가시킨다. 아래 그림에서처럼 장기 거시경제균형 E_1에서 시작해서 총수요곡선은 AD_1에서 AD_2로 이동하게 될 것이다. 단기에 명목임금은 경직적이므로 경제는 단기 거시경제균형 E_2점으로 이동한다. 이때 물가수준이 E_1보다 더 높고 총생산도 잠재생산량보다 더 크다. 경제는 인플레이션 갭에 직면한다. 장기적으로 임금계약이 재협상되고 명목임금이 상승하면 단기 총공급곡선은 시간이 흘러감에 따라 E_3점에서 AD_2와 교차할 때까지 점진적으로 왼쪽으로 움직인다. E_3점에서 경제는 다시 잠재생산량 수준으로 돌아오지만 물가수준은 훨씬 높아진다.

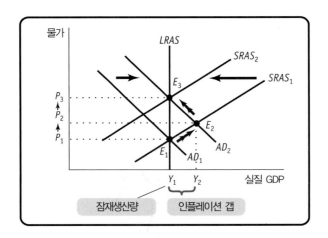

10. a. 경제는 경기후퇴 갭에 직면해 있다. 왜냐하면 Y_1이 이 경제의 잠재생산량 Y_P보다 작기 때문이다.

b. 정부는 아래 그림에서처럼 총수요곡선을 AD_1에서 AD_2로 이동시키기 위해서 재정정
책(정부구매를 늘리거나 세금을 축소하는 것) 또는 통화정책(이자율을 낮추기 위해서
통화량을 늘리는 것)을 사용할 수 있다. 이것은 경제가 잠재생산량으로 복귀하게 해
주고 물가수준은 P_1에서 P_2로 올라가게 된다.

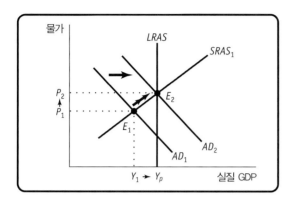

c. 정부가 경기후퇴 갭을 좁히기 위해서 개입하지 않는다면 경제는 실제로 자신의 힘으
로 잠재생산량으로 돌아가려 할 것이다. 실업 때문에 명목임금이 장기적으로 떨어지
게 되면 다음 그림에서처럼 단기 총공급곡선이 오른쪽으로 움직일 것이고 실제로
$SRAS_1$로부터 $SRAS_2$로 이동하게 될 것이다. 경제는 다시 잠재생산량 수준으로 돌아
가지만 물가수준은 더욱 낮아진다.

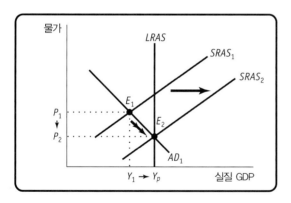

d. 정부가 재정정책 또는 통화정책을 실행해서 경제를 장기 거시경제균형으로 돌려놓으
면 경기후퇴 갭이 경제가 자신의 힘으로 조정되는 것보다 훨씬 빨리 제거될 수 있다.
그러나 정책입안자가 정확한 정보가 없고 정책의 효과를 예측할 수 없기 때문에 경기
후퇴 갭을 줄이기 위한 정책은 거시경제의 불안정성을 더 크게 할 수 있다. 더군다나
정부가 재정정책 또는 통화정책을 사용하게 되면 물가수준이 경제가 스스로 장기 거
시경제균형에 도달할 때의 물가보다 더 높아진다. 덧붙여 예산적자를 증가시키는 정
책은 구축효과로 인해 장기적으로 성장을 둔화시킨다.

11. **a.** 원유 가격이 상승하고 단기 총공급곡선이 왼쪽으로 이동하게 된 결과로 다음 그림에서 보이듯이 실질 GDP가 Y_2로 감소하게 되고(이와 함께 실업도 증가하게 될 것이다) 물가수준도 P_2로 상승하게 된다. 이러한 현상은 인플레이션과 실업의 문제가 결합된 스태그플레이션으로 알려져 있다.

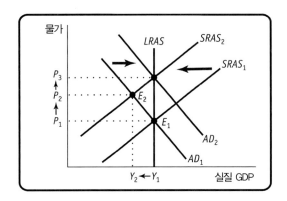

b. 정부는 실질 GDP를 증가시키거나 또는 물가수준을 낮추기 위해서 재정정책과 통화정책을 사용할 수 있다. 그러나 둘 다 달성할 수는 없다. 정부가 정부구매를 증가시키고 세금을 줄이고 통화량을 늘린다면 실질 GDP를 증가시킬 수 있으나 물가수준도 상승하게 된다. 이것은 그림에서 AD_1이 AD_2로 오른쪽으로 이동하는 것으로 나타나 있다.

만약 정부가 정부구매를 줄이고 세금을 늘리고 통화량을 줄인다면 이것은 물가수준을 낮출 수는 있지만 실질 GDP를 더 감소시켜서 경기후퇴 갭을 더 심화시킬 것이다. 이것은 아래 그림에서 AD_1이 AD_3로 왼쪽으로 이동하는 것으로 나타나 있다.

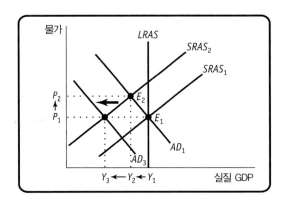

c. 정부는 재정정책이나 통화정책을 사용하여 낮은 실질 GDP와 높은 물가수준을 동시에 바로잡을 수 없다. 정부는 하나의 문제를 완화시키기 위해서 정책들을 사용할 수 있지만 다른 문제를 더 악화시키는 것을 감수해야 한다.

12. 장기총공급과 단기총공급, 총수요가 함께 증가하면, 물가상승이 거의 발생하지 않고 실질 GDP가 증가하는 것을 설명할 수 있다. 아래 그림은 실질 GDP가 증가하고 물가는

거의 상승하지 않으면서 장기 거시균형이 E_1에서 E_2로 이동할 수 있음을 보여 준다. 이는 1990년대 말 미국이 경험한 것을 설명한다. 이 기간 정보통신기술이 각 부분에 도입되며 생산성이 증가했고 이는 장기 총공급곡선과 단기 총공급곡선을 이동시켰다. 동시에 주식가치의 상승은 소비지출을 증가시키고 총수요곡선을 우측 이동시켰다.

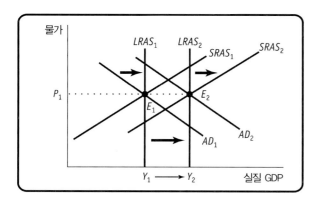

재정정책

1. a. 알버니아는 Y_1이 Y_P보다 작아서 경기후퇴 갭에 직면해 있다.

   b. 알버니아는 경제를 잠재생산량까지 이동시키기 위하여 확장적 재정정책을 사용할 수 있다. 이러한 정책은 재화와 서비스에 대한 정부구매를 증가시키는 것과 정부이전지출을 늘리는 것, 세금을 줄이는 것이 포함된다.

   c.

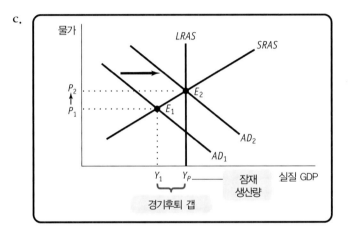

2. a. 브리태니어는 Y_1이 Y_P보다 커서 인플레이션 갭에 직면해 있다.

   b. 브리태니어는 경제를 잠재생산량까지 이동시키기 위하여 긴축적 재정정책을 사용할 수 있다. 이러한 정책은 재화와 서비스에 대한 정부구매를 줄이는 것과 정부이전지출을 축소시키는 것, 세금을 늘리는 것이 포함된다.

   c.

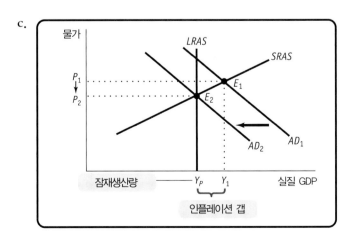

3. **a.** 주식시장 호황으로 가계가 소유하고 있는 주식의 가치가 올라가게 되면 소비지출이 증가하게 된다. 이것은 총수요곡선을 오른쪽으로 이동시킬 것이며 경제는 인플레이션 갭에 직면하게 된다. 정책입안자는 경제를 다시 잠재생산량까지 이동시키기 위해서 긴축적 재정정책을 사용할 수 있다.

b. 기업들이 가까운 미래에 있을 경기침체에 대해서 관심을 갖고 있다면, 기업들은 투자지출을 줄일 것이고 총수요곡선은 왼쪽으로 이동하게 될 것이며 경제는 경기후퇴 갭에 직면하게 될 것이다. 정책입안자는 경제를 다시 잠재생산량까지 이동시키기 위해서 확장적 재정정책을 사용할 수 있다.

c. 정부가 군수품에 대한 지출을 증가시킨다면 총수요곡선은 오른쪽으로 이동하게 될 것이며 경제는 인플레이션 갭에 직면하게 된다. 정책입안자는 경제를 다시 잠재생산량까지 이동시키기 위해서 긴축적 재정정책을 사용할 수 있다. 이를 위해 정부는 비군수품의 구매를 줄이고 세금을 올리고 정부이전지출을 줄여야만 한다.

d. 이자율이 상승하면 투자지출이 감소하고 총수요곡선이 왼쪽으로 이동하게 되어 경제는 경기후퇴 갭에 직면하게 된다. 정책입안자는 경제를 다시 잠재생산량까지 이동시키기 위해서 확장적 재정정책을 사용할 수 있다.

4. **a.** 정부의 최대 관심사가 경제성장을 유지하는 것이라면 정부는 조세감면이나 정부지출 증가와 같은 확장적인 재정정책을 채택해야 한다. 이는 총수요곡선을 우측으로 이동시키며, 균형생산량을 다시 Y_P로 이동시키지만 물가는 P_3로 상승시킨다.

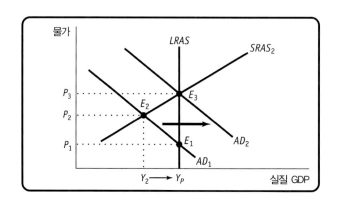

b. 정부의 최대 관심사가 물가안정을 유지하는 것이라면 정부는 조세증대나 정부지출 감소와 같은 긴축적인 재정정책을 채택해야 하며, 이는 총수요곡선을 좌측으로 이동시키며 물가수준을 다시 P_1으로 하락시키지만 경기후퇴 갭은 증가할 것이다.

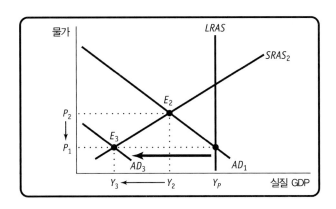

c. 확장적인 재정정책은 총산출량을 잠재산출량으로 되돌리는 데 도움을 줄 수 있지만, 물가수준을 상승시킨다. 이는 낮은 경제성장과 바람직한 수준보다 높은 인플레이션이 함께 나타나는 상황에서 인플레이션 문제를 더 악화시킨다. 긴축적인 재정정책은 물가수준을 하락시키는 데 도움을 줄 수 있지만 경기후퇴 갭을 더 증가시킬 것이다.

5. 완성된 표는 다음과 같다.

단계	정부구매 100억 달러 감소			정부이전지출 100억 달러 감소		
	(단위 : 10억 달러)					
	G 또는 C의 변화	실질 GDP의 변화	가처분소득의 변화	TR 또는 C의 변화	실질 GDP의 변화	가처분소득의 변화
1	$\Delta G = -\$10.00$	$-\$10.00$	$-\$10.00$	$\Delta TR = -\$10.00$	$\$0.00$	$-\$10.00$
2	$\Delta C = -6.00$	-6.00	-6.00	$\Delta C = -6.00$	-6.00	-6.00
3	$\Delta C = -3.60$	-3.60	-3.60	$\Delta C = -3.60$	-3.60	-3.60
4	$\Delta C = -2.16$	-2.16	-2.16	$\Delta C = -2.16$	-2.16	-2.16
5	$\Delta C = -1.30$	-1.30	-1.30	$\Delta C = -1.30$	-1.30	-1.30
6	$\Delta C = -0.78$	-0.78	-0.78	$\Delta C = -0.78$	-0.78	-0.78
7	$\Delta C = -0.47$	-0.47	-0.47	$\Delta C = -0.47$	-0.47	-0.47
8	$\Delta C = -0.28$	-0.28	-0.28	$\Delta C = -0.28$	-0.28	-0.28
9	$\Delta C = -0.17$	-0.17	-0.17	$\Delta C = -0.17$	-0.17	-0.17
10	$\Delta C = -0.10$	-0.10	-0.10	$\Delta C = -0.10$	-0.10	-0.10
...						
열 단계 이후의 합계		$-\$24.86$			$-\$14.86$	

a. 정부구매가 100억 달러 줄어든다면 실질 GDP는 열 단계 후에는 248억 6,000만 달러가 줄어들 것이다.

b. 정부이전지출이 100억 달러 줄어든다면 실질 GDP는 열 단계 후에는 148억 6,000만 달러가 줄어들 것이다.

c. 정부가 정부구매를 100억 달러 줄인다면 실질 GDP는 총 250억 달러[$=(1/(1-0.6))$ $\times(-\$100$억)]가 줄어든다. 정부이전지출이 100억 달러 줄어든다면 실질 GDP는 총 150억 달러[$=(0.6/(1-0.6))\times(-\$100$억)]가 줄어든다. 이러한 차이가 나는 것은 정부이전지출이 100억 달러가 줄어드는 것이 실질 GDP에 직접적으로 영향을 주지 않기 때문이다. 표에서 보듯이 첫 단계를 제외하고 모든 단계에서 정부구매가 줄어들거나 정부이전지출이 줄어드는 것의 결과는 동일하다. 하지만 첫 단계에서 정부구매가 줄어들 때는 그 크기만큼 실질 GDP가 줄어들지만 정부이전지출이 줄어들 때는 첫 단계에서 실질 GDP에 영향을 미치지 않는다.

6. a. 이 경제는 경기후퇴 갭에 직면해 있다. 왜냐하면 실질 GDP가 잠재생산량보다 작기 때문이다. 재화와 서비스에 대한 정부구매의 변화에 대한 승수가 $1/(1-0.75)=4$이기 때문에 정부구매가 150억 달러가 증가하면 실질 GDP는 600억 달러 증가하고 경기후퇴 갭이 사라지게 된다. 정부이전지출이 1달러가 증가할 때 실질 GDP는 $MPC/(1-MPC)\times\$1$만큼, 즉 $0.75/(1-0.75)\times\$1=\$3$만큼 증가하게 된다. 실질 GDP가 600억 달러만큼 증가해야 하기 때문에 정부가 이전지출을 200억 달러만큼 증가시키면 경기후퇴 갭이 사라지게 된다.

b. 이 경제는 인플레이션 갭에 직면해 있다. 왜냐하면 실질 GDP가 잠재생산량보다 크기 때문이다. 재화와 서비스에 대한 정부구매의 변화에 대한 승수가 $1/(1-0.5)=2$이기 때문에 정부구매가 250억 달러 감소하면 실질 GDP는 500억 달러 감소하고 인플레이션 갭이 사라지게 된다. 정부이전지출이 1달러 감소할 때 실질 GDP는 $MPC/(1-MPC)\times\$1$만큼, 즉 $0.5/(1-0.5)\times\$1=\$1$만큼 감소하게 된다. 실질 GDP가 500억 달러만큼 감소해야 하기 때문에 정부가 이전지출을 500억 달러만큼 감소시키면 인플레이션 갭이 사라지게 된다.

c. 이 경제는 인플레이션 갭에 직면해 있다. 왜냐하면 실질 GDP가 잠재생산량보다 크기 때문이다. 재화와 서비스에 대한 정부구매의 변화에 대한 승수가 $1/(1-0.8)=5$이기 때문에 정부구매가 160억 달러 감소하면 실질 GDP는 800억 달러가 감소하고 인플레이션 갭이 사라지게 된다. 정부이전지출이 1달러 감소할 때 실질 GDP는 $MPC/(1-MPC)\times\$1$만큼, 즉 $0.8/(1-0.8)\times\$1=\$4$만큼 감소하게 된다. 실질 GDP가 800억 달러만큼 감소해야 하기 때문에 정부가 이전지출을 200억 달러만큼 감소시키면 인플레이션 갭이 사라지게 된다.

7. 세금과 같은 자동안정장치는 경기순환을 완화시켜 준다. 경제가 확장될 때 세금이 증가하고 이것은 긴축적 재정정책처럼 작용하게 된다. 이러한 방법에 의해 총지출에 있어 어떤 독립적인 변화는 세금이 없을 때보다 실질 GDP에 더 적은 영향을 미치게 되고 인플레이션 갭과 경기후퇴 갭이 줄어들게 된다. 결과적으로 재량적 재정정책의 필요성 자

체가 줄어들게 된다. 그러나 일단 수요충격이 발생하고 정부가 수요충격을 제거하기 위해서 재량적 재정정책을 쓰기로 결정했을 때, 이러한 갭을 줄이기 위하여 재화와 서비스에 대한 정부구매와 정부이전지출 또는 세금을 변화시키는 폭은 더욱 커져야 하는 것이다.

8. 순환조정된 재정적자는 실질 GDP가 잠재생산량과 정확히 일치할 때 재정수지에 대한 측정값이기 때문에 경기변동이 재정수지에 미치는 효과가 제거된다. 우리는 잠재생산량에 변화가 없을 것이라고 추측하기 때문에 순환조정된 재정적자의 변화는 재정정책의 변화를 의미한다. 순환조정된 재정적자가 줄어들면 정부는 정부구매와 정부이전지출을 줄이고 세금을 증가시키는 긴축적 재정정책을 시행하고 있는 것이다. 순환조정된 재정적자가 증가하면 정부는 정부구매와 정부이전지출을 늘리고 세금을 줄여 주는 확장적 재정정책을 시행하고 있는 것이다. 〈그림 28-10〉에서 1990년부터 2000년까지 순환조정된 재정적자가 줄어들었고 이것은 이 기간에 정부가 긴축적 재정정책을 실행했음을 나타낸다. 2001년부터 2004년, 2007년부터 2009년까지 순환조정된 재정적자가 늘어났고 이것은 이 기간에 정부가 확장적 재정정책을 실행했음을 나타낸다. 2010년부터 2019년까지 순환조정된 재정적자는 감소하고 있으며 이는 이 기간 동안 정부가 긴축 재정정책을 실행했음을 나타낸다.

9. 균형예산법안이 제안되는 이유는 재정적자란 정부가 재정을 방만하게 운영한 결과이며, 많은 사람이 재정적자는 그 자체로 나쁜 것이라고 생각하기 때문이다. 정부가 재정을 적자로 운용할 때 이것은 공공부채를 증가시킨다. 정부가 예산적자를 지속적으로 운용한다면 이자비용이 정부지출과 예산적자에서 차지하는 비율이 점점 커질 것이며, 결과적으로 정부부채 대 국내총생산 비율이 상승하게 된다. 그러나 재정적자는 그 자체로 문제가 되는 것이 아니라 재정적자가 지속될 경우에만 문제가 발생한다. 미국에서는 연방정부의 재정수지와 경기순환 사이에 강한 상호관계가 있다. 경제가 확장기일 때 재정은 흑자가 되고 경제가 수축기에 접어들면 예산은 적자가 된다. 균형예산법안의 주된 문제는 인플레이션 갭이 있을 때 확장적 재정정책으로, 경기후퇴 갭이 있을 때 긴축적 재정정책으로 대응하도록 하여 오히려 경제를 더욱 불안정하게 만든다는 것이다. 대부분의 경제학자들이 그러한 것처럼 매년 균형재정을 달성하는 예산법안보다는 정부가 평균적으로 예산균형을 달성하는 방안을 추천한다. 이러한 방식에서는 경기긴축기에는 재정을 적자로 운용하고 경기확장기에는 재정을 흑자로 운용함으로써 경제를 안정시킬 수 있다.

10. a. 완성된 표는 다음과 같다. (근삿값이다.)

연도	실질 GDP	부채	재정적자	부채	재정적자
	(10억 달러)			(실질 GDP 대비 비율)	
2020	$1,000	$300	$30	30.0%	3.0%
2021	1,030	330	30	32.0	2.9
2022	1,061	360	30	33.9	2.8
2023	1,093	390	30	35.7	2.7
2024	1,126	420	30	37.3	2.7
2025	1,159	450	30	38.8	2.6
2026	1,194	480	30	40.2	2.5
2027	1,230	510	30	41.5	2.4
2028	1,267	540	30	42.6	2.4
2029	1,305	570	30	43.7	2.3
2030	1,344	600	30	44.6	2.2

b. 다시 작성된 표는 다음과 같다. (근삿값이다.)

연도	실질 GDP	부채	재정적자	부채	재정적자
	(10억 달러)			(실질 GDP 대비 비율)	
2020	$1,000	$300	$30	30.0%	3.0%
2021	1,030	330	31	32.0	3.0
2022	1,061	361	32	34.0	3.0
2023	1,093	393	33	35.9	3.0
2024	1,126	426	34	37.8	3.0
2025	1,159	459	35	39.6	3.0
2026	1,194	494	36	41.4	3.0
2027	1,230	530	37	43.1	3.0
2028	1,267	567	38	44.7	3.0
2029	1,305	605	39	46.3	3.0
2030	1,344	644	40	47.9	3.0

c. 또다시 작성된 표는 다음과 같다. (근삿값이다.)

연도	실질 GDP	부채	재정적자	부채	재정적자
	(10억 달러)			(실질 GDP 대비 비율)	
2020	$1,000	$300	$30	30.0%	3.0%
2021	1,030	330	36	32.0	3.5
2022	1,061	366	43	34.5	4.1
2023	1,093	409	52	37.4	4.7
2024	1,126	461	62	40.9	5.5
2025	1,159	523	74	45.1	6.4
2026	1,194	598	89	50.1	7.5
2027	1,230	687	107	55.9	8.7
2028	1,267	795	128	62.7	10.1
2029	1,305	924	154	70.8	11.8
2030	1,344	1,079	185	80.3	13.8

d. 재정적자가 일정하게 300억 달러로 남아 있다면 재정적자 대 국내총생산 비율이 감소하지만, 부채가 GDP보다 더 빨리 증가하기 때문에 정부부채 대 국내총생산 비율은 계속 증가하게 된다. 적자가 매년 3% 증가한다면 실질 GDP가 성장하는 비율과 일치하고, 재정적자 대 국내총생산 비율은 3%로 일정하게 되고, 부채-GDP 비율은 계속 증가하게 된다. 적자가 매년 20% 증가한다면 재정적자 대 국내총생산 비율은 10년 후에 3.0%에서 13.8%로 증가하게 되고, 정부부채 대 국내총생산 비율은 30%에서 두 배 이상 증가하여 80%보다 더 커진다.

11. 첫 번째 주장인 정부의 재정적자와 부채의 차이가 가계의 저축과 재산의 차이와 유사하다는 주장은 옳다. 저축과 적자는 어떤 기간에 발생한 행동을 의미한다(다시 말하자면 유량변수이다). 정부가 특정한 기간에 조세수입보다 더 많이 지출할 때 정부는 재정을 적자로 운용하고 있는 것이다. 소비자도 특정한 기간에 그들의 가처분소득보다 덜 소비할 때 저축을 하게 된다. 반면 부채와 재산은 어떤 시점에서 측정된다(다시 말하자면 저량변수이다). 정부가 재정을 적자로 운용할 때 차입을 통해서 자금을 공급하고 이것이 정부부채를 증가시킨다. 소비자가 저축을 통해서 재산을 축적하는 것도 그와 유사하다. 그러나 두 번째 주장은 정부가 과거에 큰 재정적자를 발생시키지 않았다면 현재의 재정적자는 크더라도 정부부채는 작을 수도 있다는 점에서 잘못되었다.

12. a. 정부부채는 비교적 작으나 고속철도 시스템을 건설하기 위해서 대규모 재정적자를 운용하는 경우라면, 이것만으로 경제에 잠재적인 문제가 있다고 보기는 힘들다. 국가가 차입 없이 국가기반시설을 개선하는 막대한 자금을 조달하기란 힘든 일이다(더욱이

이 사업의 혜택은 미래 세대가 얻게 된다). 기반시설의 건설이 완료됨과 함께 더 이상의 재정적자가 발생하지 않는다면 이것은 장기적인 관점에서 큰 문제를 초래하지 않을 것이다.

b. 정부부채가 상대적으로 높지만 정부가 스스로의 재정적자를 줄여 간다면 경제가 잠재적인 문제를 갖고 있다고 볼 수 없다. 단 정부는 재정적자가 지속되지 않도록 주의를 기울여야 할 것이다.

c. 정부부채가 상대적으로 낮더라도 정부가 부채에 대한 이자지급 비용의 자금을 조달하기 위해서 재정적자를 운용한다면 이것은 재정의 미래에 잠재적인 문제가 있음을 경고하는 것이다. 이러한 경우에는 시간이 지남에 따라 정부부채가 자동적으로 증가하고, 그것과 함께 이자지급 비용도 증가함에 따라 다시 재정적자의 크기가 점점 커지는 악순환이 발생된다.

13. a. 이 정책은 정부지출을 즉각적으로 증가시키므로 현재 공공부채를 증가시킨다. 뿐만 아니라 이 법은 정부가 미래에 더 높은 수준의 지출을 약속하기 때문에 암묵적인 부채도 증가한다.

b. 이 정책은 향후 정부의 이전지출이 감소하기 때문에 암묵적 부채를 감소시킨다. 그러나 현재 공공부채에는 영향이 없다

c. 이 정책은 향후 정부의 이전지출이 감소하기 때문에 암묵적 부채를 감소시킨다. 그러나 현재 공공부채에는 영향이 없다.

d. 이 정책은 현재 공공부채를 즉각적으로 증가시키며 암묵적 부채도 증가시킨다.

e. 이러한 정책으로 병원이 비용을 절약할 인센티브를 가지고 있고 즉각적으로 비용을 절감할 수 있다고 가정하면 공공부채는 감소한다. 인센티브는 미래에도 적용되므로 암묵적 부채도 감소한다.

14. a. 정부부채에 대한 연간 이자는 21조 2,000억 달러의 1.3%인 2,756억 달러다.

b. GDP 대비 부채 비율이 변하지 않기 위해서 미국의 GDP는 1.3%로 성장해야 한다. 이 경우 총부채와 GDP가 같은 속도로 증가한다.

c. 총부채는 8,756억 달러만큼 증가한다. 이는 6,000억 달러의 재정적자와 2,756억 달러의 이자지급을 합한 것이다.

d. 정부부채는 2019년 21조 2,000억 달러에서 2020년 22조 7,600억 달러로 늘었다. 이는 $((22.076 - 21.2)21.2) \times 100 = 4.13\%$의 증가이다. 따라서 GDP 대비 부채 비율이 변하지 않기 위해서 명목 GDP도 4.13%만큼 증가해야 한다.

e. GDP는 경제의 크기를 측정하는데, 이는 정부가 조세를 통해 부채를 상환하는 능력을 결정한다. GDP 대비 부채 비율의 감소는 부채 부담이 감소함을 의미하고, GDP 대비

부채 비율의 증가는 부채 부담이 증가함을 의미한다. 따라서 부채 부담이 지나치게 커지는 것을 막기 위해 정부는 GDP 대비 부채 비율을 항상 점검해야 한다.

chapter:
28A

조세와 승수

1. 완성된 표는 다음과 같다.

단계	G 또는 C의 변화	실질 GDP의 변화	조세의 변화	YD의 변화
		(10억 달러)		
1	$\Delta G=\$10.00$	$\$10.00$	$\$2.00$	$\$8.00$
2	$\Delta C=$ 4.80	4.80	0.96	3.84
3	$\Delta C=$ 2.30	2.30	0.46	1.84
4	$\Delta C=$ 1.10	1.10	0.22	0.88
5	$\Delta C=$ 0.53	0.53	0.11	0.42
6	$\Delta C=$ 0.25	0.25	0.05	0.20
7	$\Delta C=$ 0.12	0.12	0.02	0.10
8	$\Delta C=$ 0.06	0.06	0.01	0.05
9	$\Delta C=$ 0.03	0.03	0.01	0.02
10	$\Delta C=$ 0.01	0.01	0.00	0.01
…				
10단계 이후의 합계		$\$19.20$		

a. 열 단계 후에 실질 GDP의 총변화분은 192억 달러이다. 승수는 1.923[=1/(1−(0.6× (1−0.2)))]이 된다. 우리는 실질 GDP의 총변화분이 정부구매의 변화분의 1.923배가 될 것이라고 예측할 수 있다. 또 정부구매가 100억 달러 변하게 되면 우리는 실질 GDP가 192억 3,000만 달러 변하게 될 것이라고 예측할 수 있는데, 이것은 열 단계 후에 실질 GDP의 변화분(192억 달러)과 상당히 가까운 값이다.

b. 다시 작성된 표는 다음과 같다.

단계	G 혹은 C의 변화	실질 GDP의 변화	조세의 변화	YD의 변화
		(10억 달러)		
1	ΔG=$10.00	$10.00	$1.00	$9.00
2	ΔC= 6.75	6.75	0.68	6.08
3	ΔC= 4.56	4.56	0.46	4.10
4	ΔC= 3.08	3.08	0.31	2.77
5	ΔC= 2.08	2.08	0.21	1.87
6	ΔC= 1.40	1.40	0.14	1.26
7	ΔC= 0.95	0.95	0.09	0.85
8	ΔC= 0.64	0.64	0.06	0.57
9	ΔC= 0.43	0.43	0.04	0.39
10	ΔC= 0.29	0.29	0.03	0.26
…				
열 단계 이후의 합계		$30.18		

열 단계 후에 실질 GDP의 총변화분은 301억 8,000만 달러이다. 승수는 3.077[= $1/(1-(0.75\times(1-0.1)))$]이 된다. 우리는 실질 GDP의 총변화분이 정부구매의 변화분의 3.077배가 될 것이라고 예측할 수 있다. 또 정부구매가 100억 달러 변하면 우리는 실질 GDP가 307억 7,000만 달러 변할 것이라고 예측할 수 있는데, 이것은 열 단계 후에 실질 GDP의 변화분(301억 8,000만 달러)과 상당히 가까운 값이다.

화폐, 은행과 연방준비제도

1. a. 주식은 M1 또는 M2의 구성요소가 아니다. 따라서 주식 보유를 줄이는 것이 M1 또는 M2를 감소시키지 않는다. 그러나 여러분의 저축예금에 돈을 예금하는 것은 M2를 증가시킨다. 왜냐하면 저축예금은 (M1의 구성요소가 아니라) M2의 구성요소이기 때문이다. M1은 변하지 않는다.

b. 주식은 M1 또는 M2의 구성요소가 아니다. 따라서 주식 보유를 줄이는 것이 M1 또는 M2를 감소시키지 않는다. 그러나 여러분의 당좌예금에 돈을 예금하는 것은 M1을 증가시킨다. 왜냐하면 당좌예금은 M1의 구성요소이기 때문이다. 이것은 M2도 증가시키는데 M1이 M2의 구성요소이기 때문이다.

c. 저축예금에서 당좌예금으로 돈을 이체하는 것은 M2에는 영향을 미치지 않는다. 왜냐하면 저축예금과 당좌예금이 모두 M2에 포함되기 때문이다. 그러나 저축예금은 M1의 구성요소가 아니기 때문에 저축예금에서 당좌예금으로 돈을 이체하는 것은 M1을 증가시킨다.

d. 현금을 당좌예금에 예금하는 것은 M1 또는 M2를 변화시키지 않는다. 이것은 단순히 돈을 M1의 한 구성요소(유통 중인 현금)에서 M1의 또 다른 구성요소(당좌예금)로 이전시킨 것에 불과하다.

e. 0.25달러를 여러분의 저축예금에 예금하는 것은 M2에 영향을 미치지 않는다. 왜냐하면 저축예금과 유통 중인 현금은 모두 M2에 속하기 때문이다. 그러나 저축예금은 M1의 구성요소가 아니기 때문에 0.25달러를 저축예금에 예금하는 것은 M1을 감소시킨다.

2. a. 럼주 병은 다른 용도로도 사용될 수 있는 상품이기 때문에 상품화폐이다.

b. 소금은 다른 용도로도 사용될 수 있는 상품이기 때문에 상품화폐이다.

c. 호밀과 교환될 수 있는 지폐('Rye Mark')는 상품에 의해 뒷받침되는 화폐이다. 왜냐하면 그것의 가치는 궁극적으로 그것을 가치 있는 상품(호밀)으로 교환해 주겠다는 약속에 의해서 보장되기 때문이다.

d. Ithaca HOURS는 법정화폐이다. 그것은 다른 곳에서는 쓸 수 없다. 그리고 Ithaca HOURS의 가치는 전적으로 Ithaca HOURS가 지불수단으로서 가지는 지위로부터 비롯한 것이기 때문이다.

3. 아래의 완성된 표에서 M1은 유통 중인 현금과 당좌예금으로 구성된다. M2는 M1에 더하여 저축예금, 정기예금, MMF를 포함한다. 2009년과 2019년 사이 M1은 두 배보다 크게 증가하였고, M2는 거의 두 배가 되었다. 현금의 M1에 대한 비율은 대침체 기간 동안 51%였지만 2020년에는 43%로 떨어졌다. 현금의 M2에 대한 비율은 10~11% 사이에서 거의 일정하다. 현금의 M1 대한 비율이 감소한 것은 당좌예금이 현금보다 훨씬 빠른 속도로 증가한 것에서 비롯하였다. 연준이 금리를 0에 가깝게 낮추자 당좌예금에 돈을 보유하는 기회비용도 감소했다. 무이자 계좌에 돈을 보유하는 비용이 감소함에 따라 소비자는 정기예금과 MMF에서 당좌예금으로 돈을 이동하여 M1이 증가했다. 이 경우 M1이 증가해도 M2는 변하지 않는다. M2와 현금은 거의 같은 비율로 증가했으므로 현금의 M2에 대한 비율은 상대적으로 변하지 않았다.

연도	유통 중인 현금	당좌예금	저축예금	정기예금	MMF	M1	M2	유통 중인 현금의 M1에 대한 비율	유통 중인 현금의 M2에 대한 비율
2009	$863.7	$829.1	$4,812.0	$1,187.5	$791.1	$1,692.8	$8,483.4	51.0%	10.2%
2010	918.8	917.9	5,331.5	934.4	686.7	1,836.7	8,789.3	50.0	10.5
2011	1,001.6	1,162.7	6,033.6	776.9	676.3	2,164.3	9,651.1	46.3	10.4
2012	1,090.7	1,370.4	6,683.3	645.8	655.4	2,461.1	10,445.6	44.3	10.4
2013	1,160.7	1,503.7	7,128.2	570.4	652.0	2,664.4	11,015.0	43.6	10.5
2014	1,253.2	1,687.1	7,573.0	523.4	631.3	2,940.3	11,668.0	42.6	10.7
2015	1,339.5	1,754.4	8,169.7	413.2	653.3	3,093.9	12,330.1	43.3	10.9
2016	1,420.9	1,919.0	8,814.5	353.4	691.3	3,339.9	13,199.1	42.5	10.8
2017	1,525.0	2,082.3	9,110.3	414.2	703.8	3,607.3	13,835.6	42.3	11.0
2018	1,624.8	2,121.7	9,260.9	532.9	811.5	3,746.5	14,351.8	43.4	11.3
2019	1,710.9	2,266.2	9,765.2	580.0	979.9	3,977.1	15,302.2	43.0	11.2

출처 : Federal Reserve Bank of St. Louis.

4. **a.** 여러분의 대학 구내식당의 식권카드에 들어 있는 95달러는 상품권과 유사하다. 그것은 오로지 한 가지 목적을 위해서만 쓰일 수 있기 때문에 M1과 M2에 포함되지 않는다.

b. 여러분 차의 거스름돈 컵에 들어 있는 0.55달러는 유통 중인 현금이고 이것은 M1과 M2에 모두 포함된다.

c. 저축예금에 들어 있는 1,663달러는 교환의 수단으로 직접 사용될 수 없어서 M1의 구성요소가 될 수 없다. 그러나 이것은 현금이나 당좌예금으로 쉽게 전환될 수 있기 때문에 M2의 구성요소가 된다.

d. 여러분의 당좌예금에 있는 잔고 459달러는 M1과 M2에 모두 포함된다.

e. 주식 100주는 M1 또는 M2에 포함되지 않는다. 주식은 상대적으로 유동성이 높은 자산이 아니기 때문이다.

f. 여러분 신용카드계좌의 사용한도 1,000달러는 M1 또는 M2에 포함되지 않는다. 왜냐하면 이것은 자산을 의미하지 않기 때문이다.

5. a. 첫 단계에서 은행의 당좌예금이 500달러 증가하면서 지불준비금도 500달러 증가한다. 화폐공급은 원래 상태와 변함없고 유통 중인 현금만 500달러 감소하고 당좌예금은 500달러 증가한다.

자산		부채	
지불준비금	+$500	당좌예금	+$500

b. 은행은 500달러의 새로운 예금에 대해서 50달러의 지불준비금을 남겨 두고 450달러를 대출할 것이다.

c. 화폐공급은 4,500달러 증가한다. 당좌예금은 5,000달러 증가하지만 첫 번째 입금에서 현금 500달러가 감소했기 때문에 화폐공급의 증가는 4,500달러($450/0.1)가 된다(트레이시가 그녀의 은행 계좌에 500달러를 예금할 때 예금이 500달러 증가하는 동시에 유통 중인 현금이 감소했다는 점을 유념하기 바란다).

d. 화폐공급은 9,500달러 증가한다. 당좌예금은 1만 달러 증가하지만 첫 번째 입금에서 현금 500달러가 감소했기 때문에 화폐공급의 증가는 9,500달러($475/0.05)가 된다.

6. a. 첫 단계에 당좌예금이 400달러만큼 감소하면서 은행의 지불준비금도 400달러만큼 감소할 것이다. 화폐공급은 원래 상태와 변함이 없고 유통 중인 현금만 400달러 증가하고 당좌예금은 400달러 줄어든다.

자산		부채	
지불준비금	−$400	당좌예금	−$400

b. 이러한 인출로 인해 은행은 지불준비금의 부족에 직면할 것이다. 은행에서 인출된 400달러 중 40달러만이 이번 인출에 대비한 지불준비금이었으므로, 인출금액 중 나머지 360달러는 다른 예금을 위한 지불준비금으로서 갖고 있던 것이다. 따라서 은행은 자신이 대출한 금액 중 360달러를 회수하여 이에 대응할 것이다.

c. 경제 전체적으로 화폐공급은 3,600달러[($400/0.1)−$400] 감소할 것이다. 당좌예금은 4,000달러 줄어들지만 현금이 400달러만큼 증가하였기 때문에 화폐공급의 감소는 3,600달러가 된다.

d. 경제 전체적으로 화폐공급은 1,600달러[($400/0.2)−$400] 감소할 것이다. 당좌예금은 2,000달러 줄어들지만 현금이 400달러만큼 증가하였기 때문에 화폐공급의 감소는 1,600달러가 된다.

7. **a.** M1은 대중이 소유하고 있는 유통 중인 현금(1억 5,000만 달러)과 당좌예금(5억 달러)을 합한 것과 일치한다. 따라서 M1은 6억 5,000만 달러이다.

b. 본원통화는 대중이 소유하고 있는 유통 중인 현금(1억 5,000만 달러)과 상업은행의 지불준비금(은행 시재금 1억 달러와 중앙은행 예치금 2억 달러)을 합한 값이다. 따라서 본원통화는 4억 5,000만 달러이다.

c. 필요지불준비금은 5,000만 달러(5억 달러의 10%)이다. 총지불준비금이 3억 달러이기 때문에 상업은행은 2억 5,000만 달러($3억-$5,000만)를 초과 지불준비금으로 보유하고 있다.

d. 상업은행들은 초과 지불준비금을 갖고 있기 때문에 당좌예금을 증가시킬 수 있다. 10%의 필요 지불준비율에 따라 3억 달러의 준비금으로 총 30억 달러($3억/0.1)까지의 예금을 받을 수 있다. 즉 상업은행들은 추가적으로 25억 달러만큼의 예금을 증가시킬 수 있다.

8. 다음 표에서 열 단계 후에 대출은 666.6달러 증가하였는데 이는 화폐공급이 같은 폭으로 증가했음을 의미한다. 위 표에서 예금은 833.25달러 증가하였으며, 유통 중인 현금은 최초에 500달러 줄어들었다가 최종적으로 다시 333.3달러 증가하여 166.7달러 줄어들었음을 확인할 수 있다. 만약 모든 대출이 은행으로 다시 예금된다면(즉 일반인들이 대출금을 유통 중인 현금으로 소유하지 않는다면) 예금이 2,500달러 증가하게 되고($500/0.2) 화폐공급은 2,000달러[($500/0.2)-$500]만큼 증가할 것이다. 이를 통해 사람들이 대출금 중 유통 중인 현금으로 보유하려는 비율이 높을수록 통화승수의 크기가 작아진다는 것을 알 수 있다.

단계	예금	필요 지불준비금	초과 지불준비금	대출	현금으로 보유
1	$500.00	$100.00	$400.00	$400.00	$200.00
2	200.00	40.00	160.00	160.00	80.00
3	80.00	16.00	64.00	64.00	32.00
4	32.00	6.40	25.60	25.60	12.80
5	12.80	2.56	10.24	10.24	5.12
6	5.12	1.02	4.10	4.10	2.05
7	2.05	0.41	1.64	1.64	0.82
8	0.82	0.16	0.66	0.66	0.33
9	0.33	0.07	0.26	0.26	0.13
10	0.13	0.03	0.10	0.10	0.05
10단계 이후의 합계	$833.25	$166.65	$666.60	$666.60	$333.30

9. **a.** 예금이 2,800달러만큼 줄어들고 유통 중인 현금은 700달러만큼 늘어난다. 결과적으로 화폐공급은 2,100달러만큼 줄어든다.

b. 예금이 1만 4,000달러만큼 줄어들고 유통 중인 현금은 700달러만큼 늘어난다. 결과적으로 화폐공급은 1만 3,300달러만큼 줄어든다.

c. 예금이 3,750달러만큼 늘어나고 유통 중인 현금은 750달러만큼 줄어든다. 결과적으로 화폐공급은 3,000달러만큼 늘어난다.

d. 예금이 6,000달러만큼 늘어나고 유통 중인 현금은 600달러만큼 줄어든다. 결과적으로 화폐공급은 5,400달러만큼 늘어난다.

10. **a.** 필요 지불준비금 비율이 5%로 떨어진다면 알베르니아의 상업은행은 5,000만 달러의 초과 지불준비금을 보유하게 된다. 은행은 초과 지불준비금을 보유하지 않으려 하기 때문에 은행은 대출을 확대시킬 것이다. 은행은 지불준비율이 5%일 때 지불준비금 1억 달러로 20억 달러까지의 예금을 받을 수 있다. 따라서 은행은 대출과 예금을 10억 달러만큼 늘릴 것이고, 따라서 화폐공급도 10억 달러만큼 늘어날 것이다.

b. 필요 지불준비율이 25%로 상승한다면 알베르니아의 상업은행은 10억 달러의 예금에 대해 지급준비금이 부족한 상황에 직면한다. 현재 은행의 준비금으로는 단지 4억 달러의 예금만을 받을 수 있기 때문에 상업은행은 대출과 예금을 6억 달러 줄일 것이고 그래서 화폐공급은 6억 달러 줄어들 것이다.

11. 이 문제에 대한 대답은 여러분이 어디에 살고 지금이 언제인지에 따라 달라질 것이다. 만약 여러분이 2019년 12월에 캘리포니아 리들리에 산다면 여러분은 연방준비제도의 샌프란시스코 지구에 있는 것이다. 샌프란시스코의 연방준비은행장은 매리 C. 댈리이며 당시에 연방공개시장위원회(FOMC)의 의결권 없는 구성원이었다.

12. 연방준비제도가 상업은행에 국채를 3,000만 달러 매각할 때 연방준비제도의 자산은 3,000만 달러 감소하지만(이로써 연방준비제도는 국채를 3,000만 달러만큼 덜 보유하게 된다), 상업은행은 같은 금액의 본원통화를 연방준비제도의 계좌에서 납부해야 하기 때문에 연방준비제도의 부채도 3,000만 달러만큼 감소한다. 상업은행의 관점에서는 연방준비제도로부터 국채를 매입했기 때문에 그들의 자산은 3,000만 달러 증가하지만, 같은 금액이 연방준비제도에 있는 그들의 예금(즉 그들의 준비금)으로부터 국채 매입에 대한 대금으로 지급되기 때문에 이 단계에서 그들의 자산은 변화가 없다.

연방준비제도가 3,000만 달러의 국채를 매도하고 난 후의 연방준비제도의 T 계정의 즉각적인 변화는 다음과 같다.

자산		부채	
재무부증권	−$3,000만	본원통화	−$3,000만

연방준비제도가 3,000만 달러의 국채를 매도하고 난 후의 상업은행의 T 계정의 즉각적인 변화는 다음과 같다.

자산		부채	
재무부증권	+$3,000만	변화 없음	
지불준비금	−$3,000만		

연방준비제도가 상업은행에 3,000만 달러의 국채를 매도하고 난 후 은행은 자신들의 예금에 대해 충분한 지불준비금을 갖고 있지 못하게 된다. 은행은 대출과 예금을 6억 달러($3,000만/0.05)만큼 줄여야만 할 것이며 화폐공급도 똑같은 폭만큼 줄어들게 된다(이는 국채를 매입하기 위해 사용된 지불준비금 3,000만 달러에 의해 지탱되었던 예금 금액의 크기이다).

연방준비제도가 3,000만 달러의 국채를 매도하고 난 후의 상업은행의 T 계정의 최종적인 변화는 다음과 같다.

자산		부채	
재무부증권	+$3,000만	당좌예금	−$6억
지불준비금	−$3,000만		
대출	−$6억		

13. a. 북한의 위조지폐가 유통되는 경우 연방준비제도는 그에 대응되는 아무런 자산도 갖지 못한다. 따라서 같은 금액의 지폐가 연방준비제도에 의해 발행되어 미국 국채를 구입했을 때 얻을 수 있는 이자수입을 얻을 수 없다. 즉 위조지폐유통의 기회비용은 합법적으로 발권된 화폐를 통해 얻을 수 있었던 이자수입이다. 미국 납세자들은 이에 해당하는 금액만큼 손해를 보게 된다.

b. 납세자들의 연간 손실금액은 $0.87\% \times \$4,500$만$=\$39,150,000$에 해당한다.

14. a. 이 문제의 대답은 자료를 구한 시점에 따라서 달라질 것이다. 2023년 12월 14일에 발표된 자료에 따르면 연방준비제도의 자산은 7조 7,887억 5,600만 달러였고 재무부증권은 4조 8,103억 5,600만 달러였다. 따라서 연방준비제도 자산의 61.8%(=$4조 8,103억 5,600만/$7조 7,887억 5,600만×100)가 재무부증권으로 구성되어 있다.

b. 2023년 말 현재 연방준비제도는 여전히 다른 자산을 많이 보유하고 있고, 연방준비제도의 대차대조표는 아직 정상으로 돌아오지 않았다.

15. a. 1984~1991년 사이에 신축주택 착공 건수가 감소한 것은 저축대부조합(S&L) 위기 때문에 주택담보 대출을 통한 자금조달이 이용가능하지 않았기 때문이다. S&L은 매우 위험한 부동산 자산에 투자했었고 그들 중 많은 수가 파산했다. 정부가 1,000개가 넘는 S&L을 폐쇄함으로써 주택담보 대출을 이용하기 힘들어졌고, 신축주택 착공 건수가 급격하게 감소했다.

b. 2006~2009년 사이에 신축주택 착공 건수가 감소한 것은 2008년 금융위기를 촉발시킨 원인이 된 주택담보 대출을 통한 자금조달이 힘들어졌기 때문이다. 통상적인 대출 기준을 충족시키지 못하는 사람들에 대한 주택대출인 서브프라임등급으로 자금 조달했던 많은 사람들이 부채를 상환하지 못하게 되자, 증권화된 서브프라임 대출에 투자를 했던 금융기관들은 큰 문제를 겪었고 대출을 정지시키거나 제한하였다.

c. S&L에 대해 더 바람직한 규제가 있었다면 그들이 위험한 부동산 자산에 투자하는 것을 막았을 것이고 붕괴를 막았을 것이다. 이와 유사하게 증권화된 서브프라임 대출을 구입했던 금융기관에 더 바람직한 규제가 있었다면 금융기관들이 무너지는 것을 막을 수 있었을 것이다.

통화정책

1. a. 이자율이 하락하면 통화에 대한 수요량이 증가한다. 이는 화폐수요곡선 상에서 아래쪽으로의 이동이며 화폐수요곡선은 이동하지 않는다.

b. 쇼핑시즌이 시작될 때 소비자들은 지출이 증가할 것을 예상하고 각 소득수준에서 화폐에 대한 수요를 늘릴 것이다. 이로 인해 화폐수요곡선은 오른쪽으로 이동하게 된다.

c. 더 많은 판매자가 페이팔 및 애플페이를 통한 전자 결제를 허용하기 시작함에 따라 가계가 현금을 보유하는 대신 저축예금 및 당좌예금을 늘린다면 화폐수요는 감소한다. 이로 인해 화폐수요곡선은 왼쪽으로 이동한다.

d. 연방준비제도가 공개시장 매입을 실행하면 이는 화폐공급량을 변화시키고 화폐공급곡선이 오른쪽으로 이동할 것이다. 이것은 이자율에 영향을 미칠 것이고 결국에는 화폐수요량에 영향을 미칠 것이다. 연방준비제도에 의한 미국 국채에 대한 공개시장 매입은 이자율을 떨어뜨리고 화폐수요량을 증가시킬 것이다. 이는 화폐수요곡선 상에서 아래쪽으로의 이동이며 화폐수요곡선은 이동하지 않는다.

2. a. 이 문제에 대한 답은 정보를 구한 시점에 따라 달라질 것이다. 2017년 6월 22일에, 가장 최근에 발행된 52주짜리 재무부증권의 수익률은 1.243%였다.

b. 이 문제에 대한 답은 정보를 구한 시점과 대상 은행이 어디인지에 따라 달라질 것이다. 2020년 7월 15일에 discoverbank.com에서 1년 CD의 이자율은 0.65%였다.

c. 재무부증권은 매우 안전하다고 인식된다. 이 때문에 재무부증권이 다른 자산보다 수익이 더 낮더라도 투자자는 재무부증권을 기꺼이 사려고 한다. 정상적인 상황에서 수익률의 차이는 작다. 그러나 시장이 혼란에 빠진 위기 상황에서는 미국 정부의 부채와 다른 유형의 부채 사이의 수익률 차이가 커진다.

3. a. 이 문제에 대한 답은 정보를 구한 시점에 따라 달라질 것이다. 2017년 6월 15일에 가장 최근에 발행된 2년짜리 증권의 이자율은 1.250%였고 가장 최근에 발행된 10년짜리 증권의 이자율은 2.375%였다.

b. 10년짜리 증권의 이자율이 2년짜리 증권의 이자율보다 더 높다. 장기 이자율은 미래에 단기 이자율에 무엇이 발생할 것인지에 대한 시장의 평균적 기대를 반영한다. 장기 이자율이 단기 이자율보다 더 높을 때 시장은 미래에 단기 이자율이 상승할 것이라고 기대하는 신호를 보내고 있는 것이다. 장기 이자율이 단기 이자율보다 더 낮을

때 시장은 미래에 단기 이자율이 하락할 것으로 기대한다는 신호를 보내고 있는 것이다.

4. 이 경우 중앙은행은 경기후퇴 갭을 제거하기 위해서 확장적 통화정책을 사용해야 한다. 예를 들어 중앙은행은 미국 국채의 공개시장 매입을 할 수 있는데, 이것은 화폐공급을 증가시키고 이자율을 하락시켜 투자지출을 증가시킨다. 투자지출 증가는 승수 과정을 거쳐서 소비자들이 그들의 지출을 늘리게 만들 것이다. 아래 그림에서 확인할 수 있듯이 이러한 정책으로 인해 AD가 초기 상태 AD_1으로부터 최종적으로 새로운 AD_2로 이동하게 된다. 결과적으로 실질 GDP가 증가하고 물가수준이 상승하게 된다.

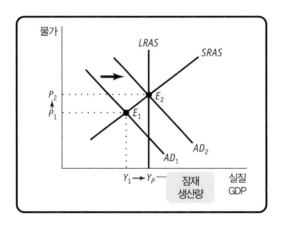

5. 이 경우 중앙은행은 인플레이션 갭을 제거하기 위해서 긴축적 통화정책을 사용해야 한다. 예를 들어 중앙은행은 미국 국채의 공개시장 매각을 할 수 있는데 이것은 화폐공급을 감소시키고 이자율을 상승시켜 투자지출을 감소시킬 것이다. 투자지출 감소로 인해서 소비자들도 그들의 지출을 감소시킨다. 다음 그림에서 확인할 수 있듯이 이러한 정책으로 인해 AD가 초기 상태 AD_1에서 최종적으로 새로운 AD_2로 이동하게 된다. 결과적으로 실질 GDP는 감소하고 물가수준은 하락하게 된다.

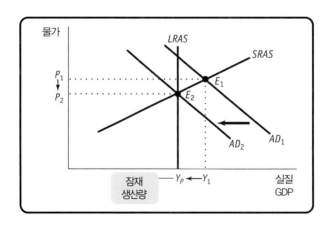

6. **a.** 아래 그림에서 균형점 E_1에서 있었던 이스트랜디아의 경제가 경기침체에 빠지게 된다면 총수요는 감소할 것이고 이에 따라 화폐수요곡선도 MD_1에서 MD_2로 왼쪽으로 이동할 것이다. 화폐시장도 초기 균형 E_1에서 새로운 균형 E_2로 이동하게 될 것이다. 중앙은행이 통화량을 일정하게 유지한다면 이자율은 새로운 균형점 E_2에서의 이자율인 r_2로 떨어질 것이다. 이자율이 하락하게 되면 투자지출이 증가하고 이는 경기후퇴 갭을 줄이는 데 도움을 준다.

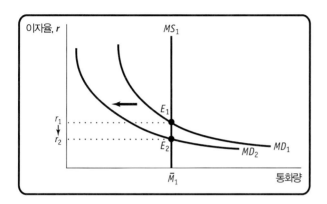

b. 중앙은행이 목표이자율을 r_1으로 유지하려고 한다면 첨부된 그림에서처럼 경제가 경기침체에 빠지게 될 때, 중앙은행은 이자율 하락을 막기 위해서 화폐공급을 MS_1에서 MS_2로 줄여야 한다. 화폐시장의 새로운 균형은 E_3점이 되고 이때 이자율은 목표이자율인 r_1을 유지한다.

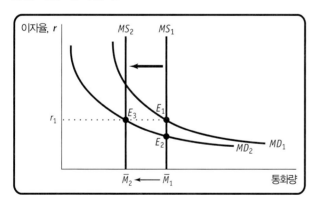

7. **a.** 단기에 화폐공급곡선은 MS_2로 좌측 이동할 것이고 이자율은 r_1에서 r_2로 상승할 것이다.

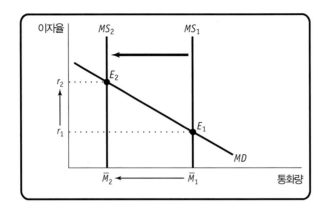

b. 시간이 경과하면서 물가수준이 하락할 것이다. 이는 화폐수요를 감소시킬 것이고 화폐수요곡선을 MD_1에서 MD_2로 좌측 이동시킬 것이다. 이는 균형이자율을 다시 하락시킨다.

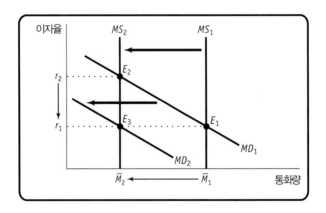

8. 경제가 실업률이 5%인 장기 거시경제 균형상태에 있었다면 그때 장기 총공급곡선은 5%의 실업률에서의 실질 GDP 수준에서 수직이 된다. 다음 그림에서처럼 이 상태는 장기 거시경제 균형 E_1에 해당한다. 단기에 중앙은행은 확장적 통화정책을 사용해서 총수요곡선을 (AD_1에서 AD_2로) 오른쪽으로 이동시켜서 실업률을 3%로 줄일 수 있다. 그러나 실질 GDP가 잠재 실질 GDP를 초과하였기 때문에 시간이 흘러가면 단기 총공급곡선은 ($SRAS_1$에서 $SRAS_2$로) 왼쪽으로 이동하게 된다. 그래서 단기에 실업률을 3%로 유지하기 위해서 중앙은행이 지속적으로 화폐공급을 증가시켜서, 단기 총공급곡선이 왼쪽으로 이동하는 것에 따라서 총수요곡선을 오른쪽으로 이동시켜야 한다. 그렇게 하면 총물가수준은 더 높게 올라갈 것이다. 그러나 장기적으로 화폐는 중립적이기 때문에 중앙은행은 3%의 실업률을 유지할 수 없다. 장기적으로 산출량은 결국 잠재생산량 수준으로 돌아갈 것이고 실업률도 결국 5%로 돌아갈 것이다.

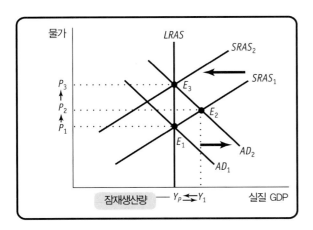

9. 다음 그림에서 동일한 통화공급의 증가에 대해 알베르니아에서는 이자율에 큰 변화를 가져오지만, 브리태니아에서는 이자율에 작은 변화만이 나타난다. 따라서 통화정책은 알베르니아에서 더 효과적이고 브리태니아에서 덜 효과적이다. 즉 화폐수요가 이자율에 탄력적일수록 통화정책의 효과는 감소한다.

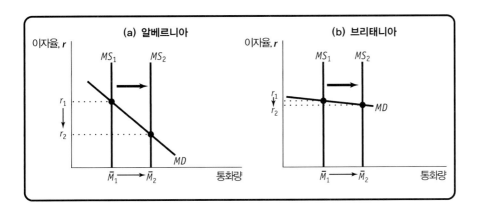

10. 통화정책은 통화공급의 변화가 이자율을 변화시키고 이자율의 변화가 투자지출을 변화시킬 때 효과가 있다. 기업가들이 미래의 경제성장에 대해서 매우 비관적이어서 이자율이 하락하더라도 투자지출을 늘리는 것을 꺼린다면 통화정책은 총수요곡선을 충분히 오른쪽으로 이동시키지 못한다. 대공황 동안의 상황은 이와 상당히 유사했기 때문에 통화정책은 경기회복을 위해 그다지 유용한 정책이 되지 못했다.

두 가지 이자율 모형의 일관성

1. 아래 그림에서 화폐시장과 대부자금시장은 초기에 r_1의 동일한 이자율에서 균형을 이루고 있다. 화폐공급의 감소는 화폐공급곡선을 MS_2로 좌측 이동시키고 균형이자율은 r_2로 상승한다. 이자율의 상승은 실질 GDP를 감소시키며, 이는 승수 과정을 통해 저축의 감소를 유발한다. 저축의 감소는 대부자금의 공급곡선을 S_2로 좌측 이동시킨다. 따라서 대부자금시장의 균형이자율은 상승한다. 저축이 정확히 투자지출의 감소에 상응하는 만큼 감소하기 때문에 대부자금시장의 새로운 균형이자율은 화폐시장의 이자율과 일치한다.

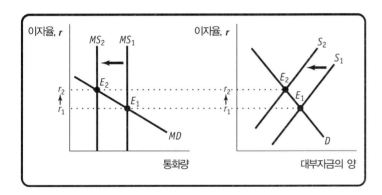

인플레이션, 디스인플레이션과 디플레이션

1. 아래 그림에서 스코토피아의 경제는 장기균형인 E_1점에 있었다고 하자. 정책입안자들이 실업률을 낮추고 실질 GDP를 증가시키기를 원한다면, 그들은 확장적인 통화정책을 실시할 것이고 AD_1이 오른쪽으로 이동해서 AD_2가 된다. 이로 인해 단기균형은 E_2가 되고 실질 GDP가 높아지고 실업률은 낮아진다. 그러나 물가수준이 상승한 상태가 지속되면 노동자들이 재협상 과정에서 높은 임금을 요구할 것이기 때문에 $SRAS_1$가 왼쪽으로 이동해서 $SRAS_2$가 된다. 따라서 장기에 균형은 E_3로 이동하게 되고 물가수준은 P_3로 상승하게 된다. 궁극적으로 통화공급이 증가하면 동일한 비율만큼 물가수준이 상승하게 되고 실질 GDP에 미치는 영향은 사라지게 된다.

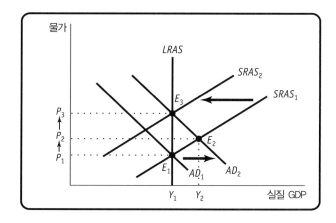

2. a. 실업이 아주 크고 인플레이션이 없는 경우에는 고전적 모형을 적용하는 것이 적당하지 않다. 이러한 경우에는 통화량이 증가할 때 물가수준에 즉각적인 변화 없이 총생산이 증가할 수 있다. 왜냐하면 노동자들과 기업들이 물가수준의 변화에 대응하여 명목임금을 상승시키기 위해서는 상당한 시간이 소요될 것이며, 몇몇 중간재 가격의 변화에 대응하기 위해서도 시간이 필요하기 때문이다.

b. 경제가 지난 5년간 초인플레이션을 겪어 왔다면 기업들과 노동자들은 물가수준 상승에 매우 즉각적으로 반응할 것이다. 따라서 인플레이션과 실업 간에 어떠한 역의 관계도 존재하지 않을 것이며 고전적 모형이 매우 타당하게 된다.

c. 경제가 몇 번의 인플레이션을 경험했지만 최근에는 물가가 안정적이고 실업률이 자연실업률에 가까울 경우에는 인플레이션과 실업 사이에 역의 관계가 존재할 것이다. 그러나 사람들이 얼마 전에 인플레이션을 경험했기 때문에 인플레이션에 대한 기대를

신속하게 조정할 것이고 이것 때문에 역의 관계가 그리 오래가지는 못할 것이다. 이 경우에도 고전적 모형이 대체로 타당하게 된다.

3. **a.** 첫해의 실질 인플레이션세는 100달러($1,000 × 0.10)이다.

b. 첫해 말의 물가수준은 1 × 1.10 = 1.10이 될 것이다. 둘째 해 초에는 1,000달러의 실질 가치가 $1,000/1.10 = $909.09가 된다. 따라서 둘째 해의 실질 인플레이션세는 90.91달러($909.09 × 0.10)가 된다.

c. 둘째 해 말의 물가수준은 1.10 × 1.10 = 1.21이 될 것이다. 셋째 해 초에는 1,000달러의 실질 가치가 $1,000/1.21 = $826.45가 될 것이다. 따라서 셋째 해의 실질 인플레이션세는 82.65달러($826.45 × 0.10)가 된다.

d. 3년 동안의 누적 실질 인플레이션세는 $100 + $90.91 + $82.65 = $273.56가 된다.

e. 인플레이션율이 25%이고 물가수준이 첫해에 1이라고 한다면 첫해 동안의 실질 인플레이션세는 250달러($1,000 × 0.25)가 된다. 둘째 해 초에는 1,000달러의 실질 가치가 $1,000/1.25 = $800가 될 것이다. 둘째 해 동안의 실질 인플레이션세는 200달러($800 × 0.25)가 될 것이다. 그리고 셋째 해 동안에는 160달러[($1,000/(1.25)^2) × 0.25]가 될 것이다. 3년 동안의 누적 인플레이션세는 $250 + $200 + $160 = $610이다. 초인플레이션은 화폐의 구매력을 매우 빠른 속도로 잠식시킨다는 점에서 큰 문제가 된다. 이상의 예에서 알 수 있듯이 인플레이션율이 10%일 때 1,000달러에 대한 3년간의 인플레이션세는 273.56달러가 된다. 반면에 인플레이션율이 25%일 때는 1,000달러에 대한 3년간의 인플레이션세가 610달러로 급격히 증가한다.

4. **a.** 인플레이션세는 인플레이션율 × 화폐공급과 같다. 인도의 인플레이션세는 0.0766 × Rp36조 8,830억 = Rp2조 8,250억이다. 미국의 인플레이션세는 0.0181 × $3조 9,810억 = $721억이다.

국가	인플레이션세 (10억 단위)
인도	Rp2,825
미국	$72.1

b. 인도에서 인플레이션세가 정부수입에서 차지하는 비중은 $22.0\% \left(\dfrac{\text{Rp2,825B}}{\text{Rp12,828B}} \times 100 \right)$이다. 미국에서는 그 비중이 단지 $2.2\% \left(\dfrac{\$72.1\text{B}}{\$3,331\text{B}} \times 100 \right)$이다. 인도에서는 정부수입의 많은 부분을 인플레이션세가 차지하는데, 이는 인도가 미국보다 조세징수 및 신고체계가 발달하지 못했다는 사실과 관련이 있다.

5. 적자를 갚기 위해서 화폐를 발행하는 정책의 주된 장점은 정부가 자금을 차입할 때 이자율이 높아져 민간 투자지출이 감소하는 구축효과를 피할 수 있다는 것이다. 그러나 이러한 정책의 주된 단점은 인플레이션이 발생하게 되고 현재 화폐를 소유하고 있는 개인들이 인플레이션세를 부담해야 한다는 것이다. 화폐발행을 통해 재정적자를 충당하는 방법은 실제 조세를 부과하는 대신 인플레이션 조세를 부과하는 셈이다.

6. 다음 그림에서 1996년부터 2019년까지 미국에서의 실업률과 총생산 갭과의 관계를 나타내는 점들을 통과하는 직선을 확인할 수 있다. 여러분이 그린 직선은 아래쪽에 그려진 직선과 약간 다를 수도 있다. 이 직선은 실업률을 나타내는 수직축 상에서 실업률이 약 5%인 *A*점을 통과한다. 따라서 생산량과 잠재생산량이 같을 때 실업률은 5%이다. 2%의 총생산 갭에서 실업률은 3.5%가 되는데 이를 나타낸 것이 *B*점이다. −3%의 총생산 갭에서 실업률은 7%가 되는데 이를 나타낸 것이 *C*점이다. 이러한 세 점은 상관계수 *m*이 0.712인 경우의 오쿤의 법칙에 부합한다.

$$m이\ 0.712인\ 경우의\ 오쿤의\ 법칙 : 실업률 = 4.9\% - (0.712 \times 총생산\ 갭)$$

이때 *m*은 총생산 갭이 발생했을 때 이것이 자연실업률로부터 실제 실업률을 얼마나 벗어나게 만드는지를 의미하는 값이다.

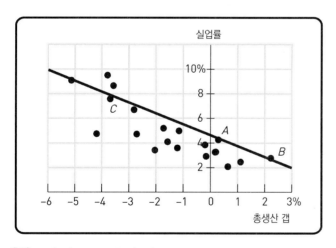

출처 : Federal Reserve Bank of St. Louis.

7. 고용 없는 경기회복이란 경기회복에도 불구하고 실업률이 낮아지지 않거나 낮아지더라도 매우 소폭으로만 낮아지는 것을 말한다. 알버니아가 이른바 고용 없는 경기회복을 경험하게 된 것에는 두 가지 주요 이유가 있다. 첫째, 급작스런 수요증가에 직면한 기업들이 새로운 노동자를 고용하기에 앞서 기존 노동자들에게 더 오랜 시간 근로할 것을 요구하여 대응할 가능성이 크다. 둘째, 일자리를 구하는 노동자의 수, 즉 경제활동인구는 제공된 일자리의 수에 영향을 받는다. 경기가 회복되어 더 많은 일자리가 제공될수록 더 많은 노동자들이 경제활동인구로 편입된다면 실업률은 낮아지지 않을 수 있다.

8. a. 2008~2009년에 CPI의 변화율은 −0.4%이다.

    b. 2009년에 있어 재무부증권 4주 은행할인율은 매우 낮은 수준이어서 최댓값이 0.26% 이었으며 최솟값은 0.01%로 거의 영에 가까웠다. 반면 2007년에 있어서 동일한 값은 상당히 높아서 최댓값이 5.15%이고 최솟값이 2.34%였다. 2009년 재무부증권에 대한 이자율이 매우 낮은 것은 2009년 인플레이션율이 매우 낮았던 것과 밀접한 관련이 있다. 반면 2007년에는 이자율이 상당히 높았는데 이로부터 2007년에는 인플레이션 율이 영보다 일정 수준 높았을 것으로 예상할 수 있다. 실제로 2007년의 인플레이션 율은 2.8%였다.

    c. 자료에 의하면 2007~2009년에 미국 경제는 인플레이션율의 하락을 경험했다. 이 기 간은 미국 경제가 급격한 경기후퇴를 겪은 시기이기도 하다. 이 당시 미국은 사실상 유동성 함정 구간에 있었다.

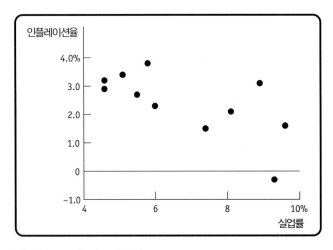

출처 : Bureau of Labor Statistics.

9. 디스인플레이션을 달성하는 데 주요 걸림돌은 민간 경제 주체들이 지속적으로 인플레션 을 예상하고 있다는 점이다. 인플레이션을 줄이기 위해서 일정 기간 실업률을 자연실업 률보다 높게 유지하여 민간의 인플레이션에 대한 기대를 낮게 유도하는 것이 종종 필요 하다. 민간의 기대를 변화시키는 것이 어려워지게 되면 디스인플레이션과 관련된 실업 비용이 더 커지게 된다. 디스인플레이션의 비용을 최소화하기 위해서는 정책입안자들이 인플레이션율을 낮추는 것에 전념하고 있고 낮은 인플레이션율을 달성하기 위해서 필요 한 것들을 실행할 것이라고 민간이 믿어야만 한다. 브리태니아에 있는 정책입안자들은 기업들과 노동자들이 그들의 임금계약에 낮은 인플레이션 기대를 적절히 반영할 수 있 도록 사전에 인플레이션을 낮추는 정책을 공표할 수 있다. 정책입안자들이 신뢰를 받고 있다면 디스인플레이션의 비용은 최소화될 것이다. 그러나 정책입안자들이 실업을 발생 시키지 않고 인플레이션만 줄일 수 있는 가능성은 거의 없다. 왜냐하면 이를 위해서는 정책입안자들이 오직 인플레이션을 낮추는 것에만 전력을 다하는 것으로 비추어져야 하

기 때문이다. 이 조건이 완전히 만족된다면 정책이 공표되자마자 기대가 조정되고 인플레이션이 즉각적으로 떨어질 수도 있다.

10. 첫해 동안 물가가 10% 떨어지면 밀러 씨 가족의 주택 가치가 10만 5,000달러에서 9만 4,500달러로 하락한다. 그들이 집을 사기 위해서 10만 달러를 빌렸기 때문에 지금 집의 가치는 그들이 빌렸던 금액보다 더 작아졌으며, 이제는 밀러 씨 가족이 집을 팔더라도 그들은 주택담보 대출을 전액 상환할 수 없다. 즉 밀러 씨 가족의 상황은 나빠졌다. 반면 주택담보대출회사는 기존 대출을 상환받은 돈으로 더 많은 집을 사서 더 많은 잠재 가계 소유주에게 대부할 수 있게 된 셈이므로 상황이 좋아졌다고 볼 수 있다. 그러나 디플레이션이 계속된다면 밀러 씨 가족은 그들의 주택담보 대출을 상환하기 점점 어려워진다. 임금이 디플레이션과 함께 떨어진다고 가정하면 밀러 씨 가족은 주택담보 대출을 상환하기 위해서 더 많이 일을 해야만 할 것이다. 또 밀러 씨 가족은 그들의 소비지출을 줄여야 할 것이다. 이런 상황이 지속되면 밀러 씨 가족은 담보로 잡힌 주택을 포기하기로 결정하고 주택담보 대출에 대해서 채무불이행을 선언할 수 있는데, 이렇게 되면 밀러 씨 가족과 대부회사 모두 손해를 볼 것이며 경제 전체적으로도 손해가 발생한다. 밀러 씨 가족은 더 이상 차입할 수 없는 상황이 되었고, 주택담보대출회사도 차입자의 파산 위험 때문에 대부하기를 꺼릴 것이다(개인들과 기업들이 그들의 채무는 고정되어 있는데 자산 가치가 하락하는 일이 나타날까 봐 꺼리게 된다. 그리고 대부자들도 차입자들이 파산을 하면 그들이 빌려 주었던 것보다 가치가 낮은 자산을 회수해야 하는 일이 생기기 때문에 대부하기를 꺼릴 것이다). 이처럼 디플레이션이 지속되면 경제에 극심한 손해를 가져오게 된다.

거시경제학 : 사건과 아이디어

1. a. 연간 실질 GDP 성장률에 따르면 우리는 일본 경제가 서서히 성장하고 있음을 확인할 수 있다. 실제로 1998년과 2002년에는 경기가 후퇴하였고 1999년과 2001년에는 미세하게 성장하였다. 우리는 정책입안자들이 경기를 부양하기 위해서 확장적 통화정책을 사용했음을 알 수 있다. 단기이자율은 1991년의 7.38%에서 2003년에는 0.04%로 낮아졌다. 또한 GDP 대비 정부 재정적자가 −1.81%에서 7.67%로 증가하며, GDP 대비 정부부채가 1991년의 64.8%에서 2003년에는 157.5로 증가하였기 때문에 일본 정부가 확장적 재정정책을 사용했음을 알 수 있다.

b. 2002년과 2003년 동안, 일본의 단기이자율은 실질적으로 0%였고 이는 유동성 함정이라고 알려진 상황이다. 이 경우에 확장적 통화정책으로 이자율을 더 낮출 수 없기 때문에 통화정책이 유효하지 않다. 유동성 함정 상황에서 오직 효과 있는 도구는 케인즈가 주장한 확장적 재정정책이다.

2. a. 대답은 기준시점에 따라 다를 수 있다. 그러나 1945년 말 이래 2014년 12월을 기준으로 11번의 경기변동이 있었다. 이는 2007년 12월에 시작된 경기후회를 포함하고 있다. 이는 이 책이 저술되는 시점에서 여전히 진행 중이다.

b. 2014년 12월까지 1945년부터 2009년까지의 기간에 경기후퇴의 시작(정점)부터 다음 고점까지를 측정했을 때 경기변동의 평균 지속기간은 68.5개월이다.

c. 2014년 12월을 기준으로 전미경제연구소(NBER)의 경기순환일지위원회의 마지막 발표는 2008년 12월에 있었으며, 그 내용은 2007년 12월에 경제활동의 정점을 지났다는 것이었다.

3. 다음 그림은 〈그림 33-3〉을 1990년부터 2000년까지 연장시켜 놓은 것이다. 강한 성장추세와 낮은 실업이 지속되는 시점에서 추가적인 지출은 물가상승의 압력으로 작용할 수 있었을 것이기 때문에, 이 기간에 국방비가 줄고 예산적자가 줄어든 것은 인플레이션 압력을 줄였다는 점에서 행운이라고 볼 수 있다.

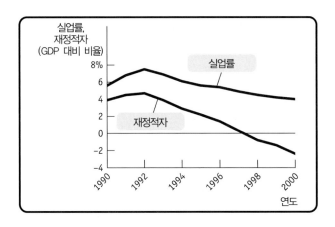

4. **a.** 화폐유통속도가 안정적이고 경제가 확장국면에 있을 때 물가를 안정적으로 유지하고
자 한다면 금 축적량이 실질 GDP와 동일한 성장률로 증가해야만 한다.

　　b. 금본위제하에서 현대의 거시경제학자들이 좋아하는 통화정책은 사용할 수 없다.

5. 이 자료들은 닉슨 대통령이 자신의 재선을 위해 재정정책과 통화정책을 조직적으로 사
용했음을 보여 준다. 그의 재직 첫해인 1969년부터 재선 첫해인 1972년까지 정부지출은
27% 증가하였으나 정부수입은 단지 11%만 증가하였다. 전체적으로 재정수지는 확장적
인 재정정책으로 인해서 32억 달러 흑자에서 234억 달러 적자로 악화되었다. 또한 닉슨
은 자신의 인기를 높이기 위해서 확장적 통화정책을 사용했다. M1과 M2는 1969년부터
1972년까지 빠르게 증가하였다. 이에 따라 3개월 만기 국채이자율(단기이자율)이 6.68%
에서 4.07%로 하락하였다. 그의 재선 이후에 이러한 확장적 정책들은 반전되었다. 재정
적자는 전체의 1/3을 초과하는 규모인 85억 달러만큼 줄었으며, M1의 증가율은 3.7%p
만큼, M2의 증가율은 6.4%p만큼 떨어지고 3개월 만기 국채이자율도 7.04%까지 증가하
였다.[*]

6. 알버니아의 경기후퇴 갭에 대해 각 학파를 대표하는 경제학자들은 다음과 같은 제안을
내놓을 것으로 예상된다.

고전학파 : 아무것도 하지 마라. 경기후퇴 갭은 단지 단기에만 존재할 것이고 정책입안자
들은 장기에 중점을 두어야 한다.

케인즈학파 : 경기후퇴 갭을 완화시키기 위한 최고의 정책은 재정정책이다. 확장적 통화
정책 역시 경제성장을 진작시키는 데 효과적이지만, 경제가 깊은 경기침체나 불황에 빠
져 있을 경우에는 그렇게 효과적이지 못하다. 그리고 반복된 통화정책의 사용으로 경제
는 유동성 함정에 직면하게 될지도 모른다.

───────────────

[*] 역자 주 : %와 %p의 차이에 주의하기 바란다. 만약 M1의 증가율이 3.3%에서 9.2%로 상승하였다면 이는
5.9%p 상승한 것이지만 이를 179% 상승하였다고 표현하기도 한다.

통화론자 : 정부의 재량적인 재정정책 또는 통화정책은 경기변동을 더 악화시킬 수도 있기 때문에 그러한 정책을 실행해서는 안 된다. 정부가 통화공급을 안정되게 지속적으로 증가시켜 준다면 인플레이션 압력 없이 안정된 성장을 달성할 수 있을 것이다.

실물적 경기변동론자 : 정부는 총요소생산성을 향상시킬 수 있는 정책을 사용해야 한다. 총공급곡선이 수직이기 때문에 총수요를 자극하는 통화정책이나 재정정책은 경제에 아무런 영향을 미치지 못한다.

현대판 거시경제 의견일치 : 통화정책과 재정정책 모두 경기후퇴 갭을 줄일 수 있다. 하지만 유동성 함정이 존재한다면 통화정책이 약화되거나 무력화될 수 있다. 일반적인 경우라면 재량적인 재정정책보다는 재량적인 통화정책을 사용하는 것이 보다 바람직하다.

7. a. 통화주의자들은 이러한 정책을 지지한다. 그들은 통화공급을 실질 GDP와 동일한 비율로 증가시키는 준칙에 의한 통화정책이 가장 바람직하다고 믿기 때문이다. 고전학파 경제학자들은 장기 정책에 초점을 두기 때문에 그들도 역시 이러한 정책을 지지한다. 케인즈학파들과 현대판 거시경제 의견일치는 통화정책이 단기 문제를 해결하는 데 유용하다고 믿기 때문에 이러한 준칙에 의한 통화정책을 추천하지는 않을 것이다.

b. 고전학파 경제학자들은 어떠한 정책도 지지하지 않는다. 그들의 관점에 따르면 인플레이션 압력이란 단지 단기적인 현상일 뿐이며 장기적으로는 문제가 되지 않는다고 보기 때문이다. 통화주의자들도 역시나 단기적으로 재정정책을 시행하는 것에 대해서 찬성하지 않을 것이다. 그들에 따르면 자의적인 재정정책은 오히려 경제에 해로울 뿐이다. 케인즈학파는 분명히 정부지출의 감축과 같은 정책을 추천할 것이고 또 일정한 조건하에서 현대판 거시경제 의견일치도 이러한 정책을 추천할 수 있다.

c. 고전학파 경제학자들은 어떠한 정책도 지지하지 않는다. 그들의 관점에 따르면 경기후퇴 갭이란 단지 단기적인 현상일 뿐이며 장기적으로는 문제가 되지 않는다고 보기 때문이다. 통화주의자들도 단기에 통화정책을 시행하는 것에 대해서 찬성하지 않을 것이다. 왜냐하면 그들은 단기적인 통화정책이 경제를 더 악화시킬 것이라고 믿기 때문이다. 경제가 유동성 함정으로 인해서 고통을 받고 있는 경우가 아니라면 케인즈학파와 현대판 거시경제 의견일치는 통화공급을 증가시키는 확장적인 통화정책을 추천할 것이다.

d. 케인즈학파와 현대판 거시경제 의견일치는 이 정책을 반대할 것이다. 균형예산준칙은 경기후퇴 갭과 인플레이션 갭이 존재할 때 재량적인 재정정책을 사용할 수 없게 한다 (사실 균형예산준칙은 경기침체기 동안에 침체를 악화시키는 긴축적인 재정정책을 시행하게 하고 경기확장기 동안에는 추가적인 인플레이션 압력을 만들어 내는 확장적인 재정정책을 시행하게 하여 오히려 경기변동을 확대시키는 문제점이 있다). 통화주의자들은 구축효과의 문제 때문에 균형예산준칙에 동의하는 편이다. 고전학파는 장기에 초점을 두기 때문에 아마도 그들은 이 같은 보수적 재정운영에 동의할 것이다.

e. 어느 누구도 이러한 정책에 동의하지 않을 것이다. 경기후퇴 갭에 직면했을 때 GDP에 대한 재정적자의 비율을 줄여 가는 것은 긴축적인 재정정책을 사용하는 것이다(정부지출을 줄이거나 세금을 증가시키는 것이다). 그리고 이것은 경기침체를 더욱 악화시킬 것이다.

f. 장기 침체론자, 케인즈학파, 일부 새케인스학파 거시경제학자들은 유동성 함정에 빠진 동안 재정 정책이 유용할 수 있다고 믿으며 이 정책을 지지할 것이다. 거의 모든 다른 거시경제적 관점은 이 정책에 강력히 반대할 것이다. 정부 지출이 늘어나면 장기 금리는 오르고 민간 지출은 감소해 경제 상황이 악화될 것을 우려하는 것이다.

8. 아래 그림에서 볼 수 있듯이, 긴축적 재정정책은 총수요곡선을 AD_1에서 AD_2로 좌측 이동시킨다. 따라서 화폐수요는 감소하고 화폐수요곡선은 MD_1에서 MD_2로 좌측 이동한다. 따라서 이자율은 r_1에서 r_2로 하락하는데, 이는 투자지출을 증가시키고 경제를 확장시키는 효과가 있다. 만약 투자지출의 증가가 긴축 재정정책의 실질 GDP 감소효과를 상쇄하고 남을 정도로 크다면 통화주의자가 옳다.

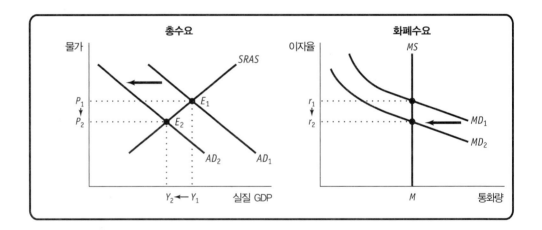

9. **고전학파** : 고전학파 경제학자들은 주로 통화정책의 장기적 결과에 초점을 맞춘다. 통화공급의 변화는 물가수준만 상승시킬 것이라고 믿기 때문에 고전파 경제학자들은 연준의 대규모 통화량 증가를 지지하지 않는다.

케인즈학파 : 적극적인 통화 및 재정 정책이 단기적으로 경기변동을 안정시키는 데 사용될 수 있지만, 경기침체기에는 유동성 함정 때문에 통화 정책이 크게 효과적이지 않다고 믿는다. 따라서 케인즈학파 경제학자들은 경제가 유동성 함정에서 벗어나는 데 도움이 된다는 조건하에 연준의 대규모 통화 기준금리 인상을 지지할 것이다.

통화론자 : 이들은 통화공급이 안정적인 속도로 증가해야 하며, 재량적 통화정책이 경기침체에 도움이 되지 않고 오히려 과다지출을 일으켜 경제를 불안정하게 만들 수 있다고 믿는다. 따라서 그들은 통화공급을 크게 늘리는 것을 지지하지 않을 것이다. 대신 통화공급의 느리고 안정적인 성장에 초점을 맞춘 통화정책을 지지할 것이다.

실물적 경기변동론 : 이 경제학자들은 단기 총공급곡선이 수직이며 경기순환의 변화는 주로 총공급의 변화에 따른 결과라고 믿는다. 따라서 수요의 변화는 총생산에 영향을 미치지 않기 때문에 연준의 정책을 지지하지 않을 것이다.

대완화 의견일치 : 통화주의자들의 견해를 거부하는 이 경제학자들은 중앙은행이 재량정책을 통해 또는 공식적인 테일러 규칙을 채택함으로써 단기적 생산량을 변경할 수 있으며, 통화정책을 사용하면 대규모 경기 침체를 예방할 능력이 있다고 믿는다. 그러나 이들 중 일부는 경제가 금융충격으로부터 받는 고통이 그다지 심각하지 않다고 생각하는데, 그들은 통화량 확대를 지지하지 않을 수도 있다.

장기 침체론자 : 이 경제학자들은 경제가 유동성 함정과 장기 침체로 고통받고 있다고 믿기 때문에 연준의 조치를 지지한다. 이들은 정상적인 통화 정책보다는 인플레이션 높이는 정책을 지지하는데 인플레이션이 높을 때 연준이 실질 금리를 낮추기 위해 명목 금리를 인하할 수 있는 여지가 더 커지기 때문이다.

국제 거시경제학

1. a. 프랑스 수입상이 캘리포니아산 와인을 살 때 이는 수출거래로서 경상계정에 외국인으로부터의 수취로 기록된다. 이로 인해 미국의 경상수지가 개선된다.

   b. 미국인이 프랑스 회사로부터 보수를 받는다는 것은 그녀가 노동력을 수출하고 소득을 벌게 되는 것이다. 이것은 미국의 경상계정에 수출로 기록된다. 이로 인해 미국의 경상수지가 개선된다.

   c. 미국인이 일본의 채권을 구입할 때 이 거래는 미국인이 일본의 자산을 구입한 것으로 미국의 금융계정(자본계정)에 기록된다. 이로 인해 미국의 금융수지는 악화된다.

   d. 미국인이 아프리카에 자선자금을 보낼 때 이것은 미국의 경상계정에서 외국인에 대한 이전지출로 기록된다. 이로 인해 미국의 경상수지는 악화된다.

2. a. 아니다. 이 그림이 미국이 순자본유출을 경험했다는 사실을 의미하지는 않는다. 같은 기간 동안 나머지 전 세계의 자산 역시 미국으로 유입되었다. 실제로 1996년과 2019년 사이에 미국은 경상수지에서 막대한 적자를 기록했는데 이는 전 세계로부터 미국으로 자본이 유입되었음을 의미한다.

   b. 그렇다. 그림은 1980년보다 2019년에 세계 경제가 보다 밀접하게 연결되었음을 가리킨다. 미국은 해외에 보다 많은 자산을 갖고 다른 국가들은 미국에 보다 많은 자산을 갖고 있기 때문에 금융위기의 전염 가능성이 높아졌다. 한 나라의 금융위기가 다른 국가의 금융위기를 불러올 가능성이 커진 것이다.

3. 2020년에 상품 무역수지는 −1,000억 달러($4,000억−$5,000억)가 된다. 경상수지는 −1,500억 달러[($4,000억+$3,000억)−($5,000억+$3,500억)]가 된다. 국제수지의 금융계정과 국제수지의 경상계정을 더하면 합이 영이 되어야 하기 때문에 국제수지의 금융계정은 +1,500억 달러가 되어야 한다. 세계의 다른 지역에서 스코토피아 자산 2,500억 달러를 구입했다면 스코토피아는 세계의 다른 지역으로부터 1,000억 달러의 자산을 구입했을 것이다.

4. 2020년 포파니아의 국제수지 중 금융수지는 +1,000억 달러($4,000억−$3,000억)이다. 국제수지에서 금융계정과 경상계정을 더하면 합이 영이 되어야 하기 때문에 국제수지의 경상계정은 −1,000억 달러이다. 포파니아가 상품과 서비스를 3,500억 달러 수출했다면 4,500억 달러의 상품과 서비스를 수입했을 것이다.

5. 노스랜디아에서 이자율이 10%이고 사우스랜디아에서 이자율이 6%이기 때문에 노스랜디아에 있는 대부자금에 대한 수요자들은 사우스랜디아에서 차입하기를 원할 것이고 사우스랜디아에 있는 대부자금에 대한 공급자들은 노스랜디아에서 빌려 주기를 원할 것이다. 따라서 국제 자본흐름이 가능하다면 사우스랜디아에서 대부자금에 대한 공급이 줄어들기 때문에 사우스랜디아의 이자율이 올라갈 것이고, 노스랜디아에서 대부자금에 대한 공급이 늘어나기 때문에 노스랜디아의 이자율은 떨어질 것이므로 이런 과정에서 두 나라의 이자율 격차는 좁혀질 것이며 결국 두 나라의 이자율은 일치하게 될 것이다. 두 국가의 이자율이 일치하게 되면 사우스랜디아에 있는 대부자금 공급자들이 노스랜디아에서 빌려 주는 것에 추가적인 유인이 없어지게 되고, 노스랜디아에 있는 대부자금 수요자들이 사우스랜디아에서 차입하는 것에 대한 추가적인 유인이 없어지게 된다. 아래 그림에서 여러분은 이자율이 8%일 때 사우스랜디아에서 대부자금에 대한 초과공급 250이 존재하고, 노스랜디아에서 대부자금에 대한 초과수요가 250이 존재한다는 것을 확인할 수 있다. 그래서 두 나라에서 이자율이 8%가 될 때 자금 이동이 멈추게 될 것이다. 결과적으로 노스랜디아는 금융계정에서 250의 흑자를 보게 되기 때문에 경상계정에서 250의 적자를 보게 될 것이다. 반면 사우스랜디아는 금융계정에서 250의 적자를 보게 되기 때문에 경상계정에서 250의 흑자를 보게 된다.

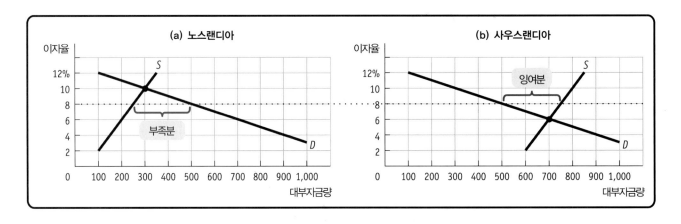

6. 미국 달러는 영국 파운드, 캐나다 달러, 유로에 대해 가치가 상승(절상)되어 각 통화를 1단위 구매하는 데 필요한 달러가 감소했다. 대만 달러, 일본 엔, 스위스 프랑에 대해서는 가치가 하락(절하)하여 각 통화 1단위를 구매하는 데 필요한 달러가 증가했다. 다른 조건이 일정할 때 미국 달러의 가치가 상승하면 미국 구매자에게 외국 상품이 더 매력적으로 느껴지며, 외국 구매자에게 미국 상품은 덜 매력적으로 느껴진다. 미국 달러가치가 하락하면 그 반대가 된다.

7. 이 문제의 정답은 자료를 구한 시점에 따라 달라질 것이다. 2017년 7월 14일에, 유로화에 대한 미국 달러 환율은 1.14, 영국 파운드에 대한 미국 달러 환율은 1.29, 캐나다 달러에 대한 미국 달러 환율은 0.78, 미국 달러에 대한 일본 엔 환율은 113.27, 미국 달러

에 대한 스위스 프랑 환율은 0.97이었다. 미국 달러는 일본 엔화 대비 강세를 보였다. 미국 달러는 영국 파운드, 유로, 캐나다 달러, 스위스 프랑에 대해 가치가 하락했다.

8. a. 초반에는 미국의 이자율이 유럽의 이자율보다 더 높았으나 후반에는 미국의 이자율이 유럽의 이자율보다 더 낮아졌다. 대부자금모형에 의하면 상대적으로 높아진 유럽의 이자율에 매력을 느낀 투자자들이 미국에서 자금을 유출시켜서 유럽으로 유입시켰을 것이다.

b. 이 기간 동안 달러는 유로화에 대해 가치가 하락하였다. 이 가치하락은 자금이 미국으로부터 유럽으로 유입되는 것과 맥을 같이한다.

9. a. 미국의 인플레이션율이 10%이고 일본의 인플레이션율이 5%이며 미국 달러화 대 일본 엔화의 명목환율이 일정하게 유지된다면, 상대적으로 저렴해진 일본의 상품과 서비스를 사는 것이 미국 것을 사는 것보다 더 매력적이다.

b. 미국의 인플레이션율이 3%이고 멕시코의 인플레이션율이 8%이며 달러의 가격이 12.5페소에서 10.25페소로 떨어졌다면, 더 낮은 인플레이션율과 달러의 가치하락(페소의 가치상승)으로 인해 저렴해진 미국 상품을 사는 것이 더 매력적이다.

c. 미국의 인플레이션율이 5%이고 유로지역의 인플레이션율이 3%이며 유로화의 가격이 1.3달러에서 1.2달러로 떨어지게 된다면, 유로지역의 낮은 인플레이션율과 달러의 가치상승(유로화의 가치하락)으로 인해 유로지역의 상품을 구매하는 것이 보다 매력적이다.

d. 캐나다보다 미국에서의 인플레이션율이 높다면 캐나다 상품이 더 매력 있는 상품이 된다. 그러나 미국 달러가 캐나다 달러에 비해서 가치가 하락되면 미국 상품이 더 매력 있는 상품이 된다. 이 경우에는 미국 달러화의 가치하락이 더 커서 인플레이션 차이를 압도할 수 있으므로 미국 상품이 더 매력 있는 상품이 된다.[*]

10. 자국 상품과 서비스에 대한 수요가 증가하게 되면 자국 통화에 대한 수요도 함께 증가하여 통화가치를 상승시키는 압력으로 작용하게 된다. 중앙은행이 환율을 고정환율로 유지하려고 할 때 사용할 수 있는 세 가지 방법이 있다. 첫 번째는 외국 자산을 구매하면서 국내 통화량의 공급을 증가시키는 것이다. 두 번째는 이자율을 낮추어서 외국 투자자들이 국내 자산을 구매하는 것을 막아 국내 통화에 대한 수요를 감소시키고, 국내 거주자들이 외국 자산을 구매하는 것을 진작시켜 국내 통화에 대한 공급을 증가시키는 것이다. 세 번째는 외환통제를 실시하여 외국인들이 국내 통화를 살 수 있는 한도를 제한하는 것이다.

11. 알버니아 국민과 미국인 모두 알버니아의 자산이 위험하다고 믿게 되었다. 이때 미국인들이 알버니아의 자산을 덜 구매하려 함에 따라 베른에 대한 수요가 줄어들 것이다(다음

---

[*] 역자 주 : 이상의 네 가지 사례에서 미국 상품이 매력적이어진 것은 실질환율이 상승한 경우에 해당한다. 반면 미국 상품의 매력이 감소한 것은 실질환율이 하락한 경우에 해당한다.

그림에서 D_1으로부터 D_2로 이동). 반면 알버니아 국민은 미국의 자산을 더 구매하려 할 것이기 때문에 베른에 대한 공급은 증가할 것이다(S_1에서 S_2로). 수요에 대한 감소와 공급의 증가는 베른을 하락시키는 압력으로 작용하여 그림에서처럼 베른의 균형가격은 1달러로 떨어질 것이다. 중앙은행이 베른의 가격을 1.5달러로 유지하려 한다면 이자율을 올려서 알버니아의 자산을 더 매력 있게 만들어야 한다. 이것은 알버니아 경제에 긴축적인 영향을 미칠 것이다.

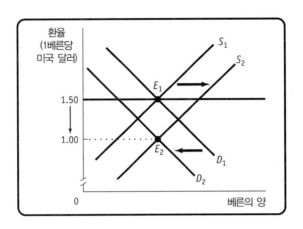

12. 여러분은 동료에게 고정환율제도의 장점을 설명해야 한다. 첫째, 고정환율제는 사업가들이 국제적인 거래를 할 때 부담하기 꺼리는 통화가치와 관련된 불확실성을 줄여 준다. 고정환율제도하에서는 사업가들이 미래의 일정 시점에 외국 통화로 지불하기로 계약을 하더라도 그것이 자국 통화로는 얼마에 해당하는지를 정확히 알 수 있다. 뿐만 아니라 고정환율제도를 시행하면 자의적인 통화정책으로 인해 인플레이션이 유발될 우려도 사라지게 된다.

역자 소개

김진욱

서울대학교 경제학과 졸업
서울대학교 경제학과 대학원 재학 중 행정고시 재경직 합격(제40회)
전 행정자치부, 정보통신부 사무관
   서울대학교, 연세대학교, 성균관대학교, 이화여자대학교 등 다수 대학특강강사
현 베리타스법학원 경제학강사(행정, 외교, 입법)
   위너스경영아카데미 경제학강사(CPA)

[주요 저서]
경제학의 zip(7판, 네오시스)
경제학 기출문제의 zip(8판, 네오시스)
미시경제학 실전문제집 step 1, 2, 3(4판, 필통북스)
거시경제학 실전문제집 step 1, 2, 3(4판, 네오시스)
국제경제학 실전문제집(3판, 필통북스)
거시경제학입문(4판, 피데스)
재정학 실전문제집(피데스)
재정학 모의고사의 zip(3판, 피데스)
국제경제학 모의고사의 zip(4판, 피데스)
객관식 경제학강의(7판, 율곡출판사)
이준구, 조명환의 재정학 연습문제 해설집(7판, 문우사)
김경수, 박대근의 거시경제학 연습문제 해설집(6판, 박영사)